2

유림 2

儒林 1부 2권

주유열국 周遊列國

사람에 이르는 길

공자 천하에
도를 유세하고 다니다

열림원

유림2

1판 1쇄 발행 2005년 6월 30일
1판 19쇄 발행 2005년 12월 26일

지은이 최인호
펴낸이 정중모
펴낸곳 도서출판 열림원
주간 김이금
책임편집 김수진 · 최해경
디자인 박소희 · 권영진 · 윤혜민 · 고은이
제작 송정훈
영업 김석현 · 배한일 · 정범용
관리 김명희 · 강정희 · 김은성 · 정소연
등록 1980년 5월 19일(제406-2003-026호)
주소 경기도 파주시 교하읍 문발리
　　　출판문화정보산업단지 513-15
전화 031-955-0700
팩스 031-955-0661
홈페이지 www.yolimwon.com
이메일 editor@yolimwon.com

* 책값은 뒤표지에 있습니다.

ISBN 89-7063-470-3 04810
ISBN 89-7063-468-1 (세트)

차례

제 2 부

周遊列國

사람에 이르는 길

첫 번째 출국
―공자와 안자

사람에 이르는 길

周遊列國

1

　기원전 517년 소공(昭公) 25년. 공자는 제자들과 함께 자신이 태어난 고향인 노나라를 빠져나와 제(齊)나라로 찾아가고 있었다. 지금의 산동(山東)을 반으로 나누어 북쪽은 제나라, 남쪽은 노나라가 차지하고 있어 제나라는 노나라와 국경을 인접하고 있는 이웃나라였다.

　이때 공자의 나이는 35세. 이미 15세 때 배움에 뜻을 두었던 공자는 30세에 사고와 행동에 있어 자립하고 있었으므로 공자의 명성은 이미 노나라뿐 아니라 많은 열국에도 파다하게 퍼져 있었고, 수많은 제자들이 공자 주위에 몰려들어 학문을 배워 스승으로서의 권위를 갖추고 있었다.

　훗날 공자는 『논어』에서 자신의 성장과정을 이렇게 말하고 있다.

　"나는 15세에 배움에 뜻을 두었고, 30세에는 자립하였으며, 40세에는 미혹하지 않게 되었고, 50세에는 천명(天命)에 대해서 알게 되었고, 60세에는 귀로 듣는 대로 모든 것을 순조로이 이해하게 되었으며, 70세에는 마음이 하고자 하는 대로 따라 해도 법도에 어긋나지 않게 되었다."

성인 공자의 말대로라면 공자가 첫 번째 출국한 35세는, 그러니까 스스로 자립하는 30대와 미혹하지 않게 된 40대의 중간 나이에 접어든 무렵이었다.

노나라에서 제나라로 가는 도중에 태산(泰山)을 지날 무렵이었다. 예부터 태산은 중국의 5대 명산 중에서도 천하제일의 명산으로 꼽혀왔다. 중국에서는 방위를 계절과 연관시켜 생각하는 습관이 있어 봄을 동쪽으로 보았다. 봄은 만물이 생명의 싹을 피우는 계절이기에 사계절 중에서 으뜸으로 좋아하고 있었다. 태산은 최동쪽 끝에 있어 생명의 근원이라고 생각해왔던 것이다. 특히 태산은 황제가 태평세계의 실현을 신에게 보고하는 봉선 의식이 거행되는 신성한 곳으로 유명한데, 진정으로 덕이 있는 황제만이 이 의식을 올릴 수 있는 특권을 허락받았다. 후세에는 한나라의 무제와 천하통일을 이룬 시황제 등 72명이 봉선을 하였지만 공자가 노나라에서 제나라로 출국할 무렵에는 이 의식을 거행한 적이 거의 없었던 전인미답의 성산이었다.

태산이 노나라에서 제나라로 가는 지름길에 있지 않고 돌아가는 우회로에 있는데도 군이 공자가 이를 택한 것은 태산등정을 마치면 영원한 생명을 얻을 수 있다는 신앙이 전해 내려오고 있어 오래 전부터 꿈꿔오던 태산의 모습을 자신의 눈으로 직접 보고 싶었기 때문이었다.

해발 1542미터. 그러나 대부분의 명산이 산맥 속에 있어 겹겹의 산들이 합심해서 무등을 태우듯 고산을 이루는데 유독 태산만은 평지에 홀로 우뚝 솟아 있어 다른 명산보다 더 높고, 더 신비하게 보이고 있었다.

공자가 태산을 들러 제나라로 갔음을 기리는 뜻으로 오늘날에도 태산에는 공자의 사당이 남아 있다. 태산을 순례하고 돌아가던 공자 일행이 잠시 지친 몸을 쉬기 위해서 산기슭에 머무르고 있을 무렵이었다. 어디선가 울음소리가 들려오고 있었다. 자세히 듣고 보니 여인의 곡성이었다. 수레에서 내려 쉬고 있던 공자는 갑자기 그 울음소리가 나는 곳을 따라 숲으로 들어가기 시작하였다.

"스승님, 어딜 가십니까."

자로(子路)가 이를 말렸으나 공자는 말없이 여인의 울음소리가 나는 풀숲으로 들어가고 있었다.

산기슭 숲 사이에는 무덤이 셋 있었다. 한 여인이 그중 한 무덤 앞에 앉아서 하염없이 울고 있었다. 공자는 나뭇가지에 몸을 기대고 경의를 표하고는 제자들에게 그 여인에게 다가가서 우는 사연을 알아보라고 말하였다. 이 말을 듣자 제자 중에서 가장 성미가 급한 자로가 여인에게 다가가 물어 말하였다.

"부인, 무슨 일로 그리 슬피 울고 계십니까."

여인은 깜짝 놀라 고개를 쳐들었다. 흰 상복을 입은 여인은 자로와 저만치 서 있는 공자 일행을 본 후 별로 자신을 해칠 사람들이 아니라는 사실을 확인한 듯 손으로 눈물을 훔치면서 이렇게 대답하였다.

"이곳은 호랑이의 피해가 아주 심한 무서운 곳입니다."

여인은 손가락을 들어 세 무덤을 차례차례 가리키면서 대답하였다.

"몇 년 전에는 시아버님이 호환(虎患)을 당하시고, 작년에는 남편이 당해서 이곳에 묻혔습니다. 그런데 이번에는."

여인은 가장 앞쪽에 있는 아직 떼도 입히지 못한 흙무덤을 가리키면서 말하였다.

"그만 아들까지도 호랑이에게 잡아먹혔습니다. 내 신세가 처량하고 슬퍼서 울고 있는 것입니다."

여인은 다시 통곡하기 시작하였다. 여인의 모습을 먼발치에서 바라보던 공자가 천천히 여인에게 가까이 다가가 물었다.

"그런데도 부인께서는 왜 이곳을 떠나지 않습니까."

공자가 묻자 여인은 세 무덤을 물끄러미 쳐다본 후 한숨을 쉬면서 이렇게 말하였다.

"이곳은 비록 호랑이들이 사람을 해치는 무서운 곳이기는 하지만 세금을 혹독하게 물리거나 못난 벼슬아치들이 백성들에게 함부로 노역을 시키거나 재물을 빼앗는 일이 없답니다. 그래서 감히 이곳을 떠나지 못하는 것입니다."

여인의 사연을 들은 공자 일행은 다시 여정을 떠났는데, 한참을 가던 공자는 갑자기 수레를 멈추게 하고 제자들에게 탄식하여 말하였다.

"잘 명심해두어라. 여인에게서 들어 잘 알겠지만 가혹한 정치는 호랑이보다 무섭다는 것을."

'가혹한 정치는 호랑이보다 무섭다.(苛政猛於虎)'는 공자의 유명한 말은 공자가 노나라에서 제나라로 첫 번째 출국을 단행하던 도중에서 나온 제일성이었다.

이 말은 그 무렵 공자의 심정을 절묘하게 나타내보인 증언이기도 했다. 공자는 바로 자신이 호랑이보다 무서운 가혹한 정치로 어지러운 노나라를 빠져 나오고 있었기 때문이었다.

그 무렵 노나라는 한마디로 난세 중의 난세였다. 노나라의 임금은 소공이었으나 정치권력은 삼환(三桓)씨 손아귀에 완전히 놀아나고 있어 임금은 허수아비에 불과하였다. 노나라의 군대는 완전히 이 세 집안의 사병으로 전락했고, 경제적으로도 이들 세 집안이 서로 자기네 채읍을 넓혀 많은 가신을 두고 재물을 쌓아 노나라는 재정이 바닥나 있었다. 그중에서도 계(季)씨의 세력이 가장 컸다. 심지어는 소공이 자기 아버지 양공(襄公)의 제사를 지내는 날, 계씨의 집에서도 제사가 있었는데, 춤추는 악공 중 양공의 묘당으로 가서 춤을 춘 사람은 단 두 명뿐이었고, 나머지 악공들은 모두 계씨의 사묘로 가서 춤을 추었던 것이다.

이에 공자는 계씨 집안의 우두머리였던 계평자(季平子)의 참상(僭上) 행위에 대해 다음과 같이 분노하였다고 『논어』는 기록하고 있다.

"공자는 계씨에 대해서 말씀하셨다. '팔일무(八佾舞)를 자기 묘정에서 추게 하다니, 이것을 참고 보아 넘길 수 있다면 그 무엇을 참고 보아 넘길 수가 없겠느냐.'"

팔일무란 64명의 악공들이 여덟 줄로 늘어서서 추는 춤으로 규정에 의하면 천자의 묘정에서나 출 수 있는 것이었다. 계씨는 대부의 신분으로 감히 천자나 할 수 있는 의식을 거행했던 것이다.

그 때문에 한참 나이에 공자는 '이런 비례를 어떻게 그대로 보고만 있겠는가' 하면서 격분을 참지 못했던 것이다. 『논어』에서 공자는 이렇게 분노하고 있다.

"삼환씨 집안에서 옹(雍)을 노래하며 제기를 거두었는데 공자는 말씀하셨다. 『시경(詩經)』 「옹편」에 '제후들이 제사를 돕고 천자의 거동이 우아하시다' 라고 하였거늘 어찌 감히 세 집안의 묘당에서 이것을 노래할 수 있겠는가.'"

공자가 말한 옹은 '옹철(雍徹)'의 준말로 '천자가 종묘제사를 지내고 물러설 때 시경을 읊던 일' 을 말함이다. 여기서도 알 수 있듯이 옹은 천자만이 제사를 지낼 때 쓸 수 있는 노래였던 것이다.

공자는 계씨가 팔일무를 자신의 묘정에서 춤추게 한 일과 삼환씨의 집안에서 제사를 지낼 때 천자처럼 옹을 노래한 사실을 두고 이렇게 한탄하였다.

"사람으로서 어질지 못하다면 예는 무엇할 것이며, 사람으로서 어질지 못하다면 음악은 무엇할 것이냐."

이때 공자는 젊은 시절 승전리(乘田吏)라는 하찮은 벼슬에만 잠깐 몸담고 있었을 뿐, 이미 그의 명망이 높아짐에 따라 제자들이 사방에서 모여들기 시작하여 제자들과 더불어 유가(儒家)를 이룩하기 시작하고 있었다. '스스로 자립하였다' 고 말한 30대로 접어들면서 공자의 학문과 경륜은 더욱 원숙해져서 명망은 이웃나라로 널리 퍼져 나가고 있었던 것이다.

그러나 이때 노나라에서는 대사건이 벌어진다. 노나라의 임금인 소공은 세력이 강했던 계평자가 지나치게 방자한 것을 참지 못하고 궁중쿠데타로 계씨를 제거하려 하였다. 처음에는 성공할 듯도 보였지만 '계손씨 없이는 숙손씨도 있을 수 없다'는 자각 아래 삼환씨들이 힘을 합쳐 소공에게 일대반격을 가했던 것이다. 왜냐하면 삼환씨들은 모두 16대 왕인 환공의 후손들로 서로 같은 뿌리에서 나왔음을 잊지 않고 있었기 때문이었다.

결국 이 전쟁에서 진 소공은 간신히 목숨만 부지한 채 제나라로 도망친다. 제나라에서는 소공을 도와 노나라로 되돌아갈 수 있도록 갖은 방법을 강구하였지만 뜻대로 되지 않아 소공은 결국 7년이란 세월을 외국에서 보낸 후 객사하게 된다. 어쨌든 공자가 노나라를 떠나려고 결심하고 첫 번째 출국을 단행했을 때에는 소공이 전쟁에서 패퇴한 후 제나라로 도망쳤던 바로 그 내전이 있은 직후였던 것이다.

소공을 쫓아낸 뒤에 계씨의 세도는 더 강력해졌다. 공자는 임금까지도 쫓아내는 귀족들의 권력투쟁과 그 사이에서 자신들의 이익과 안전만을 노리며 날파리처럼 날아다니는 관리들에 극도로 실망한 후 이미 노나라에서는 자신의 정치이념을 실현할 길이 없다고 생각하고 노나라를 떠나 제나라로 출국하였던 것이다. 그러므로 공자가 가는 도중에 만난 한 여인의 눈물을 통해 '잘 명심토록 하여라. 가혹한 정치가 호랑이보다도 더 사나운 것이다'란 말을 남긴 것은 여인의 경우를 빗대어 자신이 떠나온, 가혹한 정치로 도탄에 빠져 있는 노나라를 질타하기 위한 일성이었던 것이다.

공자가 자신의 망명지로 제나라를 택한 것에는 두 가지 이유가 있다.

그 하나는 이미 노나라의 임금이었던 소공이 노나라를 도망쳐 제나라로 망명하였던 때문이고, 또 하나는 제나라에는 경공(景公)과 안영(晏嬰)이 나라를 다스리고 있었기 때문이었다. 특히 공자는 춘추전국시대를 통틀어 가장 뛰어난 정치가로 인정받고 있는 안영에게 깊은 호의를 갖고 있었다.

『논어』의 「공야장(公冶長)편」에서도 공자는 안영을 평하여 다음과 같이 말하고 있을 정도였다.

"안평중(안영)은 남과 잘 사귀었고 오래도록 남을 잘 공경하였다."

공자는 뛰어난 안영을 재상으로 등용할 수 있다면 경공은 사람을 볼 줄 아는 안목을 가진 명군이라고 생각하고 있었을 뿐 아니라 이미 그들과는 구면이었다.

사마천의 『사기』에 의하면 5년 전, 소공 20년, 공자의 나이 30세 때 경공이 재상 안영과 함께 노나라를 방문하여 예에 대해서 물은 적이 있었다고 한다. 「공자세가」에는 이때 경공과 나눈 공자의 대화가 기록되어 있다.

경공이 공자에게 물었다.

"옛날 진나라의 목공은 작은 나라로서 편벽한 위치에 있었는데도 패업을 이룬 것은 어째서입니까?"

공자는 대답했다.

"진나라는 비록 작은 나라였지만 목공의 뜻이 컸고, 위치는 편벽하였지만 그의 행동은 발랐습니다. 몸소 백리해(百里奚)를 등

16

용하여 대부의 벼슬을 주었는데, 죄인으로 묶여 있는 중에 등용하여 사흘 동안 얘기해본 끝에 그에게 정사를 맡겼던 것입니다. 이런 식으로 말할 것 같으면 비록 왕자가 되어도 마땅하며, 그가 패업을 이루었다는 것은 오히려 작은 것입니다."

경공은 이 말을 듣고 매우 기뻐하였다.

경공이 공자에게 목공(穆公, BC 660~621)의 패업에 관해 물었던 것은 나름대로의 이유가 있다.

훗날 전국시대를 천하통일한 것은 시황제였지만 경공이 공자에게 목공에 대해서 물었을 때만 해도 모든 제후들이 꿈꾸었던 영웅이 바로 목공이었기 때문이었다.

목공은 이미 백여 년 전의 인물이었지만 소위 춘추오패(春秋五覇) 중의 한 사람으로 경공이 공자에게 질문하였던 대로 '작은 나라로서 편벽한 위치에 있었음'에도 다른 제후국을 정복하고 가장 강력한 국가를 이룩하였던 패왕이었다.

목공의 진(秦)나라가 강력한 제국이 될 수 있었던 것은 변방국이어서 땅은 협소하고 부존자원도 없었지만 선진국으로부터 새로운 산업기술과 행정기술을 들여와 미개발지인 자신의 국토에 적용함으로써 경제력과 군사력을 함께 키워낼 수 있었기 때문이었다.

공자는 '백리해를 등용하여 대부의 벼슬을 주었으며, 죄인으로 묶여 있는 중에 등용하여 사흘 동안 얘기해본 끝에 정사를 맡긴' 인재술이야말로 목공이 패업을 이룬 근본 요인임을 강조하였던 것이었다.

백리해.

전국시대에 있어 가장 뛰어난 정치가였던 백리해는 원래 우(虞)나라의 대부로 있었으나 우나라가 진(晉)의 헌공(獻公)에게 망할 때 포로가 되었던 기구한 운명의 인물이었다. 이때 헌공은 목공에게 자신의 딸을 시집보내면서 백리해에게 딸의 뒷바라지를 맡도록 딸려 보내는 잉신(媵臣)의 미천한 역할을 맡겼다. 백리해는 자신의 비참한 현실을 견디지 못해 진나라를 도망쳤으나 초(楚)나라에서 시골 관리에게 붙잡혔던 것이다. 뒤늦게 백리해가 뛰어난 인물임을 전해들은 목공은 너무 요란을 떨면 초나라가 의심할 것을 걱정해 도망친 하인을 잡아온다는 구실로 숫양가죽 다섯 장과 백리해를 바꿔왔던 것이었다. 백리해를 실은 함거가 진나라에 당도하자 목공은 백리해를 불러서 물었다.

"지금 나이가 몇 살입니까."

백리해가 대답하였다.

"금년에 70이 되었습니다."

이 말을 들은 목공이 한탄하여 말하였다.

"애석하게도 나이가 너무 많은 것 같소이다."

그러자 백리해가 말하였다.

"이 백리해로 하여금 날아다니는 새를 쫓고 맹수를 잡게 하실 요량으로 부르셨다면 신은 이미 늙었다고 할 수 있겠지만 만약에 신으로 하여금 앉아서 나라의 일을 보게 하실 요량으로 부르셨다면 아직 젊다고 할 수 있을 것입니다. 옛날 태공 여상(呂尙)은 나이가 80이 되어 위수(渭水) 가에서 낚시를 하다가 주 문왕을 만나서 같이 수레를 타고 주나라로 들어가 상보(尙父)의 벼슬을 맡아 주나라의 사직을 일으켰습니다. 신이 금일 군주를 만난 것은 여상과 비교하면 10년이나 젊습니다."

백리해의 말을 들은 목공은 자세를 바로하고 다시 물었다.

"우리나라는 융(戎), 적(翟)과 이웃하고 있어서 여러 나라들이 만나는 회맹에도 참석지 못하고 있습니다. 노인께서는 어떻게 과인에게 가르침을 주시겠습니까?"

이에 백리해는 대답한다.

"군주께서 신을 패망한 나라의 포로로 보지 않으시고 몸이 늙어 이미 쇠잔한 나이가 되었음에도 마음을 여시어 하문하시니, 신이 감히 어리석은 의견이지만 말씀드리지 않을 수 없습니다. 지금 진나라가 군주께서 말씀하신 대로 융, 적과 같은 오랑캐와 맞닿아 있지만 이를 오히려 역이용하여 오랑캐의 땅을 병합하면 농사를 크게 지을 수 있으며, 그 백성들을 민적에 올리면 감히 중원의 나라들과 싸울 수 있을 것입니다. 이것은 중원의 나라들이 진나라와 다툴 수 없는 오히려 유리한 점인 것입니다."

변방국의 불리한 점을 역이용하면 오히려 유리할 수 있다는 백리해의 가르침은 다음과 같이 이어진다.

"……군주께서 덕으로 백성들을 대하고 힘으로 적국을 정벌하여 변경지역을 안정시킨 후에 산천의 험난한 지형에 의지하여 중원의 제후국과 대치하고 있다가 중원에서 난이 일어나기를 기다려 그 기회를 틈타 중원으로 나아가 덕과 위엄으로 다스린다면 반드시 패업을 이룰 수 있을 것입니다."

기록에 의하면 목공은 계속해서 백리해와 사흘간을 얘기했으나 어떤 대답도 이치에 맞지 않는 것이 없었다고 한다. 이에 목공은 무릎을 치면서 다음과 같이 감탄하였다고 기록은 전하고 있다.

"내가 정백(井伯, 백리해)을 얻은 것은 제후(齊侯)가 관중(管仲)을 얻은 것과 같도다."

곧이어 백리해에게 상경이란 벼슬을 주고 나라의 모든 정치를 맡긴다. 진나라 사람들은 백리해를 숫양가죽 다섯 장를 주고 데려왔다고 해서 오고대부라고 불렀다는 것이다. 훗날 초나라에서 말을 기르던 백리해를 숫양가죽 다섯 장을 바치고 마구간에서 꺼내와 진나라의 재상으로 삼은 목공의 심미안을 이렇게 노래하고 있다.

죄수를 빼내와 재상으로 삼은 일은 진실로 세상에 드문 일인데
관중에 이어 또다시 백리해가 있었음을 들었네
진의 이름이 중원에 빛나기 시작한 것은 백리해에 의한 것이었지만
그의 몸값은 불과 숫양가죽 다섯 장뿐이었네.
脫囚拜相事眞奇
仲后重聞百里奚
從此西秦名顯赫
不虧身價五羊皮

공자의 대답을 듣고 경공이 크게 기뻐했던 것은 목공에게 백리해란 뛰어난 재상이 있듯이 경공에게는 안영이란 뛰어난 재상이 있으

니, 패업을 이룰 수 있다는 간접표현이었기 때문이었다.

　이처럼 공자는 안영을 뛰어난 정치가로 꿰뚫어보고 있었으며, 그와 같은 안영을 등용한 경공은 목공의 탁월한 인재술과 비견할 수 있다는 뜻으로 말하였던 것이다.

　따라서 공자가 『논어』에서 안영을 '남과 잘 사귀었고 오랫동안 남을 잘 공경하였다'고 표현한 것은 약과로, 안영의 어록을 기록해 놓은 『안자춘추』에는 공자가 안영을 소위 '불법(不法)의 예'란 최상의 찬사로 극찬하는 기록까지 나오고 있는 것이다.

　안영이 노나라의 사신으로 와서 군왕을 알현했을 때 공자는 후학을 위해 제자들에게 안영의 언행을 견학토록 하였다. 이를 견학하고 돌아온 제자 중의 한 사람인 자공(子貢)이 공자를 비난하였다.

　"안영이 예에 정통하다고 하는 것은 터무니없는 일입니다. 예에 이르기를 '계단에 오르되 넘지를 말고 단상에서는 달리지 않으며, 옥을 받을 때에는 무릎을 꿇지 않는다'고 하였습니다. 그런데 안영의 행동은 이에 모두 반하고 있었으니, 따라서 안영이 예에 정통하다는 것은 터무니없는 얘기입니다."

　원래 외국 사신들은 계단을 오를 때는 한 단씩 천천히 오르고, 단상에서는 빠른 걸음으로 걷지 않으며, 옥을 받을 때는 무릎을 꿇지 않는 것이 법도였던 것이다.

　평소에 예라는 것을 인간의 행동규범 중에서 가장 중요시 여겼던 공자는 이 말을 듣고는 늘 마음으로 공경해 마지않는 선배(안영은 공자보다 30세 가량 위였다)가 이처럼 무례하였다는 것을 도저히 묵과할 수 없었으므로 안영을 찾아가 그 진의를 따지기로 결심한다.

이에 안영은 이렇게 답하였다고 『안자춘추』는 기록하고 있다.

"단상에서는 군신이 각각 서로 위치가 정해져 있으며, 군주가 한 발자국 걸으면 신하는 두 발자국 걷는다고 알려져 있네. 그러나 노나라의 임금께서는 빠른 걸음으로 다가왔기 때문에 정해진 시간에 닿기 위해서 나는 계단을 두 계단씩 올라야 했고, 단상에서도 빠르게 걷지 않으면 안 되었네. 또 옥을 받을 때도 임금의 자세가 낮았으므로 꿇어 받지 않으면 안 되었다네. 이에 관해서 나는 이렇게 알고 있네. '인륜의 기본을 이루는 첫 번째 덕에 관해서는 약간의 어긋남이 있어서는 안 된다. 그러나 두 번째 덕에 있어서는 약간의 방편이 있어도 좋다.' 나는 할 수 없이 임기응변의 방편을 구했던 것이라네."

안영은 5척의 단신이었으며, 볼품없는 빈약한 체구를 갖고 있었다고 한다. 따라서 다리가 짧았던 안영으로서는 임금의 보조에 맞추기 위해 계단을 두 계단씩 뛰어오르는 무례를 범하지 않을 수 없는 임시방편술을 구했던 것이다.

안영의 말을 공손히 경청하고 있던 공자는 돌아와 제자들에게 다음과 같이 경탄하였다고 한다.

"불법의 예는 안자가 능히 행한다."

공자가 말한 '불법의 예' 란 것은 '예를 넘어선 예' 로 형식적인 예절에 얽매이지 않고 마음에서 우러나오는 예야말로 최상의 예절임을 가리키는 것이며, 그러한 불법의 예를 행한 안영은 최고의 예인이라는 찬사를 보낸 것이었다.

이와 같은 이유에서 공자가 노나라를 탈출하여 첫 번째 망명지로 제나라를 선택했던 것이다. 공자는 자신의 임금이었던 소공을 보호해주고 있는 제나라에 대해 깊은 신뢰를 보내고 있었을 뿐 아니라 5년 전 만나서 좋은 교감을 나누었던 경공과 안영이 자신의 처지를 무시하지는 못할 것이라는 느낌을 갖고 있었던 것이다.

노나라에서 제나라로 가는 도중의 태산에서 만난 시아버지와 남편, 그리고 아들 3대에 걸친 호환에도 그곳을 떠나지 않는 여인에게 그 이유를 묻고 '가혹한 정치는 호랑이보다 더 무섭다'는 말을 제일성으로 남긴 공자는 이번에는 제나라의 왕도인 임치(臨淄)에 이르기 전 제수(濟水)라는 강가에서 두 번째 말을 남긴다.

이때 남긴 말이 『공자가어』의 「치사(致思)편」에 실려 있다.

공자가 제나라로 가는 도중에 곡하는 소리를 들었는데 매우 슬펐다. 공자가 그의 하인에게 말하였다.

"이 곡소리는 슬프기는 하지만 누군가 죽어 상을 당한 슬픔은 아닌 것 같다."

좀 더 달려서 앞으로 나아가니 어떤 사람이 낫과 새끼줄을 들고 있었다. 그를 본 공자는 수레에서 내려 다가가 물었다.

"당신은 무엇을 하는 사람이오."

공자가 묻자 그는 대답하였다.

"제 이름은 구오자(丘吾子)입니다."

"당신은 지금 상을 당하고 있는 것도 아닌데 어째서 슬프게 곡을 하고 있소."

공자의 질문에 구오자가 대답하였다.

"제게는 살아감에 있어 세 가지의 실책이 있었습니다. 이를 오늘에야 뒤늦게 깨달았으니 그것을 뉘우친들 무슨 소용이 있겠습니까. 때문에 이를 슬퍼하여 곡을 하고 있는 것입니다."

공자는 다시 곡을 시작하는 구오자를 향해 물어 말하였다.

"세 가지의 실책이라니요. 내게 숨김없이 말해주시기를 바라오."

이에 구오자는 길게 한숨을 쉬며 대답하였다.

"저는 젊어서 학문을 좋아하여 온 천하를 돌아다니다가 뒤에 돌아와보니 저의 부모님이 돌아가셨으니, 이것이 첫 번째 실책입니다."

구오자는 다시 말을 이었다.

"장성한 뒤에는 제나라의 임금을 섬겼는데 임금이 교만하고 사치하여 어진 선비들을 놓침으로써 신하로서의 절조(節操)를 완수하지 못하였으니, 이것이 둘째 실책입니다. 또한 나는 평생 친구들을 돈후(敦厚)하게 사귀었으나 지금은 모두 떨어져 나갔으니, 이것이 세 번째 실책인 것입니다."

그리고 구오자는 유명한 말을 남겼다.

"나무는 고요히 있고자 하여도 바람이 멈추지 않고, 자식은 부모님을 부양하려 하나 부모님이 기다려주지 않습니다.(樹欲靜而風不止 子欲養而親不待)"

구오자는 긴 한숨을 내쉬면서 말을 이었다.

"가버리면 다시 돌아오지 않는 것이 세월이며, 다시 뵈올 수 없는 것이 부모입니다."

말을 마친 구오자는 강물 속으로 몸을 던져 죽었다. 이를 본 후 공자가 말하였다.

"너희들은 잘 기억해두어라. 이것은 교훈이 될 만한 일이다."

기록에 의하면 공자의 말을 듣고 제자들 중에 스승을 떠나 고향으로 돌아가 부모를 부양하였던 사람이 13명이나 되었다고 한다. 공자의 이런 태도는 예수의 태도와 정반대로 불일치한다.

성서에 의하면 제자 중의 한 사람이 예수에게 와서 '먼저 집에 가서 아버지 장례를 치르게 하여주십시오' 하고 청하자 예수는 '죽은 자들의 장례는 죽은 자들에게 맡겨두고 너는 나를 따르라' 하고 대답한다. 마찬가지로 불교에 있어 최고의 선승이었던 당나라의 조주는 장례식에서 죽은 관을 좇아가는 일행을 향해 '한 사람의 산 사람을 수많은 죽은 사람들이 좇아가고 있구나' 하고 빈정댐으로써 구도에 있어 걸림돌은 인연에 얽매이는 것과 효와 같은 사사로운 집착이며, 오로지 구할 것은 진리뿐임을 강조하고 있음에 반해 공자는 '부모를 봉양하는 것은 자식으로서의 마땅한 도리'라고 교훈을 내리고 자신의 제자들이 학문의 길을 버리고 13명이나 고향으로 떠나는 것을 기꺼이 허락하고 있는 것이다.

심지어 예수는 '집안 식구가 바로 자기 원수'이며, '아버지나 어머니를 나보다 더 사랑하는 사람은 내 사람이 될 자격이 없다'라고 단언하고 있음에 반해 공자는 부모에 대한 효(孝)야말로 인(仁)에 이르는 근본이라는 가르침으로 다음과 같이 말하고 있다.

"효도와 우애는 인을 이룩하는 근본인 것이다.(孝弟也者其爲仁之

本與)"

먼 훗날 어떤 사람이 공자에게 '선생님께서는 왜 정치를 하지 않습니까' 하고 묻자 공자는 이렇게 대답하였을 정도였다.

"『서경』에 말하기를 '효도하라. 오로지 효도하고 형제에게 우애로움으로써 그것을 시정(施政)에 반영시켜라' 하였소. 이것도 정치를 하는 일이거늘 어찌 따로 정치를 할 것이 있겠소."

공자가 남긴 풍수지탄(風樹之嘆)은 그로부터 8백 년 뒤 도연명(陶淵明)에 의해서 명시로 부활된다. '가버리면 다시 돌아오지 않는 것이 세월'이란 구오자의 말을 인용하여 도연명은 '잡시(雜詩)에서 '세월은 사람을 기다려 주지 않는다.(歲月不待人)'는 문장으로 다음과 같이 읊고 있다.

인생은 뿌리도 꼭지도 없이 정처 없는 길가의 티끌과 같다
바람 따라 흩어져 날아가니 일정한 몸 있다고 할 수 없다
땅 위에 떨어져 형제가 되니 어찌 피를 나눈 사이뿐이랴
즐길 기회가 있으면 즐길 일이니 말술을 마련해 이웃을 모으리
젊음은 다시 오는 일이 없고 하루에 두 번 아침은 없는 법이니
이때를 맞아서 힘쓰라, 세월은 사람을 기다려주지 않으니.

마침내 노나라를 도망친 공자 일행은 임치에 도착한다.

이 무렵 임치는 전국시대의 모든 도읍을 통틀어 최고의 전성기를 누리고 있었다. 내륙지방이었던 노나라와는 달리 제나라는 바다를 끼고 있어 풍부한 해산물과 소금과 같은 생활필수품을 무역하여 경

제적인 번영을 누리고 있었다. 노나라의 왕도인 곡부와는 비교가 안 되는 멋진 신세계였던 것이다.

전국시대에 유명한 유세가였던 소진(蘇秦)은 이 무렵의 임치를 이렇게 표현하고 있다.

"임치의 성 안에 가구 수는 7만이었으니, 그 안에 살고 있는 인구만 해도 수십만이 넘을 것이다. 성 안은 풍요롭고 번성해서 백성들은 악기를 타고 노래를 불렀으며, 닭싸움, 장기의 일종인 쌍륙, 공차기 등을 즐겼다."

소진의 말은 전혀 과장이 아니었다. 이 2천5백 년 전의 고대도시는 최근에 발굴되었다. 사방 수천 미터에 이르는 성벽이며, 수백 필의 말을 순장시킨 무덤이며, 폭이 10여 미터에 이르는 대로, 제철소 등 번화했던 당시의 모습이 그대로 남아 있을 뿐 아니라 그 무렵의 명재상 안영의 흔적도 쉽게 찾을 수 있을 정도로 생생하게 보존되고 있는 것이다.

어쨌든 공자 일행은 번화한 도시를 가로지르면서 눈부신 문명에 대해 감탄하고 있었다. 거리는 인파로 넘쳐흐르고 있어 공자를 실은 수레의 바퀴는 다른 수레의 바퀴와 맞부딪치고, 오가는 행인들의 어깨가 서로 닿을 정도로 혼잡하였다. 시가의 번화한 모습을 형용하는 '곡격견마(轂擊肩摩)'란 고사성어는 '수레의 바퀴통이 부딪치고 어깨가 스친다'는 임치의 번화한 거리를 표현한 데서 나온 말.

이 모습을 묵묵히 바라보던 공자가 제자들에게 웃으며 말하였다.

"과연 번화하구나. 사람들의 옷깃을 이으면 방장과도 같고, 소맷

자락을 올리면 장막과도 같고, 사람들이 한꺼번에 숨을 내쉬면 그 입김으로 구름을 만들 수 있고, 사람들이 한꺼번에 땀을 흘려 그 땀을 훔치면 마치 비가 올 것 같은 정도로구나."

물론 공자의 말은 농담이었다. 평소에 제자들 앞에서 함부로 농담을 하지 않는 근엄한 공자가 제자들 앞에서 이처럼 농담을 해보인 것은 나름대로 이유가 있었다.

공자가 했던 말 역시 안영의 말을 빌려온 인용어였기 때문이었다.

안영은 일찍이 중원의 패자인 초나라에 사신으로 간 적이 있었다. 초나라의 영왕(靈王)은 안영이 온다는 통지를 받고 그를 시험해 보기 위해 신하들과 상의하였다.

"안영은 키가 5척에도 미치지 못하는 단신이지만 제후들 사이에 그 명성이 자자해. 과인의 생각으로는 초나라는 강하고 제나라는 약하니 이번 기회에 제나라에 치욕을 남겨주어 초나라의 위엄을 떨치는 것이 어떻겠소?"

그리하여 초나라에서는 안영을 놀려주기 위한 계책을 미리 세워 둔다. 안영이 초나라의 도성 동문에 도착하였으나 성문은 굳게 닫혀 있었다. 문지기를 불러 성문을 열라고 하자 이미 안영을 놀려주기 위한 계책을 전해 받은 문지기는 안영을 성문 옆의 작은 문으로 안내하면서 이렇게 말하였다.

"재상께서는 이 개구멍으로 들어가십시오. 이 개구멍만으로도 재상께서는 출입하시기 충분한데 무엇 때문에 귀찮게 성문을 여닫을 필요가 있겠습니까?"

왜소한 체구를 빗대어 문지기가 비웃자, 안영은 웃으며 말했다.

"이것은 개가 출입하는 문이지 사람이 출입하는 문이 아닙니다. 개나라에 사신으로 온 사람은 개문으로 출입해야 하고, 사람나라에 사신으로 온 사람은 사람문으로 출입해야 하는데, 내가 지금 사람 나라에 왔는지 개나라에 왔는지 모르겠군요. 설마 초나라가 개나라 는 아니겠지요."

이 말을 들은 문지기는 입장이 난처해졌다. 임금의 명령대로 개 구멍을 통해 안영을 들어오게 한다면 초나라는 개나라가 될 것이 며, 그렇다고 성문을 열어준다면 어명을 거스르는 것이 되므로 하 는 수 없이 영왕에게 안영의 말을 전하고 하회를 기다렸다. 이 말을 전해 들은 영왕은 어쩔 수 없이 성문을 열어줄 것을 명령한다. 이에 안영은 당당하게 초나라 도성의 성문을 통해 정식으로 입성할 수 있었던 것이다. 그러나 영왕은 이것으로 그치지 않았다. 안영을 접 견하자 물었다.

"제나라에는 인재가 그토록 없는가. 어찌하여 그대와 같이 작은 사람을 초나라의 사신으로 보냈는가?"

이에 안영은 대답하였다.

"대왕마마, 저희 제나라에는 사람들이 많습니다. 수도 임치는 인 구가 백만이나 되는데, 사람들이 한꺼번에 숨을 내쉬면 그 입김으 로 구름을 만들 수 있고, 사람들이 한꺼번에 땀을 흘려 그 땀을 훔 치면 마치 비가 오는 듯하며, 행인들이 끊임없이 지나다녀 어깨를 부딪치지 않고서는 오갈 수가 없을 정도입니다. 그러니 어찌 인재 가 없을 수 있겠습니까. 다만 저희 나라에는 한 가지 규칙이 있습니 다. 사신을 파견할 때에 현자는 현명한 나라에 파견하고, 불현자는 현명하지 못한 나라에 파견하며, 대인은 대국에 파견하고, 소인은 소국에 파견합니다. 지금 저는 무능하고 부덕하면서 또한 가장 현명하지 못하기 때문에 초나라로 파견될 수밖에 없었으니, 대왕께서는 이를 양해해주시기 바랍니다."

초나라의 영왕은 이 말을 듣고 할 말을 잃었다. 그로서는 두 번이나 안영에게 당한 셈이었다. 그러나 만만하게 물러설 영왕이 아니었다. 잠시 후 안영을 반격할 수 있는 절호의 찬스가 찾아왔다. 마침 두 명의 무사가 죄인 한 사람을 포승줄로 묶어 압송하고 있는 모습이 보였는데, 이를 본 영왕이 무사에게 물었다.

"그 죄수는 무슨 죄를 지었느냐?"

무사가 대답하였다.

"남의 물건을 훔쳤습니다."

"어느 나라 사람인가?"

무사는 다시 대답하였다.

"제나라 사람입니다."

이 말을 들은 영왕의 얼굴이 의기양양해졌다. 마침내 안영을 공격할 수 있는 세 번째의 기회가 절묘한 타이밍으로 찾아옴을 안 영왕은 안영을 쳐다보고는 빈정대며 말하였다.

"제나라 사람들은 모두 물건을 훔치는 버릇이 있소."

안영은 영왕이 조금 전에 당한 수치를 만회하기 위해서 그런 식의 질문을 던진 것을 알고 있었기에 부드럽게 대답하였다. 이때 안영이 답한 말은 동서고금을 막론하고 뛰어난 외교관으로서 보여준 탁월한 명언으로 손꼽히고 있다.

"소신이 듣기에 귤을 회수(淮水) 이남에 심으면 그것은 귤이 되어 달콤하기 이를 데 없지만 만약 그것을 회수 이북에 심으면 작고, 시면서 떫고, 써서 먹을 수가 없게 됩니다. 이렇게 완전히 상반된 상황이 된 까닭은 바로 기후, 풍토 때문입니다. 지금의 죄수는 제나라에 있을 때는 도적이 아니라 양민이었는데, 어찌하여 초나라로 온 이후에는 도적이 되었겠습니까. 이것은 초나라가 그를 이렇게 변하도록 만든 것입니다. 제나라 사람이 초나라에 있는 것은 마치 귤이 회수 이북에 있는 것과 같으니, 이것이 제나라와 무슨 관계가 있단 말이십니까."

초나라의 영왕은 한참 동안 무안해서 묵묵히 앉아 있다가 탄식하여 말하였다.

"과인은 본래 그대에게 창피를 주려 하였으나 오히려 내가 조롱거리가 될 줄 미처 생각지 못하였소. 이는 모두 과인의 잘못이니 그대는 나를 너그러이 용서해주시기 바라오."

그 후 초나라의 영왕은 안영을 극진히 접대하게 되었으며, 안영은 임무를 원만하게 마치고 제나라로 돌아올 수가 있었던 것이다.

공자가 인파로 넘쳐흐르는 제나라의 수도 임치의 모습을 보고 '과연 번화하구나. 사람들의 옷깃을 이으면 방장과도 같고 사람들이 한꺼번에 숨을 내쉬면 그 입김으로 구름을 만들 수 있다' 하고 과장 섞인 농담을 하였던 것은 이처럼 안영이 초나라의 영왕에게 했던 변설을 인용하였던 것이었다.

이처럼 공자는 마음속 깊이 안영을 정치가로서 존경하고 인정하고 있었다.

2

마침내 제나라에 도착한 공자 일행은 고소자(高昭子)란 대부의 집으로 가 묵게 된다. 기록에는 공자가 고소자의 가신이 되었다고 하지만 실은 빈객이었다. 공자는 고소자의 집에 머물면서 경공을 만나려 하였다. 그보다도 공자는 자신보다 먼저 제나라로 망명해 온 소공을 만나 군신으로서의 예를 표하려 하였다. 공자가 소공을 알현하려 한다는 말을 전해 들은 고소자는 이렇게 말하였다.

"이는 불가합니다."

"어째서입니까?"

공자가 묻자 고소자는 대답하였다.

"소공께서는 지금 이곳에 계시지 않고 건후(乾侯)에 계시기 때문에 찾아뵈올 수가 없습니다."

제나라에서도 소공은 골칫덩어리인 뜨거운 감자였다. 소공을 잘 환대하자니 노나라의 실권자인 삼환씨의 반발을 살 것 같고, 그렇다고 무시하자니 훗날 정치적으로 이용할 수 있는 절호의 기회를 놓칠 것 같아 아직 당장은 큰 소용은 안 되나 그렇다고 버리기에는 아까운 '계륵(鷄肋)'과 같은 존재였던 것이다. 따라서 소공은 변방인 건후, 오늘날의 하북성(河北省)에 살게 하여 유배 아닌 유배생활을 보내게 하고 있었던 것이다. 공자가 임치에 들어왔다는 소문은 전역으로 번져 나갔고, 고소자가 경공에게 이를 고했으나 이상하게도 경공은 공자를 쉽게 만나주지 않았다. 이는 두 가지 이유 때문이었다.

제나라 역시 노나라처럼 정치적으로 어지럽고 특히 진(陳)이란 성을 가진 귀족이 권력을 전횡(專橫)하고 있어 한마디로 난세였기 때문이었다. 표면상으로 제나라는 선왕인 환공(桓公) 때 패업을 이루었고, 이때 내(萊)라는 동이족을 멸망시켜 국토가 두 배 이상 늘어났으며, 바다에서는 생선과 소금 등 무역의 중심국으로 크고 부강한 나라였으나 내부적으로 귀족들은 사치에 젖어 있었고, 특히 신하였던 진씨 세력들이 왕권을 위협하고 있어 나라는 썩어가고 있었던 것이다.

비록 명재상 안영이 영공(靈公)과 장공(莊公), 그리고 경공의 3대를 섬기며 뛰어난 통치술을 펼치고 있었으나 퇴폐와 사치에 물들어 병든 나라의 환부를 도려내지는 못하고 있었던 것이다. 물질이 발달하고 소비가 늘면 자연 사치와 허영이 싹트게 되고, 결국 이것이 망국의 원인임을 제수의 강가에서 구오자는 이렇게 한탄하고 있지 않았던가.

"……장성한 뒤에는 제나라의 임금을 섬겼는데 임금이 교만하고 사치하여 어진 선비들을 놓침으로써 신하로서의 절조를 완수하지 못하였으니, 이것이 둘째 실책입니다."

『사기』에 의하면 훗날 경공이 공자를 불러 정치에 대해 물으니 공자는 다음과 같이 대답하였다고 한다.

"정치는 재물을 절약하는 데에 있습니다.(政財節制)"

이것을 보면 공자도 제나라의 허영과 사치를 망국의 원인으로 여겼음을 알 수 있다.

또 한 가지 이유는 아이러니컬하게도 공자가 그처럼 존경하고 있던 안영이 오히려 가로막고 나서서 경공과 공자의 만남을 교묘하게 차단하고 있었기 때문이었다.

그 이유는 나중에 밝혀지지만, 어쨌든 안영은 공자를 뛰어난 사상가로서는 인정하고 있지만 정치가로서는 별로 신뢰하고 있지 않았던 이유 때문이었을 것이다.

그러나 공자는 절대로 초조해하지 않았다. 이 무렵 오히려 공자는 유유자적하고 있었다. 그것은 음악에 심취하고 있었기 때문이었다.

『논어』의 「술이(述而)편」에 보면 공자가 제나라에 있을 무렵 얼마나 음악에 몰두하고 있었던가를 기록해 놓고 있다.

"공자께서 제나라에 계실 때 순(舜)임금의 음악 소(韶)를 들으시고는 석 달 동안 고기 맛을 잊으셨다. 그러고는 말씀하셨다. '음악이 이런 경지에 이르리라고는 생각도 못하였다.(不圖爲樂之至於斯也)'"

좋은 음악을 듣고 석 달 동안이나 고기 맛을 잊을 정도로 심취하였던 공자. 공자는 이미 음악에 대해서 깊은 관심을 갖고 전문가 이상으로 공부하고 있었다. 심지어 공자는 29세 때 악관이었던 사양자(師襄子)에게서 금(琴)까지 배웠던 것이다. 공자가 음악에 심취하였던 것은 호사스러운 취미생활이나 쾌락을 즐기려는 향락 때문이 아니라 음악을 천지의 조화로 보고 이를 통해 예의 질서를 터득하는 방법을 구하려 했던 것이다. 『사기』에 나와 있는 대로 공자가 사양자에게서 금을 배웠을 때의 모습을 보면 공자가 음악을 통해 과연 무엇을 구하려 했음인가를 명백하게 알 수 있다.

공자가 사양자에게서 금을 타는 것을 배우는데 열흘이 지나도 변한 것이 없었다. 그러자 사양자가 말하였다.

"좀 더 공부해야 하겠습니다."

이에 공자가 말하였다.

"저는 이미 그 곡조는 익혔으나 그 이치를 알지 못하고 있습니다."

얼마 있다가 사양자가 말하였다.

"이미 그 이치를 터득했을 터이니 다른 것을 공부해야 하겠습니다."

다시 공자가 대답하였다.

"아직 그 뜻을 깨닫지 못하고 있습니다."

얼마 있다가 사양자가 말하였다.

"이미 그 뜻을 깨달았을 터이니 다른 것을 더 공부해야 하겠습니다."

그러나 공자가 말하였다.

"아직 그 인물을 깨닫지 못하고 있습니다."

얼마 있다가 사양자가 말하였다.

"고요히 깊이 생각하시고 기쁜 듯이 높이 바라보며, 원대한 뜻을 지니는 듯하군요."

마침내 공자가 말하였다.

"이제야 나는 그 인물을 깨달았습니다. 거무튀튀한 살갗에, 훤칠한 큰 키에다 눈은 먼 곳을 바라보는 듯하고 마음은 천하를 지배하는 형상이니, 주나라의 문왕이 아니면 또 누가 이런 곡조를 지었겠습니까."

이 말을 들은 사양자는 자리를 옮겨 앉으며 두 번을 절하고서
말하였다.

"과연 그렇습니다. 저희 스승님께서도 이 노래는 문왕의 곡이
라 말씀하셨습니다."

이를 통해 알 수 있듯이 공자가 금을 통해 배우려는 것은 곡조나
이치나 뜻과 같은 테크닉이 아니라 그 곡을 지은 사람의 마음을 꿰
뚫어보기 위함이었던 것이다.

실제로 공자는 음악을 예와 동일한 덕으로 보고 있을 정도였던
것이다.

"위대한 음악은 천지와 같은 조화를 이루고, 위대한 예는 천지와
같은 절조를 이룬다.(大樂與天地同和 大禮與天地同節)"

음악과 예를 짝을 이루어 표현한 공자의 말은 다시 다음과 같이
이어진다.

"음악이란 천지의 조화이며, 예란 천지의 질서이다.(樂者天地之
和也 禮者天地之序也)"

심지어 공자는 음악을 인간 완성의 마지막 단계인 문채(文彩)로
보았다. 제자 자로가 공자에게 인간 완성에 대해서 물으니 다음과
같이 대답하였을 정도였다.

"장무중과 같은 지혜와, 공작과 같은 무욕과, 변장자와 같은 용기
와, 염구와 같은 재주를 갖춘 데다 예와 악으로 문채를 더 보태면
인간 완성이 될 수 있을 것이다."

이처럼 음악을 인간 완성의 문채로 본 공자의 가르침은 석가모니의 가르침과 상반되고 있다.

석가모니는 엄격한 계율을 통해 자신들의 제자인 비구들에게 지켜야 할 비구계(比丘戒)를 직접 내렸다. 석가모니는 비구들이 절대로 '춤과 노래'에 빠지지 않을 것을 강조하고 있음에 반해 공자는 음악이야말로 천지의 조화로 보고 있었던 것이다. 물론 공자 역시 음란한 음악이나 쾌락적인 가무를 경계하고 있다.

『논어』의 「술이편」에 보면 '공자께서는 남과 함께 노래를 부를 때 남이 잘 부르면 반드시 그로 하여금 반복케 하고는 그 뒤에 그와 맞춰 함께 부르셨다'고 표현하고 있어 공자가 얼마나 음악을 사랑하고 있었는가를 여실히 보여주고 있다. 그럼에도 불구하고 「위령공(衛靈公)편」에서는 '정(鄭)나라의 노래는 음탕하다', 「양화(陽貨)편」에서는 '정나라의 노래가 아악을 어지럽힘을 미워한다'고 기록하고 있는 것을 보면 공자 역시 단지 귀를 즐겁게 하는 음란한 노래를 얼마나 미워하고 있었던가를 증명하고 있다. 심지어 「미자(微子)편」에는 다음과 같은 기록이 나오고 있을 정도이다.

"제나라 사람들이 여악(女樂)을 보내왔다. 노나라의 계환자가 이를 받고 즐기느라 사흘 동안이나 조회를 하지 않았다. 공자께서는 이에 노나라를 떠났다."

『시경』에 의하면 정나라의 노래에는 음란한 연애시가 많이 들어 있었다고 한다. 그래서 정풍(鄭風)이란 말은 천박하고 음탕한 음악의 별칭으로 불려지고 있었다. 공자가 천박하고 음란한 노래를 얼마나 혐오하고 있었던가는 자신의 고향인 노나라를 떠날 정도였는데, 그러므로 공자의 '음악이란 천지의 조화'란 말은 음악의 본질을 의미하고 있음인 것이다.

사양자에게서 금을 배울 때 공자는 그 곡조나 이치나 뜻에 치우치지 않고 그 노래를 지은 주나라의 창시자 문왕의 마음을 꿰뚫어 보려고 심혈을 기울였다.

공자는 예로써 사람들의 겉모양과 행동을 다스리고, 음악으로써 사람들의 마음과 감정을 다스리려 했던 것이다. 이러한 공자의 음악관은 『악경(樂經)』에 나오는 기록을 통해서도 명백히 알 수 있다.

"음악은 안으로부터 나오고 예는 밖으로부터 이루어지는 것이다. 음악은 안에서부터 나오기 때문에 고요하며, 예는 밖에서부터 이루어지기 때문에 문채를 이룬다. 위대한 음악은 평이하고, 위대한 예는 반드시 간결하다. 음악이 주효(奏效)하면 원망이 없게 되고, 예가 주효하면 다투지 않게 된다. 서로 절하고 양보하면서 천하를 다스린다는 것은 예와 악의 효과를 두고 말하는 것이다."

그리고 나서 공자는 이런 결론을 내리고 있다.

"왕자는 공업을 이룩하면 음악을 작곡하고, 다스림이 안정되고 예를 제정한다.(王者功成作樂治定制禮)"

그러므로 사양자는 공자에게 곡조와 뜻과 같은 테크닉을 가르치려 했지만 공자는 이를 통해 '그 노래를 작곡한 왕', 즉 문왕의 마음을 꿰뚫어보려 했던 것이다.

평소에 공자는 주나라를 창시한 문왕과 그의 둘째 아들이었던 주공(周公)을 마음속 깊이 존경하고 있었다.

주나라는 어쨌든 춘추전국시대 때의 종주국으로 문왕은 강태공을 발탁하여 주나라를 건국하였으며, 그의 아들 주공은 아버지를 도와 왕국의 기초를 확립한 뛰어난 정치가였다.

공자가 주공을 얼마나 존경하였던가는 공자가 죽을 무렵 주공을 두고 다음과 같이 탄식한 것을 통하여 잘 알 수 있다.

"심히도 내가 노쇠하였구나. 오랫동안 주공을 꿈속에서 보지 못하고 있으니."

주공은 공자가 이상으로 삼았던 사람으로 주나라 초기 예의 제도를 지정하여 공자에게 예의 사상을 싹트게 했던 성인이었다. 그러므로 공자는 꿈속에서라도 주공을 만나 그를 닮고 싶어하였듯이 음악을 통해서는 주나라를 건국한 문왕을 만나보려 하였던 것이다.

따라서 공자가 제나라로 망명했을 때 순임금의 음악 소를 듣고 석 달 동안이나 고기 맛을 잊을 정도로 심취하고, '음악이 이런 경지에 이르리라고는 생각도 못하였다'고 감탄하였던 것은 소를 통해 순임금의 마음을 깨달았기 때문이었을 것이다.

순임금.

고대 중국의 전설상 제왕으로 성천자(聖天子)로 불리어지던 성인. 흔히 태평성대를 '요순시대'라 하고, 유가에서 요순시대를 이상 정치가 행해졌던 처음의 시대를 가리키고 있었으므로 유가의 창시자인 공자가 순임금이 작곡한 소라는 음악을 듣고 석 달 동안이나 고기 맛을 잊었던 것은 지극히 당연한 일이었다.

소는 '소무(韶舞)'라는 무악의 준말로 순임금이 직접 지은 음악이었다. 그러나 공자는 문왕의 아들 무왕(武王)이 지은 음악 무(武)

를 듣고는 이렇게 평가하고 있다. 「팔일(八佾)편」에는 다음과 같은 기록이 나오고 있다.

"순임금의 음악 소는 아름다움도 다했고 또 훌륭함도 다했다. 그러나 무왕의 음악 무는 아름다움은 다했으나 훌륭함은 다하지 못하고 있다."

무왕은 문왕의 아들이자 주공의 형으로 주나라의 2대왕이었다. 무왕은 아버지가 못 이룬 주왕(紂王)의 대군을 격파하여 상나라를 멸망시킨 영웅이었으나 공자는 오히려 덕으로 나라를 다스렸던 문왕이 무력으로 천하를 제패한 무왕보다 더 이상적인 군주임을 간접적으로 그렇게 표현하고 있었던 것이다.

소무.

중국 고악의 이름으로 소는 순임금의 음악이고, 무는 무왕의 음악인데, 공자는 천하를 제패한 무왕보다 덕으로 나라를 다스렸던 문왕을 더 성군으로 평가하고 있었기 때문에 무왕의 음악은 '아름다움은 다했으나 훌륭함은 다하지 못하고 있다.(盡美矣 未盡善也)'라고 평가하고 있었던 것이다.

실제로 문왕은 주왕에 의해 유배생활을 했으나 고통을 참으면서도 팔괘(八卦)를 연구하여 중국 최초의 경서인『주역(周易)』을 만들고, 직접 칠현금(七絃琴)을 발명하여 자신의 유배된 신세를 빗대어 '구유조(拘幽操)'란 금곡을 창작하고 항상 이를 연주하였던 것이다. 공자가 사양자에게 금을 배울 때 바로 그 음악이 문왕이 작곡한 '구유조'임을 꿰뚫어보고 문왕의 생김새를 형상해낸 후 '마음은 천하를 지배할 형상'이라고 표현한 것은 공자가 음악을 통해 진정으로 무엇을 얻으려 했는가를 명백히 드러내고 있는 것이다.

실제로 공자는 노나라의 태사악(太師樂)에게 다음과 같이 말하고 있다.

"음악은 잘 알 수가 있다. 연주를 시작할 적에는 소리가 합쳐 나오고, 이어서 잘 조화되고, 그러고는 각 음이 뚜렷해지고 계속 이어져 나감으로써 일장이 이루어지는 것이다."

공자가 악관의 우두머리에게 이러한 음악론을 이야기한 것을 보면 위대한 사상가였던 공자가 또한 얼마나 뛰어난 음악인이었는가를 증명해 보이고 있는 것이다.

이렇듯 공자는 제나라에 망명하여 온 후 순임금이 작곡한 음악 소에 빠져 석 달 동안이나 고기 맛을 잊을 정도로 한적한 생활을 보냈으나 소기의 목적대로 경공은 만나지 못하고 있었다.

그러나 공자의 행동은 낱낱이 안영에게 보고되고 있었다. 안영은 은밀히 사람을 보내어 공자의 일거수일투족을 면밀히 체크하고 있었던 것이다.

경공 또한 공자의 소문을 듣고 있었고 만나고 싶어하였으나 이를 제지하는 안영의 속마음을 알 수 없어 안영에게 불평을 하곤 하였다.

"공자가 국내에 들어온 지 벌써 수개월이 지났으며, 대부 고소자를 통해 몇 번이나 만나자는 간청을 해왔는데도 어찌하여 그대는 공자를 못 만나게 하고 있는가?"

『사기』에 의하면 경공은 평소에 공자를 존경하는 마음을 품고 있었다고 한다. 따라서 경공은 공자를 만나지 못하게 하는 안영의 마음을 이해하지 못하고 있었던 것이다.

"이는, 때가 아직 이르지 못하였기 때문입니다."

안영은 의외로 완강하게 이를 거절하여 말하였다. 안영이 노나라에서 온 공자를 경계하였던 것은 나름대로 이유가 있다.

일찍이 노나라의 소공이 삼환씨와 싸우다 패하여 제나라로 망명해오자 경공은 소공에게 물어 말하였다.

"젊은 나이에 왕위에서 쫓겨났는데, 왜 그렇게 되었는지 반성해 보셨습니까?"

이에 결국 무능한 정치력에 의해서 왕위에서 쫓겨나 도망쳐온 소공이 대답하였다.

"저는 젊은 나이에 많은 사람들의 사랑을 받았습니다만 그들과 친하게 지내지는 못하였습니다. 많은 사람들이 저에게 간하였습니다만 저는 그들의 말을 잘 듣지 않았습니다. 때문에 저를 도와주거나 충성을 하려는 사람들이 차츰 줄어들었습니다. 다만 주위에는 아부하려는 사람들만 있었을 뿐입니다."

이 말을 들은 경공은 소공이 자신의 잘못을 뉘우치고 있었으므로 장차 어진 군주가 될 것이라고 생각하고 안영에게 물었다.

"만약 소공이 다시 노나라로 돌아가게 된다면 그가 현명한 왕이 될 수 있다고 생각합니까?"

이에 안영은 잠시 생각하더니 대답하였다.

"소공이 계평자와 싸움을 일으킨 것은 계평자가 후소백(郈昭伯)과 닭싸움을 붙였다가 불법을 한 때문입니다. 옛말에 이르기를 '계충득실(鷄蟲得失)'이라 하여 '닭이 벌레를 쪼고 사람이 닭을 잡아먹으나 득실은 다 같이 작다는 뜻'으로 소공이 닭싸움으로 감정이

상해 삼환씨와 전쟁을 일으킨 것은 마치 '닭을 잡는 데 어찌 소를 잡는 칼을 쓰겠는가.(割鷄焉用牛刀)' 라는 뜻과 같습니다. 따라서 소공은 어리석은 사람에 불과합니다."

그러고 나서 안영은 그 유명한 말을 내린다.

"신이 생각하기에 소공은 노나라로 다시 돌아간다고 하더라도 현군은 되지 못할 것입니다. 이것은 사람이 물에 빠진 후에야 물에 빠진 원인을 알고자 하고, 길을 잃은 다음에야 길을 묻는 것과 같습니다. 비유하건대 마치 위급함에 처해서 부랴부랴 무기를 주조하고, 목구멍이 막히고 목이 마르고서야 비로소 우물을 파는 것과 같아서 아무리 빠르게 무기를 만들고 우물을 파더라도 이미 늦은 것입니다."

임갈굴정(臨渴掘井).

'목이 말라서야 우물을 판다' 라는 고사성어는 안영의 명대답에서 나온 말. 『안자춘추(晏子春秋)』에 나오는 이 일화야말로 정치를 하는 사람들은 반드시 명심해야 할 금언인 것이다. 안영은 미래를 바라보는 혜안이 없으면 나라를 다스릴 능력이 없다고 단언하고, 또한 백성을 다스리는 왕도는 배워 터득하는 것이 아니라 타고난 천성임을 강조하고 있었던 것이다.

따라서 안영은 공자에 대해서도 거의 유사한 견해를 갖고 있었다. 공자가 그토록 유능한 인물이라면 자신의 군주인 소공을 그 지경에 이르지 않도록 미리 충언을 하여 고쳐서 바른 정치를 할 수 있도록 마땅히 보필했어야 한다고 생각하고 있었던 것이다.

물론 안영은 알고 있었다.

공자가 노나라에 있을 때는 다만 제자들에게 학문을 가르치는 유가의 스승 역할에만 머물러 있었음을. 공자는 19세 때 '창고의 물건을 관리하는 위리(委吏)'의 낮은 벼슬에 있었고, 2년 후인 21세 때엔 '나라의 가축을 기르는 승전리(乘田吏)'의 벼슬에 있었던 것이 관직생활의 고작이었다.

기록에 의하면 공자가 위리라는 벼슬을 맡자 '창고의 물품장부가 깨끗이 정리되었다'고 전하고, 공자가 승전리의 벼슬을 맡자 '이 일을 맡은 뒤로 가축들이 크게 번식하고 잘 지냈다'고 전하고 있다. 그러나 이런 낮은 벼슬로는 소공을 도와 정치를 바로잡을 수 없음을 안영은 잘 알고 있었을 것이다.

그러나 안영은 이웃나라의 내전이 도미노현상을 불러일으켜 자신의 나라마저 전란에 휩싸일 것을 염려하고 있었던 것이다. 어떤 지역의 한 나라에서 공산화되면 인접국가도 차례로 공산화되고, 한 나라에서 쿠데타가 일어나면 이웃나라에서도 쿠데타가 일어나는 현상을 정치적 용어로 '도미노이론'이라고 하는데, 2천5백 년 전에 이미 안영은 벌써 이를 꿰뚫어보고 걱정하고 있었던 것이다. 비록 공자가 소공을 도울 만한 위치에 있지 않았다고는 하나 소공이 신하들에게 패하여 망명해온 그 사실만으로 자신의 나라에서도 그런 도미노현상이 일어나지 않을까 노심초사하고 있었던 것이다.

안영이 보기에 공자는 어쨌든 노나라에서부터 밀려온 파도이자 경계해야 할 대상이었던 것이다. 안영은 정치적 실패로 망명하는 정객에 대해서 평소에 깊은 혐오감을 갖고 있었다.

이러한 안영의 태도를 분명히 나타내는 고사가 『안자춘추』에 두 번이나 나오고 있다.

안영은 경공의 선왕이었던 영공과 장공 등을 3대에 걸쳐 섬겼던 재상이었다. 장공은 자신의 중신이었던 최저(崔杼)의 아내와 놀아나고 있었다. 최저는 임금을 제쳐놓고 전권을 행사하고 있었다. 자신의 아내와 장공이 서로 통정하고 있음을 눈치챈 최저는 마침내 장공을 살해하였다. 임금을 죽인 최저가 역적임은 말할 것도 없지만 신하의 아내와 놀아난 장공의 부도덕 또한 치명적이었던 것이다.

나라가 혼란하고 권력의 급격한 변동이 눈앞에 보이는 극한 상황에서 안영은 과연 어떤 태도를 취했을까. 안영은 사건이 일어나자 지체 없이 현장인 최저의 집으로 달려간다. 문이 굳게 닫혀 있어 문밖에서 기다리고 있노라니 어떤 사람이 다가와 안영에게 앞으로 취할 태도에 대해서 물었다. 이에 안영은 이렇게 대답한다.

"대체로 임금이나 관리가 모두 나라를 위해서 죽거나 망명을 한다면 나 역시 나라를 위해 죽거나 망명을 할 것이다. 그러나 개인적으로 죽거나 망명하는 임금을 따라가야 할 사람은 그 수족들이다. 나는 그렇게는 못하겠다. 오늘날 세상에는 임금을 받들고 있는 자가 임금을 죽이는 경우도 있다. 그러나 나는 죽지도 망명도 못하겠다. 그렇다고 모든 것을 버리고 떠날 수는 더더욱 없다."

마침내 대문이 열리자 안영은 안으로 들어가서 장공의 시체를 무릎 위에 얹어놓고 통곡을 하였다고 한다. 이를 통해 알 수 있듯이 안영은 임금의 시체를 무릎에 올려놓고 통곡을 하면 하였지 전란을 피해 죽거나 망명하는 것은 비겁한 행위라고 여기고 있었던 것이다.

주군을 위해 죽는 순사(殉死)조차도 현실을 회피하는 행위로 본 안영의 극단적인 정치관은 따라서 공자의 망명도 닥쳐온 현실의 문제점을 직시하지 않고 도피하는 비겁한 행위라고 보고 있는 것이다.

이러한 안영의 정치철학을 보여주는 또 다른 일화가 『안자춘추』에 나오고 있다.

그 무렵 제나라도 노나라처럼 귀족들의 전쟁으로 한마디로 어지러운 난세였다.

경공 16년에는 신흥귀족세력의 핵심인 진씨가 근친귀족인 난씨(欒氏)와 고씨(高氏)를 상대로 쿠데타를 일으켰다.

안영은 그 소식을 듣자 곧 관복을 입고 궁궐로 달려가 성문이 열리기를 기다리고 있었다. 이를 본 두 진영에서는 어떻게 해서든 안영을 자기편으로 끌어들여 민심을 얻으려 하였다. 그러나 안영은 어떤 편에도 가담하지 않았다. 이에 한 사람이 물었다.

"진씨편에 가담하시겠습니까?"

이에 안영이 대답하였다.

"그 악당에게 무슨 매력이 있겠는가?"

"그러면 난씨와 고씨에게 붙을 것입니까?"

"그들도 같은 악당의 무리이다."

"그렇다면."

그 사람이 다시 물었다.

"그만두고 떠나시겠습니까?"

그러자 안영은 대답하였다.

"임금의 위급함을 알면서도 모른 체하고 떠날 수는 없지."

권력의 중심이 이미 진씨에게 옮겨가고 있는 시점인데도 안영은 이처럼 냉정히 처신하였던 것이다. 안영은 새로운 집권세력에 부화뇌동하여 권력에 빌붙지 않았을 뿐 아니라 장공이 죽었을 때와 마찬가지로 자신이 섬기고 있는 경공에게 충정을 다하는 자세를 취했던 것이다. 안영은 어느 쪽에 붙어야 자신의 신변이 안전할까를 따지지 않았는데, 이는 안영이 '이장이 서면 이장에 가고, 저장이 서면 저장에 가는 장사꾼'과 같은 정상배가 아니기 때문이었다.

공자가 제나라에 망명해올 무렵에도 제나라는 신흥귀족세력인 진씨가 권력을 장악하여, 삼환씨가 임금을 쫓아내고 권력을 휘두르는 노나라와 같은 처지에 있었던 것이다. 따라서 소공을 쫓아 제나라로 망명해온 공자가 비록 소공을 보필할 수 있는 위치에 있지 않았다고는 하지만 안영의 눈으로 보면 일신의 안전만을 꾀하는 탐탁지 않은 행위였던 것이다.

이러한 안영의 태도에 대해 『사기』를 쓴 사마천은 극찬하고 있다. 『사기』 제1권의 열전(列傳)중에서도 모든 정치가의 사표인 관중(管中)과 더불어 두 번째로 안영을 상재하고 있다. 사마천은 이러한 안영에 대해 다음과 같이 평가하고 있다.

"……나 태사공은 안영에 대해서 말한다. 장공이 반역의 신하 최저에게 피살되었을 때 안자(안영)는 그 시체 앞에서 엎드려 통곡하였다. 그런 예를 마친 후 반역한 신하를 치지 않고 그대로 가버렸다. 그렇다면 안자야말로 의를 보고도 이를 실천하지 않는 비겁자일까. 아니다. 그가 주군에게 충성으로 간할 때에는 조금도 겁 없던 표정이었던 것을 보면 그야말로 '나아가 서로 충성을 다할 것을 생각하고 물러서서는 허물을 고칠 것을 생각한다'는 마음가짐이 아니 겠는가."

이렇게 안영을 평가하고 나서 사마천은 다음과 같이 결론을 내리고 있다.

"만일 안자가 오늘날 살아 있다면 나는 안자의 마부가 되는 일도 부끄러워하지 않을 만큼 그를 흠모하고 있다."

안영이 살아 있다면 그의 마부가 되는 일도 부끄러워하지 않을 정도로 흠모하고 있다고 극찬한 사마천. 사마천이 여기에서 굳이 '마부'라는 표현을 사용한 데에는 유명한 유래가 있다. 사마천은 『사기』에서 마부와 안영 사이에 얽힌 일화를 기술하고 있다.

안영에게는 한 마부가 있었다. 어느 날 안영이 마차를 타고 외출하려는데 때마침 마부의 아내가 문틈으로 남편의 거동을 엿보게 되었다. 자신의 남편인 마부가 수레 위에 큰 차양을 씌우더니 마차의 앞자리에 앉아서 채찍질하는 흉내를 내며 매우 만족스러워하고 있는 것이 아닌가.(意氣揚揚 甚自得也)

그날 밤 남편이 돌아오자 마부의 처는 남편에게 선언하였다.

"당신과는 살지 못하겠습니다. 그러니 이혼해주시기 바랍니다."

청천벽력과 같은 선언에 마부가 물었다.

"아니 갑자기 무슨 말이오?"

"당신의 직책이 무엇입니까?"

"그야 재상의 마부가 아니겠소."

"재상이 아닌 것만은 분명하군요."

"그게 무슨 뜻이오?"

"재상께선 키가 6자도 안 되지만 일국의 재상이란 지위에 계십니다. 제가 그분의 외출하시는 모습을 살펴보니 천하의 제후들도 두려워하는 분인데도 나랏일 걱정 때문인지 깊은 수심에 잠긴 듯하였고, 몹시 겸손한 모습으로 수레 위에 오르셨습니다."

여전히 영문을 모르는 마부가 아내에게 말을 재촉하였다.

"그러한데도 당신은 키가 8자나 되면서도 재상은커녕 마부밖에 못 되는 주제에 시건방을 떨고 있으니 그토록 못난 남편을 어찌 지아비로 모시고 살 수 있겠습니까."

아내의 말을 들은 마부는 뉘우치며 말하였다.

"내가 잘못했소. 앞으로는 분수에 맞게 겸손해지겠소."

이후 마부는 늘 겸손한 태도를 갖게 되었다. 마부의 태도가 변한 것을 이상하게 여긴 안영이 묻자 마부는 사실대로 고백하였다. 마부의 전후사정을 들은 안영은 고개를 끄덕이며 말을 하였다.

"그대가 자신의 잘못을 뉘우칠 줄도 알고 분수에 맞게 겸손할 줄도 아는 만큼 훌륭한 사람이므로 그대를 대부로 천거할까 한다."

의기양양(意氣揚揚).

'우쭐거리며 뽐낸다'는 모습을 표현한 고사성어는 이렇듯 마부의 어리석은 행동에서 나온 말. 이를 충고한 아내 역시 훌륭하지만 자신의 잘못을 뉘우쳐 겸손하게 변해버린 마부의 태도를 꿰뚫어본 안영의 직관력이야말로 천리안이 아니겠는가. 따라서 사마천이 '만일 안영이 살아 있다면 그의 마부가 되는 일도 부끄러워하지 않을 만큼 안영을 흠모하고 있다'고 표현한 데는 그런 유래가 있는 것이다.

실제로 안영은 '재상이었으면서 밥상에는 두 종류의 고기반찬을 올리지 못하게 하였고, 아내에게도 비단옷을 입지 못하게 하였다'고 『사기』는 기록하고 있다. 실제로 안영은 여우의 겨드랑이 털로 만든 가죽 옷 한 벌을 30년 이상이나 입을 정도로 검소하였는데, 늙은 아내에 대한 사랑도 지극하였다.

안영이 초나라의 사신으로 가서 국위를 선양하고 온 공로를 치하하기 위해 경공이 안영의 집에 행차하였을 때였다. 술자리에서 경공이 시중을 드는 안영의 아내를 보고 물어 말하였다.

"저 여인이 경의 아내인가."

안영이 그렇다고 대답하자 경공이 말하였다.

"너무나 늙고 못났도다. 과인의 딸이 젊고 아름다우니, 그대에게 주리라."

이에 안영은 단호하게 대답한다.

"여자가 시집가서 남자를 섬기는 마음은 다음날 늙어 보기 싫어질지라도 자기를 버리지 말아 달라는 부탁과 믿음입니다. 신의 아내가 비록 늙고 보기 싫으나 이미 신은 아내에게 그런 부탁과 믿음을 약속하였습니다. 이제 와서 동고동락한 아내를 어찌 저버릴 수 있겠습니까."

이처럼 가난하지만 아내를 사랑하는 검소한 생활에서 즐거움을 찾는 안빈낙도(安貧樂道)의 안영을 엿보게 하는 또 하나의 일화가

『안자춘추』에 나온다.

　　안영은 검소한 생활에 자족하여 천한 백성들이 살고 있는 시
장거리의 누추한 집에서 생활하고 있었다. 이를 딱하게 본 경공
이 말하였다.
　　"시장거리에 가까이 있으니 얼마나 시끄럽겠는가. 좋은 지역
에 새집을 하나 마련해주겠소."
　　그러나 이 말을 들은 안영이 대답하였다.
　　"이 집은 조상대대로 사는 집일 뿐 아니라 제 형편으로는 오히
려 과분합니다. 게다가 시장과 가까워 물건 사기도 편리합니다."
　　"그렇다면 그대는 물가에 밝겠군."
　　"그렇습니다."
　　"그렇다면 지금 값이 비싼 것은 무엇인가?"
　　이에 안영이 대답하였다.
　　"끌신(踊)은 비싸고, 보통 신은 값이 쌉니다."

　　안영의 대답은 함축성 있는 깊은 뜻을 갖고 있다. '끌신'이란 형
벌을 받아 발에 상처가 난 죄수에게 신기는 특수한 신발, 여기서 말
한 형벌은 월형(刖刑)을 가리키고 있다. 월형이란 죄수의 발꿈치를
베던 형벌로, 안영의 말은 법이 지나치게 무겁고 엄격하여 그만큼
누명을 쓰는 백성들이 많이 있음을 비견하는 말인 것이다. 경공은
이 말을 듣고 형벌을 줄이고 백성들의 죄를 탕감해주었는데, 이를
통해 알 수 있듯이 검소하고 결백하게 사는 사람이야말로 자신의

아픔을 통해 남의 딱한 처지를 헤아릴 수 있음을 역사는 증명해 보여주고 있는 것이다.

어쨌든 공자는 제나라로 망명해온 지 반년 가까운 세월이 흐른 뒤에야 간신히 경공을 알현할 수 있었다. 안영이 경공에게 '이제는 공자를 만나도 좋을 때가 왔다'고 간하였기 때문이었다.

이 무렵 제나라는 가뭄이 들어 백성들이 굶주리고 있었다. 『좌씨전(左氏傳)』의 기록에 의하면 공자가 제나라로 가던 소공 25년(BC 517년) 가을에 노나라에 큰 가뭄이 들었다 했으니, 제나라는 노나라와 인접해 있었으므로 다음해 봄에는 가뭄이 들어 백성들이 초근목피(草根木皮)로 연명하고 있는 극한 상황이었음은 역사적 사실이었을 것이다. 경공이 공자를 만나고 싶어 채근하였던 것은 이처럼 국가적 재난을 벗어날 수 있는 묘안을 얻기 위함이기도 했던 것이다.

마침내 공자는 가을에 제나라에 입국하여 반년 만인 이듬해 봄이 되어서야 경공을 만날 수 있었다. 제자들과 더불어 궁궐에 들어간 공자는 이상한 광경을 보게 된다.

그것은 궁궐 안에 머무르고 있는 여인들이 모두 남장(男裝)을 하고 있는 사실이었다. 처음에는 일부러 예쁘게 생긴 미소년들만 골라 궁인들을 삼은 모양이라고 생각하였으나 공자를 맞는 궁인들의 목소리와 말하는 태도, 걸음걸이를 보면 그것이 아니라 여인들에게 일부러 남자의 옷을 입도록 하였음을 알 수 있었던 것이다. 이는 경공의 엽기적인 호사취미였다. 경공은 여인들에게 남장을 시키고 이 모습을 즐기고 있었던 것이다.

공자를 맞은 경공은 서로 군신의 예를 표하고 난 후 대뜸 천재지

변으로 고통을 받고 있는 백성들을 위해 무엇을 하면 좋을까 하는 질문을 던졌다. 이에 대한 기록이 『공자가어』에 나오고 있다.

공자가 제나라에 있을 때 큰 가뭄이 들어 봄에 기근이 생겼다. 경공이 공자에게 물었다.

"어떻게 하면 좋겠습니까?"

이에 공자가 대답하였다.

"흉년이 들면 둔한 말을 타시고, 역사(役事)를 일으키지 마시고, 한길을 수리하지 마시고, 제물 없이 비단과 구슬만으로 비시고, 제사에는 음악을 쓰지 마시고, 큰 짐승 대신 작은 짐승을 제물로 삼아야 합니다. 이것이 현명한 임금이 스스로를 낮추어 백성들을 구하는 예입니다."

공자의 말을 들은 경공은 크게 기뻐하며 다시 물었다.

"정치란 무엇입니까?"

이에 공자가 대답했다.

"정치는 재물을 절약하는 것에 있습니다."

공자의 대답은 지나치게 화려하고, 지나치게 낭비하는 제나라의 풍속을 꿰뚫어본 때문이었다. 이 말을 들은 경공은 다시 물어 말하였다.

"소문에 듣기에 그동안 순임금의 음악 소를 듣고 석 달 동안 고기 맛을 잊었다고 하던데, 그게 사실입니까?"

경공 역시 안영을 통해 공자의 일거수일투족을 보고받고 있었으므로 공자의 근황에 대해 잘 알고 있었다.

"그렇습니다."

공자가 웃으며 말하였다.

"그처럼 음악에 대해서 깊은 소양을 갖고 있었다는 것은 금시 초문이군요. 어찌하여 그처럼 음악에 심취하고 있는 것이오."

이에 공자가 대답했다.

"풍습을 순화하고 습성을 개량하는 데 음악보다 더 좋은 것은 없기 때문입니다.(移風易俗非樂莫善)"

평소에 음악을 좋아하고 있던 경공은 흥미를 보이며 귀를 기울였다. 경공은 궁궐 내에 있는 모든 궁녀들에게 남장을 시키는 엽기적인 취미를 갖고 있었고, 또한 음악에도 탐닉하고 있었던 것이다. 그러나 공자의 음악 취미와 경공의 음악 취미는 근본적으로 달랐다. 공자의 음악관은 그 음악을 만든 사람의 덕을 천지의 조화로 보고 있음에서 출발하고 있는데, 경공은 음악을 쾌락으로 여기고 있었던 것이다. 경공은 예쁜 여자 악공들을 뽑아 노래를 부르게 하고 춤도 추는 퇴폐적인 여악(女樂)을 좋아하고 있었다.

공자는 다시 말을 이었다.

"음악이란 성인들이 즐기는 것이어서 민심을 착하게 할 수 있고, 또 그것은 사람들을 깊이 감동시키며, 풍속을 순화하고 개량시켜 줍니다. 그러므로 옛 훌륭한 임금들은 음악을 통해 가르침을 이룩하였던 것입니다."

공자의 말에 경공은 크게 기뻐하였다. 그래서 공자가 첫 번째 만남을 끝내고 돌아가자 안영에게 말하였다.

"나는 공자에게 이계(尼谿)의 땅을 봉토로 주려 하는데 경의 의견은 어떠한가?"

공자에게 봉토, 즉 제후의 영지를 주겠다는 것은 곧 공자를 중용하겠다는 뜻이었다. 이 말을 들은 안영은 아무런 대답도 하지 않았다. 안영은 경공과 공자의 오가는 대화를 곁에서 서서 처음부터 끝까지 경청하고 있었다. 안영의 얼굴에는 공자를 만난 후 크게 기뻐하는 경공의 반색과는 다른 실망의 표정이 역력하였다. 이를 눈치챈 경공은 안영에게 물어 말하였다.

"경의 표정은 과인의 표정과 크게 다른 것 같소. 어찌하여 그런 표정을 짓고 있는 것이오."

이에 안영은 조심스럽게 대답하였다.

"전하께서는 기근을 물리칠 수 있는 방법을 물었사오나 중니(仲尼, 공자의 자)는 제사를 지내는 방법을 이야기하였습니다. 또한 전하께오서는 풍습을 순화시키는 방법을 물었사오나 중니는 음악 타령을 하였습니다. 이는 중니의 말이 그럴듯하게 보이기는 하오나 실용적이지 못하고, 비현실적이라는 것을 의미하고 있음인 것입니다."

그러고 나서 안영은 다음과 같이 말하였다.

"대체로 유자(儒者)란 말만 그럴싸하게 하지 바른 규범을 지키지 못하여 알맹이가 없는 법입니다."

안영의 눈으로 보면 공자는 입으로만 공염불을 외우는 유자에 불과하였다.

　안영은 관념적이고 형이상학적인 공자의 사상은 현실의 정책을 타파하는 데에는 전혀 도움이 되지 못하는 아마추어리즘이라고 과소평가하고 있었던 것이다.

　실제로 안영이 경공에게 같은 상황에서 행한 충언은 공자의 대답과 천양지차를 보이고 있다.

　일찍이 경공은 학질에 걸려서 일년이 넘도록 고생을 하고 있었다. 이웃나라에서도 문병객이 끊이지 않고 찾아오고 있었다. 그럼에도 불구하고 학질이 차도를 보이지 않자 신하들이 말하였다.

　"전하께오서는 선대보다 훨씬 많은 제물을 신에게 바쳤사오나 그래도 병이 낫지 않고 있습니다. 그것은 신관들이 기도를 드리는 방법이 나쁘기 때문이니, 신관을 처벌하여주십시오. 문병객에 대한 체면문제도 있습니다."

　경공이 이 말을 듣고 안영에게 의논하였다. 그러자 안영이 이렇게 말하였다.

　"진나라의 사신에게서 들은바, 진나라의 중신 범회(范會)는 명재상이었으므로 신관은 양심을 저버린 기도를 드리지 않아도 되었다고 합니다. 이번 일은 꼭 그와 같습니다. 현명한 군주를 섬기고 있는 신관은 기도할 때 거짓말을 하지 않아도 됩니다. 그러므로 신도 나라에 복을 내려주고 신관도 그에 상응한 복을 받게 됩니다. 이에 반해서 폭군을 섬기고 있는 신관은 불쌍합니다. 군주의 하는 짓에 대해서 사실대로 말하면 군주의 노여움을 살 테고, 거짓말을 하면 신을 속이게 됩니다. 어쩔 수 없이 적당하게 기도를 드리지 않을 수 없게 되니, 신도 불행을 내리고 신관도 응분의 불행을 당하게 되는 것입니다."

이 말을 들은 경공은 안영에게 초조한 표정으로 물었다.

"보다 구체적인 방법은 없겠는가. 그렇게 피상적인 의견보다도?"

그러자 안영이 대답하였다.

"구체적인 방법이 없는 것은 아닙니다. 그것은 정치를 잘하는 것입니다."

이 말을 들은 경공이 어이가 없는 표정으로 말하였다.

"그것을 모르는 사람이 어디에 있겠는가. 과인은 그 정치를 잘하는 방법에 대해서 묻고 있는 것이 아닌가?"

마침내 안영이 대답하였다.

"산림, 소택, 바다의 소금, 기타 모든 자원이 있는 곳은 국유지로 되어 있어 전하가 파견한 감독관이 백성들에게 노역을 강요하고 있습니다. 그뿐 아니라 이곳저곳 여러 관소(關所)에서는 직장에 가는 백성의 소지품에도 과세를 하고 있습니다. 또 귀족은 귀족들끼리 무리한 장사를 하며 세금을 마구 거둬들이고 있습니다. 그리하여 큰 저택이 매일같이 세워지고 온갖 향락은 극에 달하고 있습니다. 궁중의 귀부인들은 가게에서 물건을 사도 값을 치르지 않고 강탈하고 있고, 측근들은 시골에 가서 이권을 챙기기가 바쁩니다."

그러고 나서 안영은 경공을 정면으로 바라본 후 말을 이었다.

"따라서 백성들은 남자건 여자건 모두 전하를 저주하고 있습니다. 만약 기도가 효력이 있는 것이라면 저주도 같은 효력이 있을 것입니다. 전하의 영토 내에 있는 백성들의 수효를 생각하여보십시오. 몇 사람의 신관들이 행하는 기도가 몇십만 명의 백성들이 내뿜는 저주를 이겨낼 수는 없을 것입니다. 그러므로 신관을 처벌하기보다는 백성들의 저주를 푸는 일을 먼저 해야 할 것입니다."

안영의 말을 듣고 크게 깨달은 경공은 세금을 줄여서 백성들의 부담을 경감해주었으며, 이로 인해 경공의 고질병은 완쾌를 볼 수 있었던 것이다.

이렇듯 안영의 정치철학은 현실적이며 구체적이고 실용적이었음에 반하여 공자의 정치철학은 비현실적이고, 사변적이며, 관념적이었던 것이다. 그러므로 안영이 공자를 '말만 그럴싸한 유자'로 평가하고 있는 것은 어쩌면 당연한 일인지도 모른다.

어쨌든 제나라에 온 지 반년이 지나서 간신히 경공을 만난 공자는 아무런 소득 없이 물러나와 다시 유유자적할 수밖에 없었다. 기록에 의하면 공자가 제나라에 머물러 있는 일년 남짓 동안 경공을 세 번 만난 것으로 전해지고 있는데, 첫 번째 만남부터 두 번째 만남까지에도 다시 수개월의 공백기간이 흘러간다.

이 기간 동안에 공자가 무엇을 했는가는 기록에 나와 있지 않다. 다만 『공자가어』에는 공자가 주나라 희왕의 묘에서 화재가 날 것을 예언하였다는 짤막한 기사가 나오고 「정론(正論)편」에는 공자가 제나라의 산택(山澤)을 관장하는 우인(虞人)을 칭찬하는 대목이 나오고 있을 정도인 것이다.

우인.

이는 산림과 소택을 맡아 관리하던 벼슬아치를 가리키는 말로 우형(虞衡)이라고도 불리었으며, 때로는 짐승을 기르는 동산을 관리하는 말단 벼슬아치였다. 공자가 이 우인을 칭찬한 것은 제나라의 행정이 말단에까지 미치어 구석구석 잘 관장되고 있음을 말하는 것이다. 이는 일찍이 안영이 경공에게 '산림, 소택, 바다의 소금, 기타 모든 자원이 있는 곳은 국유지로 되어 있어 전하가 파견한 감독관이 백성들에게 노역을 강요하고 있습니다' 라고 극간하여 이를 바로 잡은 후였기 때문인 것이다.

그러나 이러한 안영과는 달리 경공은 공자를 마음속으로 좋아하고 있었다. 그로부터 수개월 뒤 공자는 경공을 두 번째로 알현하게 된다. 제자들과 더불어 궁궐 안으로 들어간 공자는 수개월 전과는 다른 낯선 풍경과 맞닥뜨리게 된다.

그것은 궁녀들이 모두 남장을 하고 있던 엽기적인 복장을 벗어던지고 이번에는 여장을 하고 있었다. 불과 몇 개월 사이에 엄청난 변화가 궁궐 안에서 벌어졌던 것이다.

이렇게 큰 변화가 온 것 역시 안영의 간언 때문이었다. 안영은 군주의 엽기적인 퇴폐 취미를 바로잡으려 하였지만 마땅한 때가 오지 않아 묵묵히 인내하고 있었다. 그런데 마침내 때가 온 것이었다.

궐내에 궁녀들이 남장을 하고 다니자 이것이 큰 유행을 보여 궁 밖의 여자들도 남장을 하기 시작하였다. 경공은 이것이 사회적으로 퇴폐적인 악습이라고 생각하고 관리를 보내어 이러한 유행을 금지시키도록 하였다. 남장을 한 여인들을 잡아다가 문초를 하고 벌을 주었으나 아무런 효과가 없었던 것이다.

참다못한 경공이 안영에게 말하였다.

"내가 관리들을 보내어 여자들의 남장을 엄금토록 하였는데도 이게 잘 지켜지지 않고 있소이다. 그 까닭이 무엇이겠소?"

이에 안영은 그토록 기다리던 때가 왔음을 대답하였다.

"궁궐 안에서는 여자들에게 남장을 시키면서 궁 밖에서는 이를 금지시키시는데 이는 마치 문에다 소머리를 걸어놓고 안에서는 말고기를 파는 것과 같습니다.(猶懸牛首于門而賣馬肉于內也)"

그리고 나서 안영은 말을 맺었다.

"만약 전하께서 궁 안에서 남장을 금지시키신다면 자연히 궁 밖의 여자들도 남장을 하지 않게 될 것입니다."

괘양두매구육(掛羊頭賣狗肉).

'양머리를 걸어두고 실제로는 개고기를 팔고 있다'는 말은 이처럼 '겉과 속이 일치하지 않음'을 비유한 말. 안영이 말하였던 '소머리와 말고기'는 훗날 '양머리와 개고기'로 바뀌어 흔히 '양두구육(羊頭狗肉)'이란 단어로 바뀐다. 이 유명한 고사성어는 이처럼 뛰어난 안영의 간언술(諫言術)에서 비롯되었던 것이다.

간언술.

군왕의 비위만을 맞춰 아첨하는 예스맨에서 벗어나 시시비비를 엄격히 가려 올바로 간언하였던 명재상 안영. 그러나 안영의 뛰어난 점은 임금의 심기를 거스르지 않고 때를 기다렸다가 우회적인 방법으로 임금이 스스로 깨닫도록 하는 간언술로 더욱 빛날 수 있었던 것이다.

훗날 궁녀들에게 남장을 시키는 경공의 엽기적인 취미를 참고 인내하며 때를 기다리다가 '이는 마치 문에다 소머리를 걸어놓고 안에서는 말고기를 파는 것과 같습니다'라는 명비유로 간언하여 이를 바로잡은 안영을 두고 공자는 다음과 같이 칭찬하였다.

"안자는 표리(表裏)가 같은 사람이다."

원래 표리는 임금이 신하에게 내리는 옷의 겉감과 안감을 가리키는 것으로 겉감과 안감이 같다는 것은 밖으로 나타내 보이는 행동과 속마음이 일치되는 진심을 가리키는 말이었던 것이다.

『논어』에 보면 공자가 안영을 칭찬한 구절이 딱 한 번 나오고 있지만 『안자춘추』에는 여러 번 나오고 있다.

이는 당연한 일로 『사기』에서 사마천은 공자의 「중니제자열전(仲尼弟子列傳)」을 통해서 이렇게 말하고 있다.

"공자가 존경한 인물로는 주의 노자, 위의 거백옥, 제의 안평중, 초의 노래자 등이다."

다음은 『안자춘추』에 나오는 일화다.

어느 날 경공의 애마가 갑자기 죽어버렸다. 경공은 몹시 화가 나 마굿간지기를 당장 사형에 처하라고 하였다. 안영에게 의견을 묻자 안영은 대답하였다.

"요순 임금이 사람을 죽인다면 누구부터 죽일 것이라고 보십니까?"

"그거야 과인부터 죽이겠지."

요순이 사람을 죽일 리가 없었으므로 경공은 당황한 마음에 그렇게 얼버무린 것이다. 그렇게 말하고 나서 아차, 하는 생각이 들어 경공은 마구간지기를 사형 대신 하옥시키라고 고쳐 명령했다. 이에 안영은 다시 말하였다.

"이대로 하옥시키면 죄인은 자신의 죄를 모를 터이니 신이 그 죄목을 알게 해주겠습니다."

경공의 허락을 받은 안영은 이렇게 말하였다.

"듣거라, 너는 죽을죄를 세 가지나 범했다. 첫째로는 말을 잘 돌볼 책임을 다하지 못하였고, 둘째로 임금이 사랑하는 말을 죽게 했고, 셋째로 말 한 마리 때문에 임금으로 하여금 사람을 하나 죽이게 하였다. 사람들이 이 일을 알게 되면 임금님을 비난할 것이고, 또 제후들이 알게 되면 우리나라를 멸시할 것이다. 이와 같은 죄 때문에 너는 하옥되는 것이다."

안영의 간언술에 자신의 잘못을 뉘우친 경공은 손을 내저으며 이렇게 말하였다.

"용서하라. 나의 덕을 해치지 말라."

결국 뛰어난 간언술로 마굿간지기의 하옥은 보류되었다. 이 말을 들은 공자는 제자들에게 다음과 같이 말하였다.

"안자는 마구간지기의 생명을 살렸을 뿐 아니라 그보다 더 훌륭한 것은 임금으로 하여금 덕을 잃지 않게 한 것이었다."

공자의 이러한 찬탄은 자신의 사상과도 일치되는 것이었다. 평소에 덕으로 세상을 다스리는 덕치주의를 이상주의로 삼고 있던 공자는 다음과 같이 말하였다.

덕으로써 정치를 하는 것은 마치 북극성은 일정한 자리에 있으되 여러 별들이 모두 돌며 떠받드는 것과 같은 것이다.(爲政以

德 譬如北辰 居其所 而衆星共之)

실제로 훗날 노나라의 권신 계강자가 공자에게 '만약 정치를 하는 데 있어 무도(無道)한 자를 죽이어 유도(有道)로 나아가게 하는 것은 어떠하겠습니까' 하고 묻자 공자의 대답은 이러하였다.

"정치를 하는데 어찌 죽이는 방법을 써야만 하겠습니까. 당신이 선해지려 한다면 백성들도 선해질 것입니다. 군자의 덕이 바람이라면 소인의 덕은 풀과 같은 것이어서 풀 위에 바람이 불면 반드시 한편으로 넘어지게 됩니다.(君子之德風 小人之德草 草上之風必偃)"

공자는 안영이 가진 신하로서의 태도를 극찬하고 있다.

안영이 외국에 사신으로 가 있는 동안 안영의 제지를 받지 않게 되었음을 다행으로 생각한 경공은 새 궁궐을 엄청나게 짓기 시작하였다. 때는 추운 겨울철이었으므로 얼어 죽는 사람이 많고 공사는 뜻대로 진행되지 않고 있었다. 그런데도 경공은 무리하게 공사를 강행했다. 안영이 돌아오자 환영회가 열렸다. 이 자리에서 안영은 궁궐 공사를 문제 삼았다. 안영은 경공에게 정중히 양해를 구한 후에 백성 사이에서 요즘 유행하고 있는 노래를 직접 부르기 시작하였다.

심한 추위에 몸이 언다 아, 어찌할거나.
임금 때문에 집안 사람들은 모두 헤어졌네 아, 어찌할거나.

노래를 부르며 안영이 눈물을 주르르 흘렸다. 이와 같은 풍간(諷諫)을 알아듣지 못할 만큼 어리석은 경공이 아니었다.

"새로 짓는 궁궐 때문이겠지. 잘 알았어. 즉시 공사를 중지시켜라."

안영은 황공하여 머리를 조아리고는 그 자리를 물러났다. 그러나 안영에게는 더 큰 고민이 생겼다. 즉시 공사를 중지시키면 백성들은 물론 좋아할 것이었다. 그러나 곧 이처럼 즉시 중지시킬 공사를 강행했던 임금의 변덕에 대해 불만이 폭발할 것이었다. 백성과 임금 사이에 충격을 완화시킬 완충(緩衝)지대의 필요성을 잘 알고 있던 안영은 심사숙고 끝에 한 가지 방법을 생각해내었다. 안영은 즉시 수레를 몰아 공사장으로 달려갔다.

"여러분, 잘 들으시오. 당신들도 비바람을 피할 수 있는 집이 있지 않소. 우리 임금님에게 궁궐 하나 지어드리는데 너무 늦지 않소. 그러니 어서 서두르시오. 어서 서둘러."

이 명령을 들은 백성들은 불평하여 중얼거렸다.

"소문에만 듣던 안평중이지만 듣고보니 너무나 다르구나. 임금의 꽁무니 말을 타고 앉아서 이번에는 채찍질까지 하다니."

안영은 즉시 백성들로부터 크게 미움을 사게 되었다. 자신에게 비난이 쏠리게 되자 그제서야 안영은 공사 중지를 명령한다. 그러자 백성들은 일제히 환호성을 지르며 임금을 찬양하였던 것이다.

이렇게 해서 안영은, 백성들의 원망은 자기가 차지하고 명성은 경공에게 돌렸던 것이다. 자신을 희생하고 경공의 명성을 높임으로써 안영은 잠시 죽었지만 마침내 영원히 살 수 있었으니 이야말로 탁월한 통치술이었던 것이다.

진정한 정치가라면 그 어떤 경우에도 백성과 통치자 사이에서 완충 역할을 맡는 악역을 마다해서는 안 될 것이다. 만약 그렇지 않고 자기 잘못은 타인에게 떠맡기되 공적만 차지하려 한다면 여기에서 국론은 심각하게 분열될 것이다. 공자는 이러한 안영을 칭찬하며 다음과 같이 말하였다.

"안자야말로 현명하구나. 명성은 임금에게 돌리고 재화(災禍)는 자기에게 돌렸구나."

안영에 대한 공자의 칭찬은 특히 안영의 탁월한 외교술에 있어 절정을 이루고 있다. 역시 『안자춘추』의 「내편잡하(內篇雜下)」에 나오는 안영의 이 일화를 통해 공자는 안영을 한마디로 '훌륭하도다.(善哉)'라고 극찬하고 있는 것이다.

춘추시대 진나라의 평공(平公)은 제나라를 공격하려고 하였다. 진나라의 평공은 먼저 대부 범소(范昭)를 제나라에 보내 제나라의 상황을 탐색하게 하였다. 범소가 제나라에 도착하자 경공은 연회를 베풀었다. 연회가 무르익자 범소는 임금이 마시는 술잔을 감히 달라고 청하였다. 경공은 내심 진나라를 두려워하고 있었으므로 범소에게 술잔을 내려주었다. 범소는 경공이 내린 잔에 스스로 술을 따라 마시더니 다시 빈잔에 술을 가득 따라 경공에게 돌려주며 말하였다.

"전하께 마음을 담아 술잔을 바치오나이다."

이를 본 안영은 자신이 먼저 나서 잔을 가로챈 후 시종에게 명령하였다.

"새 잔을 전하게 바쳐라."

이를 본 범소는 몹시 불쾌한 표정을 지은 후 벌떡 일어나 제나라의 태사(太師)에게 말하였다.

"천자의 음악을 연주토록 하시오."

범소는 웃으며 말하였다.

"그러면 신이 전하를 위해 춤을 추겠소이다."

그러나 이 말을 들은 태사가 머리를 흔들며 말하였다.

"저희 제나라에서는 천자의 음악을 연주할 수 없습니다."

범소는 진나라로 돌아와 평공에게 자세히 보고하며 말하였다.

"제나라를 함부로 공격할 수는 없을 것 같습니다."

"어째서인가?"

의아한 표정으로 평공이 물었다. 이에 범소는 대답하였다.

"제나라에는 안영과 태사와 같은 훌륭한 신하들이 있습니다. 따라서 제나라를 공격하여 이기는 것은 쉬운 일이 아닐 것입니다."

훗날 이 말을 들은 공자는 안영의 뛰어난 외교술에 대해서 한마디로 칭찬하였다.

"참으로 훌륭하도다."

그런 후 공자는 안영을 이렇게 평가하였다.

"술잔과 도마 사이를 벗어나지 않고 천리 밖을 알았으니, 이는 안자를 두고 말하는 것인데, 가히 적을 물리쳤다고 할 수 있는 것이다.(夫不出樽俎之間 而知千里之外 晏子之謂也 可謂折衝矣)"

준조(樽俎).

이는 '술잔과 도마'란 뜻으로 연회를 비유하는 말이고, '절충(折衝)'은 '적을 제압하여 승리하다'는 뜻이므로, 공자는 안영의 '무력을 쓰지 않고서도 담판을 통해 상대방을 굴복시킨' 외교술에 대해서 극찬하고 있었던 것이다.

'준조절충'이란 고사성어는 이처럼 안영의 탁월한 외교술에서 비롯된 말. 안영의 외교술 역시 오늘을 사는 우리들이 명심하여 가슴속에 새겨야 할 교훈일 것이다. 그 무렵 오늘날의 미국과 같은 초강대국 진나라를 상대로 '술잔과 도마 사이를 벗어나지 않고 천리 밖을 알았던' 안영. 정당하면서도 당당한 외국과의 교섭을 통해 대외압력을 이겨낸 안영의 태도는 반드시 우리들이 본받아야 할 자주정신인 것이다.

그러나 이렇듯 통치술과 외교술이 탁월한 안영에 대해 딱 한 번 공자는 부정적인 평가를 내린 적이 있었다. 이는 공자가 '정치를 하는 데 있어 어찌 살인을 할 필요가 있겠습니까.(爲政焉用殺)'라고 말하였던 내용과 상반되는 행동을 안영이 실행해보였기 때문이었다.

명재상 안영은 단 한 번도 자신의 정적들을 죽인 적은 없었다. 그러나 교묘한 방법으로 자신의 정적을 제거한 적은 있었던 것이다. 중국의 역사상 가장 유명한 정치술로 손꼽히고 있는 이 일화도 『안자춘추』에 실려 있는데, 그 내용은 이렇다.

춘추시대 제나라의 경공에게는 세 무사가 곁에 있어 호위를 맡아 보고 있었다. 그들의 이름은 공손접(公孫接), 전개강(田開

彊), 고야자(古冶子)였다. 그들의 용맹은 온 나라에 잘 알려져 있었지만 임금의 신임과 아랫사람의 존경에 우쭐해져서 날이 갈수록 안하무인이 되어 제멋대로 행동하고 있었다. 어느 날 안영은 길에서 그들 세 사람을 만나게 되었다. 그러나 그들은 매우 오만하여 안영을 쳐다보기만 했을 뿐 인사도 하지 않고 지나쳤다. 안영은 경공을 찾아가 말하였다.

"전하의 측근에 있는 공손접, 전개강, 고야자 등 세 명의 장군은 자신들의 공만을 믿고 오만방자하게 굴고 있습니다. 그들은 나라에 해를 끼칠 화근이오니 일찍이 그들을 제거하는 것이 좋을 것이옵니다."

이 말을 들은 경공이 대답하였다.

"나도 경과 같은 의견을 갖고 있었소. 하지만 그들의 무예가 너무 출중하여 밝혀놓고 잡으려 하다가는 난동을 부릴 것이고, 몰래 죽일 수도 없으니 이를 어떻게 하면 좋겠는가?"

이 말을 들은 안영은 경공에게 '신이 한번 방법을 생각해보겠습니다'라고 대답한 후 궁궐을 물러나왔다. 밤새 심사숙고한 안영은 다음 날 경공을 만나자 품속에서 잘 익은 복숭아 두 개를 꺼내놓으며 말하였다.

"전하, 신이 방법을 생각해내었습니다. 이것으로 세 무사를 제거할 수 있을 것입니다."

경공은 안영이 내놓은 두 개의 복숭아를 쳐다본 후 어이없는 표정으로 말하였다.

"아니 이것은 두 개의 복숭아가 아닌가. 이런 것으로 어떻게 그들을 제거할 수 있단 말인가?"

"전하."

안영은 자신있게 말을 이었다.

"세 무사에게 이 복숭아 두 개를 하사하십시오."

"무사들은 세 명이 아닌가. 그런데 어찌하여 복숭아를 두 개만 하사할 수 있겠는가?"

"신이 시키는 대로만 하십시오. 복숭아 두 개를 하사하신 후 이렇게 말씀하십시오. 세 무사로 하여금 서로 공로의 크기에 따라 복숭아를 나눠 먹으라고 하십시오. 그들은 자기의 힘만을 믿지 장유(長幼)의 예의 같은 것은 모르는 자입니다."

여전히 의문이 가시지는 않았으나 경공은 안영이 시키는 대로 그들에게 두 개의 복숭아를 하사하고 각자의 공로에 따라 복숭아를 먹으라고 명령하였다. 먼저 복숭아를 받은 공손접이 탄식하여 말하였다.

"안자께오서는 정말 지혜롭군요. 그 분께서는 전하로 하여금 이러한 방법으로 세 사람의 공로를 비교해보시도록 하셨으니 말이오. 나의 힘은 멧돼지를 이길 수 있으며, 호랑이를 잡을 수 있으니 충분히 복숭아를 먹을 수 있소."

공손접이 복숭아를 먹으려 하자 전개강이 복숭아를 낚아채며 말하였다.

"나는 군대를 이끌고 전쟁터에 나아가 수많은 적들을 물리치고 승리를 거뒀소. 그러니 복숭아를 먹을 자격이 있소."

고야자는 이미 두 사람이 복숭아를 차지해버린 것에 몹시 분노하여 말하였다.

"나는 일찍이 군주를 수행하여 황하를 건넌 적이 있는데, 그때 말이 강 속의 큰 거북에게 물려 끌려가버렸소. 나는 곧 물속으로 뛰어들어 백 걸음을 헤엄치고, 다시 아홉 리를 흘러내려가 큰 거북을 죽이고 군주가 타시던 말을 찾아왔소. 당시 사람들은 나를 황하의 신이라고 불렀소이다. 그러니 공로를 따지자면 복숭아는 마땅히 내가 먼저 먹어야 할 것이오."

고야자는 칼을 들고 나머지 두 무사들과 싸우기 시작하였다.

공손접과 전개강은 자신들의 공로로 보아 죽지 않으면 용기가 없다는 뜻이었으므로 스스로 목을 찔러 자살을 하였다. 이에 고야자도 이런 상황에서 자신이 복숭아를 차지하는 것이 무사로서 의롭지 못한 일이라고 생각하여 뒤를 이어 자살하였던 것이다.

이로써 안영은 복숭아 두 개로 세 사람의 무사를 제거할 수 있었다. 여기에서 '복숭아 두 개로 세 명의 무사를 죽였다'고 하여 '이도살삼사(二桃殺三士)'란 고사성어가 비롯되었으며, 이 말은 '교묘한 음모를 꾸며 사람을 죽이거나 해치는 행위'를 가리키는 의미를 갖게 되었던 것이다. 안영의 이 유명한 정치술에 대해서 공자는 다만 이렇게 평가하고 있다.

"안자는 남의 칼을 빌려 복숭아로 차도살인(借刀殺人)하였으나 어쨌든 이는 의로운 일은 아니다."

차도살인.

문자 그대로 '남의 칼을 빌려 적을 제거한다'는 공자의 말은 비록 안영이 직접 칼을 들어 적을 제거하지는 않았다고는 하지만 간접 살인의 불의는 저질렀음을 지적하고 있는 것이다. 이러한 안영의 정치술 역시 냉정하게 음미해볼 가치 있는 교훈이다. 오만한 힘을 가진 세 무사는 어쩌면 막강한 권력을 가진 언론일 수도 있고, 막강한 힘을 가진 압력단체일 수 있을 것이다. 그러나 결국 복숭아는 복숭아인 것이다. 복숭아 하나를 차지하기 위해서 목숨을 버리는 세 어리석은 무사들은 오늘날에도 계속되고 있지 않은가.

인간의 어리석은 공명심을 이용한 뛰어난 계책으로 손끝 하나 대지 않고 화근거리를 제거한 안영. 그 목적이 비록 옳다고 하더라도 그 수단에 대해서는 공자는 실망하고 있는 것이다.

바로 이 점이 현실주의적 정치가인 안영과 이상주의적 사상가인 공자의 근본적인 차이인 것이다. 그러나 이런 점 때문에 안영은 공자를 '말만 그럴듯한 유자'로 평가하고 있음이니, 이는 공자와 경공의 두 번째 만남에서 극명하게 나타나고 있다.

제나라로 망명 온 지 거의 일년 만에 경공을 두 번째로 알현하게 된 공자에게 경공은 '정치하는 방법'에 대해서 묻는다. 『논어』의 「안연(顔淵)편」에 그 대화의 내용이 실려 있다.

경공이 공자에게 '정치하는 방법'에 대해서 물었을 때 공자께서는 대답하셨다.

"임금은 임금다워야 하고, 신하는 신하다워야 하며, 아버지는 아버지다워야 하고, 자식은 자식다워야 합니다.(君君 臣臣 父父 子子)"

이 말을 들은 경공이 말하였다.

"정말 좋은 말이다. 정말로 임금이 임금답지 못하고, 신하가 신하답지 못하며, 아버지가 아버지답지 못하고, 자식이 자식답지 못하다면 비록 곡식이 있다 한들 내가 어찌 먹을 수 있겠소.(善哉 信如 君不君 臣不臣 父不父 子不子 雖有粟 吾得而食諸)"

이 무렵 권신인 진씨의 세력은 임금을 넘볼 정도로 강해지고 있었으며, 실제로 얼마 뒤엔 진씨의 후손인 전화(田和)가 제후가 되었다. 이로 인해 제나라는 진씨의 나라로 변할 만큼 혼란기였으므로, 공자의 대답을 들은 경공의 마음은 착잡하였던 것이다. 그러나 한편 궁궐 안에 살아 있는 첩자인 생간(生間)을 두어 경공의 일거수일투족을 감시하고 있던 진씨들은 이 말을 전해 듣고 공자를 제거하려는 음모를 꾸미게 되는데, 심지어는 공자를 살해할 계획까지 세우는 것이다.

이에 대해 사마천은 『사기』에서 다음과 같이 의미심장한 기록을 남기고 있다.

"제나라 제후들의 반발이 심해 심지어 공자를 살해하려는 움직임까지 있을 정도였다."

올바른 정치를 하는 방법에 대해 '임금은 임금다워야 하고, 신하는 신하다워야 하며, 아버지는 아버지다워야 하고, 자식은 자식다워야 한다'고 대답한 공자의 정치관은 한마디로 공자의 정치철학의 핵심이다. 이 대답 역시 매우 관념적이고 형이상학적인 논리처럼 느껴지지만 시대를 초월한 금과옥조인 것이다.

임금답지 않은 임금이 나라를 다스리고, 신하답지 않은 신하가 정치를 하고, 아버지답지 않은 아버지가 가정을 이끌면 그 나라와 가정은 붕괴될 수밖에 없을 것이다.

이는 공자의 정명주의(正名主義)에서 비롯된 말로, 정명이란 '명분을 올바르게 한다' 또는 '명칭(이름)을 바로잡는다'는 뜻이지만 단순하면서도 실행하기 어려운 공자의 핵심적인 정치사상인 것이다.

한마디로 공자는 『논어』에서 '정치란 바로잡는 것이다(政者正也)'라는 말로 이를 함축시키고 있다. 이는 '모든 사람들과 사물들이 자기에게 주어지는 명칭이나 명분과 꼭 맞는 올바른 상태에 있다는 것은 질서의 극치'를 뜻하고 있음을 의미하고 있는 것이다.

『논어』의 「자로(子路)편」에는 이러한 공자의 사상이 극명하게 드러나고 있다.

자로가 공자에게 여쭈었다.

"위나라의 임금이 선생님을 모셔다가 정치를 부탁드린다면 선생님께서는 무엇부터 먼저 하시겠습니까?"

공자께서 말씀하셨다.

"반드시 명분부터 바로잡겠다.(必也正名乎)"

이 말을 들은 자로는 너무나 단순한 스승의 말에 실망하여 반문하였다.

"그런 게 있습니까? 선생님은 우원(迂遠)하십니다. 어째서 그것을(그처럼 무의미한 것을) 바로잡으시겠다는 것입니까?"

공자께서 말씀하셨다.

"어리석구나, 너는. 군자는 자기가 모르는 일에는 입을 다물고 있는 법이다. 명분이 바로 서지 않으면 말이 순조롭지 못하고, 말이 순조롭지 못하면 일이 이루어지지 못하고, 일이 이루어지지 않으면 예악(禮樂)이 일어나지 못하고, 예악이 일어나지 않으면 형벌이 적중하지 못하고, 형벌이 적중하지 못하면 백성들이 손발 둘 곳이 없게 된다."

그리고 나서 공자는 다음과 같은 말로 결론을 내린다.

"그러므로 군자는 사물에 이름을 붙일 때에는 반드시 말로써 전달될 수 있어야 하며, 말로써 전달되면 반드시 실행해야 한다. 군자는 말에 있어 구차스러운 바가 없어야 하는 것이다.(故君子 名之 必可言也 言之 必可行也 君子於其言 無所苟而已矣)"

물론 공자의 이러한 정치사상은 중국 역사상 전제군주들의 사상적 근거로 이용되어 왔다. 세계의 질서를 천자를 정점으로 하는 대일통(大一統) 속에 유지하는 것을 이상주의로 본 공자의 사상은 한(漢)대 이후 계속 봉건체제의 정치적 이데올로기로 발전되어 왔던 것이다.

그러나 이러한 공자의 정치철학 역시 곁에서 이를 지켜보고 있던 안영의 눈으로 보면 공허하고 관념적인 아마추어리즘에 불과한 것이었다.

공자가 돌아간 후 경공과 안영이 공자에 대해 나눈 대화는 동서고금을 막론하고 위대한 예언자들은 당대의 권력자와 지식인들로부터 배척받고 있음을 분명히 드러내고 있다.

예수가 '여우도 굴이 있고, 하늘의 새도 보금자리가 있지만 사람의 아들(예수 자신)은 머리 둘 곳도 없다'고 한탄하였던 것처럼 공자 역시 안영으로부터 모욕적인 멸시를 받게 되는 것이다.

예수는 고향 사람들이 자신을 불신하자 "어디서나 존경받는 예언자도 제 고향과 제 집에서만은 존경받지 못한다"고 탄식하였는데, 이는 서양철학의 아버지인 소크라테스도 마찬가지여서 세상을 속이고 혹세무민(惑世誣民)한다 하여 독배를 마시고 죽었으며, 부처 역시 이교도들로부터 박해받으며 방랑할 수밖에 없었던 것이다.

공자도 마찬가지여서 평생 동안 수많은 사람들의 비난과 조롱의 대상이었다. 특히 중국 역사상 최고의 정치가였던 안영으로부터 받은 부정적인 평가는 공자 역시 뛰어난 예언가였으면서도 당대의 권력가와 지식인들로부터 '반대 받는 표적'이었음을 명명백백하게 보여주고 있는 것이다.

공자가 돌아간 후 경공은 크게 감탄하며 먼젓번처럼 공자에게 봉토를 하사하고 중용하여 곁에 두려 하였다. 그러나 이 말을 들은 안영은 머리를 흔들며 이렇게 말하였다고 사마천은 『사기』에 기록하고 있다.

"대체로 유자란 말만 그럴듯하지 바른 규범을 지키지 못하며, 거만하게 자기만을 내세워 남의 밑자리에 들어가기를 꺼리고 있습니다. 또한 상례(喪禮)를 지나치게 숭상하여 파산을 하면서까지 성대하게 장사를 지내니, 풍속으로 삼을 수도 없을 것이며, 여러 나라를 유세하며 구걸하고 빌리기만을 잘하니 나라를 위하는 것도 못

됩니다."

　안영이 공자를 지나치게 제사와 상례를 중요시하는 형식주의자로 보고 있음은 안영의 합리적인 사고방식과 상반되기 때문이다. 안영의 이런 태도는 『안자춘추』에 다음과 같이 드러나 있다.

　　어느 때 혜성이 나타나서 불길한 징조를 보여주고 있었다. 중국에서는 전통적으로 자연의 기변(奇變)은 인간사의 불의를 반영하는 것으로 믿는, 이른바 천인상관설(天人相關說)이 전통적으로 내려오고 있었으므로 혜성의 등장은 하늘이 인간에게 내려주는 경고라고 생각하고 있던 경공은 천재지변을 사전에 경고하기 위해서 신관으로 하여금 하늘에 제사를 올리고 빌도록 하였던 것이다. 이에 안영은 말하였다.
　　"그러실 필요는 없습니다. 혜성이 나타난 것은 이 세상에 부도덕한 자를 없애기 위함입니다. 만약 임금께서 부도덕함이 없으실 것 같으면 기도드릴 필요는 없습니다. 그러나 만약 임금께서 부도덕함이 있을 것 같으면 기도를 드려 보았자 혜성은 꿈쩍도 하지 않을 것입니다."

　이 일화를 통해 알 수 있듯이 안영은 허례허식 같은 것을 이미 초월한 실용주의자였던 것이다. 그러므로 안영이 예를 숭상하는 공자를 '지나치게 상례를 숭상하는 율법주의자'로 보고 있음은 당연할지도 모른다.
　안영의 말을 들은 경공은 그러나 여전히 미련을 갖고 말하였다.

"경은 월석부(越石父)를 어떻게 생각하고 있는가?"

경공의 질문에 안영이 대답하였다.

"신은 월석부를 현인이라고 생각하고 있습니다."

"하면 경은 공구를 월석부보다 못한 사람이라고 생각하는가?"

그러자 안영은 머리를 흔들며 말하였다.

"아닙니다, 전하. 공구는 현인 중의 현인입니다."

"그럼에도 불구하고 어찌하여 경은 공구를 중용해서는 안 된다고 생각하고 있는 것인가?"

경공은 평소에 안영이 현인을 존경하고 있음을 잘 알고 있었기 때문에 그런 질문을 던진 것이었다. 원래 현인은 '어진 사람'을 가리키는 말로 덕행이 뛰어난 성인의 다음가는 군자를 가리키는 말이었던 것이다.

경공의 질문에 안영은 대답하였다.

"물론 공구는 현인 중의 현인이요, 군자 중의 군자입니다. 그러나 크게 현명한 사람이 나오지 않게 된 이래로 주나라의 왕실은 쇠약해지고, 예악은 많이 소멸되었습니다."

안영이 공자를 비판하였던 것은 공자가 지나치게 주나라를 숭상하는, 시대에 뒤떨어진 사고를 가졌다고 생각했기 때문이었다.

물론 주나라 초기엔 천자가 천하의 종주로서 세상을 다스려 여러 제후들 사이의 공전(攻戰)이 금지되고 있었다. 그리고 역시 여러 제후의 나라들은 천자의 주나라보다 세력은 물론 문화적으로도 훨씬 뒤떨어져 있어 그러한 지배는 자연스러운 것이었다. 그러나 오랫동안의 평화를 통하여 여러 제후들의 나라들은 국력이 크게 늘어난 반면 주나라는 견융(犬戎)에게 패하여 도읍을 낙읍(洛邑)으로 옮긴 뒤로는 국세가 날로 쇠약해졌다. 그 결과 천자가 제후들을 통제할 능력을 잃게 되고, 제후들은 멋대로 전쟁을 일삼게 되어 남의 나라를 침략함으로써 더욱 강대해진 제후들의 나라가 연이어 출현하게 되었다. 이것은 봉건질서의 파괴와 혼란을 의미한다.

그리고 약육강식의 싸움들은 제후들만 벌이는 것이 아니라 제후들 밑의 대부들 사이에도 일어나 결국 남의 집안을 합병시켜 강성해진 대부들이 늘어나서 많은 제후들이 실권 없는 명색뿐인 지위로 밀려나게 되었다. 천자는 천자로서의 권위를 잃고 제후들은 제후로서의 권능을 잃었던 것이었다. 이 시대를 춘추전국시대라고 부르고 있는데, 이 북새통 속에 주나라의 여러 가지 제도는 파괴되고 백성들은 고통받게 되었던 것이다.

그러나 공자는 여전히 이러한 현실을 무시하고 천자중심의 정치를 꿈꾸고 있었던 것이다. 이러한 공자의 정치관은 『논어』의 「계씨(季氏)편」에 기록된 공자의 다음과 같은 말에서 분명히 알 수 있다.

천하에 도가 있으면 예악과 정벌이 천자로부터 나오고, 천하에 도가 없으면 예악과 정벌이 제후들로부터 나온다. 그것이 제후들로부터 나오게 되면 대략 10대에 망하지 않는 일이 드물고, 대부로부터 나오면 5대에 망하지 않는 일이 드물고, 가신들이 국권을 잡으면 3대에 망하지 않는 일이 드물게 된다.

그리고 나서 공자는 다음과 같이 결론을 내리고 있다.

천하에 도가 있으면 권력이 대부들에게 있지 아니하고, 천하에 도가 있으면 백성들이 혼란되지 않는다.(天下有道 則庶人不議)

천하의 도.

'하늘 아래의 바른 길'을 공자는 이처럼 천자를 중심으로 하는 '중앙집권제'로 보고 있음에 반하여 안영은 공자의 그러한 정치철학은 현실을 무시한 보수적인 낡은 정치관으로 보고 있었던 것이다. 안영은 이미 제후중심의 '지방분권제'가 도래하였음을 인정하고 그 바탕 위에서 정치를 펴고 있었다. 따라서 안영이 공자를 쇠약해진 주나라의 왕실을 지나치게 숭상하는 몽상가로 보고 있음은 당연한 일이었던 것이다.

"하지만."

공자에 대한 신랄한 비판을 들은 경공은 안영에게 다음과 같이 반문하였다.

"경은 공구를 월석보를 뛰어넘은 현인 중의 현인이라고 말하지 않았던가?"

경공의 질문은 정곡(正鵠)을 찌른 말이었다. 경공의 말은 두 가지 의미에서 안영을 비판하는 내용을 담고 있었다. 안영이 평소 현인을 존경하고 있음을 잘 알고 있던 경공은 안영이 극찬하였던 월석보를 빗대어 힐문(詰問)을 던진 것이었다. 이에 대한 일화가 사마천의 『사기』에 기록되어 있다.

월석보는 현인이었지만 그만 죄를 지어 죄수복을 입고 있었다.

어느 날 안영이 외출을 하다가 길에서 우연히 그를 만나게 되었다. 안영은 두말하지 않고 삼두마차의 왼쪽 말 한 필을 풀어 속죄금으로 내주고 월석보를 함께 마차에 태워 집으로 돌아왔다.

평소 생색내지 않는 성미의 안영인지라 월석보에게 아무런 말도 않고 그냥 안채로 들어가고 말았다. 얼마 후 하인에 의해 한 장의 문서가 안영에게 올려졌는데, 펼쳐보니 월석보가 보낸 서신이었다. 그 내용을 읽어보니 절교장이었다. 깜짝 놀란 안영이 의관을 바로 잡은 뒤 황급히 객실로 나아가 월석보에게 물어 말하였다.

"어디 화라도 나셨습니까?"

월석보는 대답하였다.

"그렇습니다."

평소 월석보를 존경하고 있던 안영이 크게 놀라 말하였다.

"비록 신이 어질지는 못하지만 선생을 재앙에서 구해드렸습니다. 그런데도 선생께선 이토록 급하게 절교를 선언하시다니요."

"그렇지가 않습니다. 군자란 대개 자기를 이해하지 못하는 자에게는 굴복하지만 자기를 이해해주는 자에게는 믿고 자기의 뜻을 나타낸다고 들었습니다."

월석보의 비난에 안영이 공손하게 물었다.

"신이 선생을 이해하지 못한 점이라도 있었습니까."

그러자 월석보는 대답하였다.

"들어보십시오. 내가 죄수들 사이에 있을 때에는 그들 옥리들이 나를 이해하지 못하고 있었기 때문에 굴복하고 있었습니다. 그러나 당신은 나를 이해하는 바가 있어 타고 있던 말 한 필을 풀어 속죄금으로 내고 나를 풀어준 것이 아니겠습니까."

"사실 그렇습니다."

"그렇다면 방법이 틀렸습니다."

월석보는 안영을 정면으로 쳐다보면서 말을 이었다.

"당신은 모른 척 예를 무시하면서 곧바로 당신의 방으로 들어가버렸습니다. 결국은 나를 이해해주지 못한 것이 돼버렸습니다. 나를 알아주면서도 예의를 무시하신다면 나는 차라리 죄수들 속에 있는 것이 낫습니다."

이 말을 들은 안영은 크게 뉘우치면서 말하였다.

"결례를 용서하십시오. 신이 거기까지는 생각이 못 미쳤습니다. 앞으로 선생을 상객(上客)으로 모시겠습니다."

『사기』의 「안자열전」에 나와 있는 이 일화를 보면 안영이 선행을 베풀면서도 생색을 내지 않는 소탈한 성격을 갖고 있음을 알게 된다. 그러나 현인 월석보는 바로 이러한 형식적인 예의에 초탈한 안영의 태도를 오히려 비례(非禮)로 보고 있는 것이다.

과공비례(過恭非禮). '지나친 겸손은 오히려 결례가 된다'는 말은 이러한 안영의 태도를 표현한 말로 공자 역시 이를 경계한 일이 있었다.

『논어』에 실려 있는 공자의 말은 어느 한쪽에 치우침이 없이 중정(中正), 즉 중용(中庸)의 도를 추구하는 것이 최상이라고 설법하고 있는 것이다.

어느 날 제자인 자공(子貢)이 공자에게 물었다.

"선생님, 자장(子長)과 자하(子夏) 중 어느 쪽이 더 현명합니까?"

공자는 두 제자를 비교한 다음 이렇게 말을 하였다.

"자장은 아무래도 매사에 지나친 면이 있고, 자하는 부족한 점이 많은 것 같다."

이 말을 들은 자공이 다시 물었다.

"그렇다면 자장이 낫겠군요?"

자공이 묻자 공자는 이렇게 대답했다.

"그렇지 않다. 지나침은 미치지 못한 것과 같다."

'지나침은 미치지 못한 것과 같다' 라는 공자의 말에서 나온 과유불급(過猶不及)은 결국 이렇듯 '과공비례' 와 같은 뜻인 것이다.

어쨌든 경공이 안영에게 현인 월석보의 일화를 들어 공자를 두둔한 것은 두 가지의 의미를 갖고 있다.

그 하나는 안영이 현인 월석보를 존경하여 타고 있던 말 한 필을 속죄금으로 내고 풀어주었다면 어째서 안영이 현인 중의 현인이라고 평가하고 있는 공자를 중용해서는 안 되는가 하는 의미이고, 또 하나는 안영이 예의에 초탈한 행동을 보인 것 때문에 월석보로부터 절교장을 받았다면 상례를 숭상하고 예를 바로잡으려는 공자의 예치주의(禮治主義)에 대해서는 그토록 비난할 수 있겠는가 하는 의미를 담고 있었던 것이었다.

물론 경공의 이러한 마음을 모를 안영이 아니었다. 그럼에도 불구하고 안영은 공자에 대해서 다음과 같은 결론을 내리고 있다.

"지금 공구는 외모와 형식을 성대히 하고 옷차림은 어떻고, 상하의 예절은 어떠하며, 보행법은 어떻다는 둥 번거로이 하고 있으니 대를 이어도 그의 학문을 다 배울 수가 없고, 당대에는 그의 예를 다 터득할 수 없을 것입니다. 그러므로 임금께서 공구를 써서 제나라의 풍속을 개량하려 하시나 결국 백성들을 위하는 일은 못 되는 것입니다."

『사기』에 실린 공자에 대한 안영의 신랄한 평가에 대해서 사실이 아닐 것이라고 주장하는 학자들도 많이 있다. 그러나 이러한 추측으로 사기에 실린 기록을 부정하는 일은 위험한 일이다. 적어도 안영이 공자를 믿어주었다면 공자는 제나라를 떠나 노나라로 돌아가지는 않았을 것이다. 또한 안영은 공자를 등용하면 그의 생명이 위태로워질 것을 염려하여 일부러 그렇게 비난하였다고 주장하는 학자들도 있다.

실제로 제나라의 대부들은 모두 공자를 경계하고 있었다. 사실 제나라의 실권자는 진씨들이었는데, 이들은 공자가 등용되어 실권을 장악한다면 자신들의 위치가 무너질 것을 두려워하고 있었던 것이다. 이에 대해 『사기』는 다음과 같이 기록하고 있다.

"……그러나 제나라 대부들의 반발은 심해 심지어 공자를 살해하려는 움직임까지 있었다. 결국 경공은 결론을 내리며 말하였다. '나는 늙었소. 그대를 등용하려 하였지만 어쩔 수가 없구려.'"

대부들이 공자를 살해하려고 했다는 기록은 없지만 실제로 진씨는 자객을 보내어 공자를 죽이려 하였다. 다행히 이 계획은 공자의 제자들 중에서 가장 용맹하였던 자로에 의해서 사전에 발각되어 물리칠 수 있었는데, 이러한 일들로 인해 공자는 제나라에 대한 미련을 버리게 되었던 것이다.

여전히 경공은 공자를 마음속 깊이 존경하고 있었고, 공자를 곁에 두고 싶어하였다. 그러나 공자를 보는 안영의 태도는 조금도 변하지 않고 있었다. 안영의 이러한 태도는 평소에 갖고 있던 군신간의 법도에 대한 신념 때문이었다. 안영의 이러한 용병술을 엿볼 수 있는 유명한 일화가 『안자춘추』에 기록되어 있다.

어느 날 경공이 사냥터에서 돌아와 누각에서 쉬고 있었다. 마침 그때 경공이 좋아하는 신하 한 사람이 말을 달려 곁으로 오고 있었다. 이를 본 경공이 기쁜 얼굴로 안영에게 말하였다.

"저 사람은 좋은 사람이지. 나하고 장단이 잘 맞는단 말이야."

이 말을 들은 안영이 머리를 흔들며 말하였다.

"아닙니다. 저 사람은 전하와 장단을 맞추고 있는 것이 아니라 전하의 단순한 동조자일 뿐입니다."

안영의 말을 이해하지 못한 경공이 물었다.

"장단을 맞추는 것과 동조하는 것은 결국 같지 않은가. 무엇이 다를 것인가?"

이에 안영은 대답한다.

"그것은 분명히 다릅니다. 장단을 맞추는 것은 조화를 뜻하는 것으로 그것은 서로 다른 요소들 속에서 이루어집니다. 비유하건대 그것은 국물과 같은 것입니다. 물, 불, 초, 고기, 소금 등으로 생선을 끓여 지나친 맛이 나지 않고 맛있게 요리를 하는 것과 같은 것입니다. 사람과 사람과의 관계도 이와 같습니다. 전하가 긍정하는 것 속에 부정되어야 될 점이 있으면 그것을 검토해서 전하의 부정되어야 할 점을 지적하여 바로잡고, 거꾸로 전하가 부정하는 것 속에 긍정해야 할 것이 있으면 그것을 강조해 부당한 부정에서 전하를 구하는 것이 조화입니다."

지적을 하고 나서 안영은 결론을 내린다.

"그러나 저 사람은 그렇지 아니하고 단순하게 동조를 하고 있는 것뿐입니다. 전하께서 긍정하면 저 사람은 무조건 긍정하고, 전하께서 부정하는 것은 언제나 부정하고 있는데, 이는 어디까지나 동조하는 것이지 조화는 아닌 것입니다. 이는 물 위에 술을 부어도 아무도 마시지 않으며, 거문고나 비파를 들고 같은 줄을 뜯어도, 아무도 들어주지 않는 것과 마찬가지입니다."

윗사람이 하는 말을 무조건 옳다고 부화뇌동하면서 아첨하는 사람은 결국 윗사람을 망치는 간신배에 불과한 것이다. 또한 윗사람이 자기만을 동조하는 자만을 좋아하고, 이를 바로잡으려 부정하거나 비판하는 자를 배척하면 결국 이것이 사회를 붕괴시키는 사회악이 될 수밖에 없는 것이다.

이는 조화를 강조한 공자의 다음 말과 일치하고 있다.

"군자는 조화롭게 하되 부화뇌동하지 아니하고, 소인은 부화뇌동하되 조화롭게 하지 않는다.(君子和而不同 小人同而不和)"

물론 안영은 공자를 경공에게 아첨을 하거나 부화뇌동하는 동조자로 보고 있지는 않았다. 그러나 안영은 공자가 '말만 그럴듯하게 하고 지나치게 상례만을 숭상하는 유자'로 봄으로써 생선과 같은 경공을 요리함에 있어 그 맛을 더하는 소금이나 양념과 같은 조화로운 충언자로 보고 있지는 않았던 것이다. 물론 이것은 안영이 가진 공자에 대한 선입견 때문일 것이다. 명재상 안영도 어쩔 수 없이 편견을 가질 수밖에 없던 평범한 인간이었던 것이다. 그러나 어쨌든 안영의 날카로운 직관력은 이날 벌어진 연회에서 더욱 빛나고 있음이다.

둘 사이에 이런 대화가 끝나고 한바탕 연회가 벌어졌는데, 술을 마시던 경공은 느닷없이 한숨을 쉬면서 말했다.

"아아, 인생은 왜 이토록 허무한 것일까."

한바탕 술과 여악에 취해서 쾌락에 흥건히 젖어 있던 경공의 입에서 나온 탄식인지라 안영이 조심스럽게 물었다.

"전하, 어찌하여 한숨을 쉬십니까?"

그러자 경공이 대답하였다.

"죽음이 인생의 끝이 아닐 것인가. 만약 죽음이란 것이 없다면 인간은 얼마나 행복하겠는가?"

안영이 머리를 흔들며 말하였다.

"그렇지 않습니다. 만약 죽음이 없을 것 같으면 행복한 사람은 옛날 사람이지 지금의 전하는 아닐 것입니다. 왜냐하면 지금 전하가 다스리는 이 땅은 옛날 상구(爽鳩)씨의 땅이었습니다. 그 후 계칙(季則)의 땅이 되고, 곧이어 봉백릉(逢伯陵)의 땅이 되었다가 다시 포호(蒲姑)의 땅이 되었으며, 그 훨씬 뒤에 와서야 전하의 조상 땅이 되었던 것입니다. 그러므로 인간에게 만약 죽음이 없다면 그것은 상구씨의 행복이지 전하의 행복은 아닌 것입니다. 왜냐하면 지금도 이곳은 상구씨의 땅일 것이기 때문입니다."

불사약(不死藥).

먹으면 영원히 죽지 않는다는 선약(仙藥). 훗날 천하를 통일하여 춘추전국시대의 막을 내린 진나라의 정(政)은 제위에 오르자마자 불로장생의 선약을 구하기 위해 바다 건너 조선에까지 신하를 보내는 어리석은 행동을 보인다. 그럼에도 불구하고 그의 재위는 11년에 불과하였으며, 불과 37세의 나이에 목숨을 버리게 되는 것이다.

만약 시황제 곁에 안영이 있었더라도 시황제는 불로장생을 꿈꾸었을까. 그런 의미에서 안영은 중국 역사상 가장 뛰어난 정치가이지만 또한 인생의 진리를 꿰뚫어본 선지자이기도 한 것이다.

어쨌든 경공과 공자와의 두 번째 만남도 이렇듯 안영의 신랄한 비판에 의해서 결실을 맺지 못하게 된다. 기록에 의하면 경공은 계속 공자를 존경하여 일 년쯤 지난 후에는 대부 고소자의 집을 방문하여 가신으로 있던 공자를 직접 만났다고 『사기』는 전하고 있다. 이때 경공은 공자에게 다음과 같이 약속하였다고 한다.

"노나라에서의 계씨와 같은 대우는 불가능하다 하더라도 계씨와 맹씨의 중간 대우는 해줄 것이다."

그러나 이러한 약속도 결국 지켜지지 않았다. 제나라의 권력자들이 모두 공자를 맹렬하게 비난하였기 때문이었다. 결국 공자는 제나라를 떠나기로 결심한다.

『공자가어』의 「육본(六本)편」에는 공자가 제나라를 떠나온 이유에 대해 다음과 같이 기록하고 있다.

"공자가 제나라의 경공을 만나자 경공은 그를 좋아하여 늠구(廩丘)란 고을을 공자의 채읍으로 주려고 하였다. 그러나 공자는 사양하고 받아들이지 않았다. 제자들이 모두 이를 의아해하자 공자는 제자들에게 말하였다. '내가 듣건대 군자는 공로에 따라 상을 받는다고 하였다. 지금 나는 제나라의 임금에게 얘기만 했을 뿐인데 임금은 그것을 실천하지도 않았다. 그런데 나에게 채읍을 내려주니 나를 잘 알지 못하는 것도 심히 괴로운 일이다.' 마침내 공자는 제나라를 떠났다."

공자가 제나라에 머문 것은 겨우 일 년 남짓. 이렇듯 공자는 자신이 가진 정치이념을 실현해 보이기 위해 망명하였던 제나라에서 아무런 성과도 없이 고향인 노나라로 돌아오는 것이다. 여러 가지 학설이 있지만 가장 믿을 만한 정설로는 공자가 36세가 되던 소공 25년에 노나라를 떠났으며, 공자는 37, 8세 전후가 되던 소공 27년에 제나라를 떠나는 것이다.

공자 스스로 말하였듯, 스스로 서기 시작하여 불혹의 나이인 40대에 접어들기 직전에 벌인 공자의 외유는 정치이념을 실현하는 데에는 실패하였지만 제나라에서 머물며 사양자에게 음악을 배우기도 하면서 많은 경험을 쌓고 견문을 넓혔을 것이다.

공자의 생애로 보면 정확히 3분의 1에 해당되는 이 무렵의 공자는 자신의 사상을 실천하기에는 현실의 벽이 너무 높다는 사실을 뼈저리게 느낀 질풍노도의 계절이었을지도 모른다.

그러나 공자의 첫 번째 출국은 훗날 공자가 펼친 주유천하의 서장을 여는 전주곡이었으니, 결과적으로 공자의 사상은 이러한 좌절로 더욱 발전되고 원숙해지는 계기가 되었을 것이다. 이는 일찍 사마천이 『사기』에서 공자를 두고 '중니는 예가 폐지되고 악이 무너진 것을 애석하게 여기어 경학(經學)을 재수(再修)하여 왕도를 바로잡았다'고 찬탄하고 있듯이 첫 번째 출국은 스스로의 경학을 다시 닦아 재정비하는 초발심의 출가행이었을 것이다.

제 2 장

두 번째 출국 — 노자와 공자

사람에 이르는 길

1

기원전 506년.

공자는 남궁경숙(南宮敬叔)과 주(周)나라로 여행을 떠난다. 제나라로 망명하여 일 년 남짓 외유하였던 것이 첫 번째 출국이라면 그후 다시 9년 만에 해외로 출국하는 것이다.

그러나 이번의 출국은 자신의 정치적 이념을 실현하기 위해서 망명하였던 첫 번째와는 전혀 다른 목적 때문이었다. 이때 공자는 불혹의 나이에 접어들어 46세 되던 해였다.

노나라의 주군이었던 소공은 7년 동안이나 제나라에서 망명생활을 하였으나 끝내 돌아오지 못하고 객사하였으며, 그 뒤를 이어 정공(定公)이 왕위에 올랐지만 마찬가지로 아무런 권력도 없는 허수아비에 불과하였다. 오히려 계씨의 횡포는 더욱 심해져서 내란이 일어날 만큼 노나라는 극도의 혼란에 빠지게 되는 것이다. 어쨌든 새로운 임금이 즉위한 지 4년이 된 정공 4년. 공자는 수레를 타고 평소에 천하의 종주국으로 생각하고 있던 주나라를 향해 두 번째의 출국을 단행한다.

이때 공자를 도와 함께 떠난 사람은 남궁경숙이었다. 그는 공자의 초기 제자 중의 한 사람이었다. 그러나 남궁경숙은 공자에게서 예를 배운 제자임에는 틀림없으나 사마천이 쓴 『사기』의 「중니제자열전(仲尼弟子列傳)」에는 그 이름이 보이지 않는다. 사마천은 공자의 70인 제자들을 낱낱이 기록하여 별항을 만들어 공자의 제자열전을 기록하고, 그 말미에 다음과 같이 말하고 있다.

나 태사공은 이렇게 생각한다. 세상의 학자들이 흔히 공문(孔門)의 70인 제자들을 저울질하여 칭찬하는 가운데에는 실제 이상으로 기리는 적도 있고, 역시 실제 이하로 비방하기도 한다. 어느 쪽도 모두 제자들의 참모습을 보지 못한 것 같다. 제자들의 명부는 공씨의 벽 가운데에서 나온 고문(古文)에 의한 것이니 거의 정확할 것이다. 나는 공자 제자들의 이름과 대화를 모두 『논어』에 실린 제자들의 문답에서 뽑아 차례대로 엮었으며, 의심나는 것은 여기에 싣지 않았다.

사마천의 말대로 남궁경숙은 공자의 제자임에도 공자의 집에서 전해오는 고문에도 기록되어 있지 않고 『논어』에 나오는 70여 명의 제자 중에도 포함되어 있지 않다.

그럼에도 불구하고 공자는 46세 되던 해, 다른 제자는 모두 제쳐

놓고 주나라로 남궁경숙과 함께 두 번째의 출국을 단행하는 것이다.

이는 아마도 공자와 남궁경숙과의 특별한 인연 때문이었을 것이다.

이 특별한 인연에 대해 사마천은 『사기』에서 따로 기록하고 있는데, 그 내용을 살펴보면 흥미로운 사실을 발견할 수 있다.

이 무렵 노나라에는 국보적인 유물 하나가 전해 내려오고 있었는데, 그것은 솥(鼎)이었다.

고대 중국에서 세 발로 만든 청동 솥은 원래 천자의 덕을 상징하는 것으로서 특별한 의미를 갖고 있었다. 청동 솥은 제위와 권위를 나타내는 신성한 제물로 여겨져오고 있었던 것이다.

역사상 최초의 솥은 구정(九鼎)이라 하여 고대 순임금 때 주조되어 이를 가진 나라는 정통적으로 천자가 계승하고 있다는 상징물로 신성시되어왔다. 따라서 하(夏), 은(殷), 전국시대의 종주국인 주왕조 대대로 이를 소중히 보관하고 있었다. 노나라에 있는 솥은 천자를 상징하는 구정이 아니라 정고보(正考父)란 재상의 명문을 새긴 솥이었던 것이다. 정고보는 송나라의 제10대 대공(戴公)에서 시작하여, 11대 무공(武公), 12대 선공(宣公) 등 3대에 걸쳐 임금을 보좌한 현인이었다. 이 청동 솥에는 정고보의 명문이 새겨져 있었다.

첫 번째 임명을 받고는 윗몸을 굽히고, 두 번째 임명을 받고는 허리를 굽히고, 세 번째 임명을 받고는 엎드리다시피 하여, 담을 의지하여 길을 다니지만 아무도 나를 업신여기지 아니한다. 여기에 범벅이라도 좋고 죽을 쑤어도 좋다. 내 입에는 풀칠만 하면 그만이다.

노나라에서는 대대로 이 청동솥에 새긴 정고보의 명문을 공직자들이 지켜야 할 덕목이라고 생각하여 사표로 삼고 있었다. 3대에 걸쳐 주군을 섬길 만큼 뛰어난 정치가였으면서도 특히 '여기에 범벅이라도 좋고, 죽을 쑤어도 좋다. 내 입에는 풀칠만 하면 그뿐이다(饘於是 鬻於是 以餬余口)'라고 기록한 정고보의 명문은 공직자가 지켜야 할 겸손과 청렴결백을 극명하게 나타내고 있었기 때문이었다. 따라서 대대로 노나라에서는 새로운 벼슬아치들이 등용될 때에는 이 청동솥 앞에서 마음가짐을 다짐하는 불문율이 전해 내려오고 있었다.

그런데 공자가 바로 이 정고보의 후손이었던 것이다. 공자는 비록 가난하고 보잘것없는 사회에서 벼슬할 수 있는 계급 중 가장 낮은 계층인 사(士)에 속하는 계급에서 태어났지만 이토록 가문만은 명문이었다.

공자는 노나라에서 태어났지만 그의 조상은 은나라 최후의 임금 주왕(紂王)의 서형(庶兄)이며, 그 시대의 어진 신하로 알려진 미자계(微子啓)에 이르기까지 거슬러 올라간다. 공자의 계보는 은나라의 왕들을 지나 탕(湯)임금에 이르고, 송나라의 왕실로 다시 이어져 줄곧 왕실의 적자로 내려오고 있는데, 불보하(弗父何)에 이르러서부터 왕계에서 벗어나게 된다.

이는 불보하가 임금의 자리를 다투지 아니하고 스스로 물러나 은둔 생활을 했기 때문이었다. 왕계로부터 갈라진 불보하의 후손은 솥에 명문을 새긴 정고보를 거쳐 그의 아들인 공보가(孔父嘉)에 이르게 되는데, 이때 집안에 큰 변화를 일으키는 대사건이 일어난다. 공보가는 그 무렵 송나라의 장군격인 사마의 벼슬을 하고 있었으며 그에게는 아름다운 부인이 있었다.

어느 날 권신 화보독(華父督)이 길거리에서 공보가의 부인을 보고는 반해버려 음모를 꾸민 뒤에 군대를 동원하여 공보가를 죽이고 부인을 빼앗아버렸던 것이다. 이로 인해 화보독이 보복을 두려워하여 계속 박해를 하자 할 수 없이 그의 아들 자목금보(子木金父)는 송나라를 떠나 노나라로 도망쳐 살게 되었으며, 이때부터 자기 아버지의 자(字)인 공보(孔父)에서 공(孔) 자만을 따서 정식으로 성을 삼았던 것이었다.

그 뒤를 이어 하숙(夏叔), 그리고 공자의 아버지인 숙량흘(叔梁紇)을 거쳐 공자에 이르게 되었는데, 어쨌든 공자의 조상을 은나라에까지 계보를 끌어올리고 족보를 세밀하게 기록하고 있는 것은 마치 「마태복음」에서 예수의 족보를 첫 장에 상세히 기록하고, 「누가복음」에서는 예수를 마침내 하느님에게 이른다고 기록하고 있는 것처럼 무릇 인류가 낳은 성인을 신성시하려는 후세 사람들의 존경심 때문일 것이다.

그러나 어쨌든 사마천도 『사기』에서 공자를 '그의 선조는 송나라 사람으로서 공방숙(孔防叔)이라 하였다'라고 기록하고 있는 것을 보면 공자의 조상이 명문이었던 것만은 분명하게 드러나고 있다.

그 족보가 후세에 그럴듯하게 꾸며진 것이든 사실이든 간에 공자는 송나라의 명재상이었던 정고보의 후손으로 그 무렵 노나라 사람들은 대부분 그렇게 생각하고 있었던 것이다.

실제로 국어(國語)를 편찬한 민마보(閔馬父)란 사람이 쓴 기록에 의하면 '옛날에 정고보란 사람이 상나라의 노래 12편을 주나라의 태사혜에게 가서 교정을 하였는데, 나(那)편을 첫머리에 놓았다'고 하였다.

상나라의 노래인 『상송(商頌)』은 상나라 조정에서 쓰여지던 악가로 『시경』에 전하고 있었다. 훗날 공자가 『시경』을 편찬, 정리하여 만인의 교과서로 삼으려 했던 것을 보면 정고보가 공자의 조상인 것은 틀림없는 사실이었던 것처럼 보인다.

이는 『사기』에 나와 있는 기록에서 분명히 드러나고 있다.

노나라의 대부 맹희자(孟僖子)가 병으로 임종하면서 자신의 대를 이을 아들, 의자(懿子)에게 엄숙히 타일러 말하였다.

"공구는 성인의 후손이다. 송나라가 망하자 노나라로 온 것뿐이다. 그의 조상 불보하는 처음에 송나라의 군주로 즉위할 신분이었으나 아우 여공(厲公)에게 양보한 분이다. 정고보 대에 와서는 송의 대공, 무공, 선공을 보좌해 상경이 되었다."

맹희자는 청동 솥에 새긴 명문의 내용을 설명하고는 다시 말을 잇고 있다.

"정고보는 공손하기가 이와 같았다. 내가 들은 바로는 '성인의 후손은 벼슬에 오르지 않았다 하더라도 반드시 사리에 통달한 현인이 나타난다'고 하였다. 지금 공구는 비록 나이는 젊지만 예를 좋아하니 필시 그는 사리에 통달한 현인일 것이다. 그러니, 내가 죽더라도 너는 반드시 그를 스승으로 섬기거라."

이 말을 하고 맹희자가 죽자 아들 의자는 아우인 남궁경숙과 더불어 공자에게 가서 예를 배웠던 것이다.

맹희자가 '공구는 지금 나이는 젊지만 예를 좋아하니' 하고 말하였던 것처럼 그 무렵 공자의 나이는 불과 17세로 아직 가르침을 펼 때가 아니었다. 그러므로 아버지의 유언에 따라 예를 배운 남궁경숙은 오히려 공자보다 나이가 많은 권신이었을 것이며, 공자가 정식으로 제자들에게 가르침을 펼 때에는 이 무리 속에 끼지 않았을 것이다. 따라서 이들의 이름이 「제자열전」에 보이지 않는 것은 당연한 일이었다.

또한 이 무렵 남궁경숙의 지위는 상당해서 젊은 백면서생에게 예를 배울지언정 제자노릇은 차마 하지 못하였을 것이다. 그러나 남궁경숙은 공자에게 든든한 후원자로 정신적·물질적 지원을 아끼지 않았다. 공자가 47세 되던 해 주나라로 두 번째 출국을 단행하려 하였을 때 선뜻 따라나서서 동행하였다. 그뿐 아니라 군주인 정공에게 부탁하여 교통의 편의까지 받게 되는 것을 보면 남궁경숙이 이미 상당한 세력가일 뿐 아니라 공자의 후원자 역할을 자임하고 있음을 여실히 드러내 보이고 있는 것이다.

이에 대한 기록이 『사기』에 나오고 있다.

노의 남궁경숙이 노나라의 군주(정공)에게 부탁하였다.

"청하오니 공자와 함께 주나라로 가도록 허락하여 주십시오."

이 말을 들은 군주는 이를 허락하면서 승용거 한 대, 말 두 필, 종자 한 사람을 딸려주었다.

이 기록을 통해 알 수 있듯이 공자의 첫 번째 출국은 군주의 허락을 받지 않은 망명이었지만 공자의 두 번째 출국은 군주로부터 정식으로 허락을 받았을 뿐 아니라 수레와 말까지 하사받은 호화여행이었다.

마침내 공자는 남궁경숙과 군주가 내린 말이 이끄는 수레를 나란히 타고 종자를 앞세워 노나라를 출발하여 주나라로 떠난다. 이 무렵 주나라의 왕조는 훗날 낙양으로 알려진 낙읍. 노나라에서 주나라에 이르는 그 길은 오늘날에도 쉽게 여행할 수 없는 수천수만 리의 긴 여정이었다.

도중에는 진나라와 조나라, 정나라와 같은 여러 제후국들을 지나야 했으므로 자칫하면 목숨까지 잃을 수 있는 위험한 여정이기도 했다.

그렇다면 공자는 도대체 무엇을 하기 위해서 47세의 결코 적지 않은 나이에 이와 같이 험난하고 머나먼 여정을 떠나고 있는 것일까.

그렇다. 공자가 떠난 이 여행은 인류사상 가장 극적이고 가장 신비스러운 여행이라고 일컬어 신과 신이 만나기 위해 벌인 '신들의 여행'이라고까지 불리고 있다.

신과 신이 서로 만나기 위해서 벌인 '신들의 만남', 인류가 낳은 3대 성인인 예수와 석가모니 그리고 공자는 시간적, 공간적인 격차로 서로 만난 적은 없다. 또한 인류가 낳은 최고의 철인들인 소크라테스와 마호메트도 서로 만난 적은 없다.

그러나 단 한 가지 예외가 있으니 그것은 공자와 노자가 서로 인간의 모습을 지닌 채 기원전 506년에 극적으로 해후를 하는 것이다. 인류 역사상 가장 드라마틱하고 신비스러운 대사건 중의 하나이다.

이는 마치 로마 시스티나 성당의 천장화로 그려진 미켈란젤로의 '천지창조'에 나오는 명화 중 한 장면을 연상시킨다.

이 그림에는 천상의 하느님이 인류 최초의 사람인 아담을 창조하면서 서로 손끝이 마주 닿는 장면을 연출하고 있다. 이는 천상과 지상이 만남으로써 하늘과 땅이 비로소 하나로 결합되고, 생명이 최초로 탄생하는 결정적인 순간을 포착하고 있다. 공자와 노자의 만남도 이에 못지않아 마치 낮을 지배하는 해와 밤을 지배하는 달이 서로 만나는 행성들의 대격돌인 것이다.

노자(老子).

공자와 더불어 중국이 낳은 최고의 사상가. 공자보다 오히려 광범위하게 중국의 민간신앙을 움직여 사상적 기초를 닦은 수수께끼의 인물. 그리하여 오늘날 중국의 정신을 지배하는 도교를 창시한 신비의 용(龍).

일찍이 톨스토이는 번역된 노자의 『도덕경(道德經)』을 읽고 그의 자서전에서 다음과 같이 말하였다.

"나의 사상은 공자와 맹자로부터 큰 영향을 받았다. 그러나 노자로부터 받은 영향은 어마어마하게 크고 지대한 것이었다."

그뿐인가.

칸트의 철학을 계승한 관념론의 대가인 독일의 철학자 헤겔은 하이델베르크 대학에서 도가사상을 강의하면서 이렇게 말하였다.

"우리에게 지금 노자의 중요한 저서(도덕경)가 전해지고 있다. 그것은 빈에서 출판된 것으로, 나 자신도 그것을 읽은 일이 있다. 『도덕경』에는 특히 자주 인용되는 말로 다음과 같은 대목이 있다. '무명(無名)의 도는 하늘과 땅의 시작이며 유명(有名)의 도는 우주(만물)의 시작이다.' 중국인들에게 있어서 만물의 근원이 되는 가장 고귀한 것은 곧 무(無)이며, 허(虛)이며, 전혀 불확정하고, 추상적이며 보편적인 것으로서, 그것은 또한 도(道)라고 불려졌다."

중국철학, 그중에서도 특히 노자의 사상에 깊은 영향을 받았던 헤겔은 또한 노자의 도가사상을 서양철학을 낳은 그리스의 헬레니즘과 비교하여 다음과 같이 말하였다.

"그리스인들은 절대적인 것이 유일하다고 말하고 그것은 지상(至上)의 존재라고 말하고 있는 데 반하여, 노자는 유일한 긍정적인 형식으로서 부정할 수 있는 오직 추상적인 무(無)만을 얘기하여 왔다."

이를 통해 알 수 있듯이 헤겔의 관념철학은 노자의 무사상에서 사유방법이나 사상체계를 받아들여 완성되었던 것이다. 이러한 사유방법은 야스퍼스로 이어져 야스퍼스는 『공자와 노자』라는 저서를 통해 주관과 객관의 한계를 초월하고 절대적 원리로서 도를 추구하는 노자의 사상에서 깊은 영향을 받았음을 고백하고 있으며, 특히 노자의 사상은 키르케고르, 니체로 이어지는 실존철학의 형성에 지대한 공헌을 하였던 것이다.

근세 분석심리학의 거장 융도 현대인의 심리분석방법으로 노자의 무 또는 무의식 사상을 충분히 활용하고 있었다. 그리하여 유럽인들은 노자의 이름을 문자 그대로 '늙은 자식'으로 표기하여 라틴어로 '라오시우스'라고 부르고 있는 것이다.

인류 사상 최고의 롱셀러는 '성경'이지만 두 번째의 베스트셀러이자 롱셀러는 바로 라오시우스, 즉 노자가 지은 『도덕경』인 것이다.

공자가 찾아가고 있는 사람은 이렇듯 바로 라오시오스 즉 노자였다. 전설에 의하면 어머니의 뱃속에서 80년간이나 들어 있었기 때문에 태어날 때부터 머리가 백발로 그래서 이름도 '늙은 자식'이라 불렸다는 노자. 이 노자를 공자는 마음속으로 존경하고 있었던 것이다.

정확한 기록이 없어 대충 헤아려보면 공자가 노자를 만나러 갈 무렵에는 노자가 공자보다 나이가 20~30세가 많았던 것으로 추정되므로 이 무렵 노자의 나이는 80세에 가까운 노인이었을 것이다.

노자는 공자와는 달리 '유가'를 형성하여 제자를 키우거나 학문을 가르치지 않고 은둔 생활을 하였으므로 공자가 노자에게 가르침을 얻기 위해서 주나라로 구도 여행을 떠난다는 것은 극히 이례적인 일이었다. 그럼에도 불구하고 공자는 마음속으로 노자를 존경하고 있었다.

이에 대해 사마천은 『사기』에서 다음과 같이 분명하게 기록하고 있다.

"공자가 존경하였던 인물로는 주의 노자, 위의 거백옥, 제의 안평중, 초의 노래자 등이다."

공자가 위대한 정치가인 안평중, 즉 안영을 존경하고 있다는 사실은 이미 기록한 바가 있다.

그러나 공자가 존경하였던 인물 중 첫 번째로 노자가 등장하고 있음은 매우 의미심장한 일인 것이다.

『사기』에 의하면 노자가 평생 동안 공식적인 벼슬을 했던 것은 주나라의 수장실(守藏室)의 기록관인 사(史)가 고작이었다. 수장실이라 하면 왕실 서고를 말하는 것으로 오늘날로 말하면 중앙도서관을 지키는 사서였던 것이다. 아마도 노자의 그 웅대하고 심오한 사상은 수장실을 지키면서 수많은 책을 읽고 사색함으로써 완성되었겠지만 이미 그때 전국시대 최고의 대학자이자 사상가였던 공자가 수천수만 리의 먼 길을 무시하고 오직 가르침을 받기 위해서 은자(隱者)를 찾아가는 것만 보더라도 공자의 열정적인 학구열을 짐작할수 있는 것이다.

이는 배움에 있어 물불을 가리지 않았던 공자의 태도로 보면 당연한 일이었다.

공자는 "세 사람이 길을 가면 그중에는 반드시 나의 스승이 있다. 그들에게서 좋은 점을 가려서 따르고 좋지 못한 점은 거울 삼아 고치기 때문이다.(三人行 必有我師焉 擇其善者而從之 其不善者而改之)"라고 말함으로써 주위의 모든 사람들과 모든 일이 그가 배울 스승임을 강조하고 있으며, "어진 이를 보면 그와 같이 되기를 생각하고 어질지 못한 자를 보면 마음속으로 스스로를 반성한다.(見賢思齊焉 見不賢而內自省也)"라고 말함으로써 배움에 있어서 몰두하는 태도를 분명히 드러내고 있다.

『논어』의 첫 장도 '배우고 때때로 그것을 익히면 기쁘지 아니하겠는가(學而時習之 不亦說乎)'라는 유명한 말로 시작하고 있는 공자였으므로 공자가 「공야장편」에 남긴 다음과 같은 말은 공자가 얼마나 배움에 철두철미하였던가를 여실히 드러내고 있는 것이다.

"열 집이 있는 고을이라면 반드시 충성과 신의에 있어서는 나와 같은 사람이 있겠지만, 나만큼 배우기를 좋아하는 사람은 없을 것이다.(十室之邑 必有忠信如丘者焉 不如丘之好學也)"

공자는 죽을 때까지 배우고 배우고 또 배웠다. 이는 조금 안다고 해서 자신의 학문이 완성되었다고 착각하는 오늘날의 변설가들이 심각하게 반성하고 부끄러워해야 할 덕목이다.

자신이 안다고 생각하는 사람들은 마땅히 '아는 사람은 말하지 않는다'는 노자의 말을 명심해야 할 것이다. 알지도 못하면서 잘 아는 것처럼 말을 하는 것은 사람을 속이는 죄악이며 무서운 범죄행위인 것이다.

가르침을 얻기 위해서 노자를 만나러 간 공자는 노자에게 특히 예에 대해 묻고 싶었던 것 같다. 왜냐하면 사마천은 『사기』에서 다음과 같이 기록하고 있으므로.

　　남궁경숙과 함께 주나라로 간 공자는 노자를 만나 예에 대해서 물었다.

공자가 이처럼 예에 대해 묻기 위해 평소에 존경하고 있는 노자를 만나러 여행을 떠났던 것은 공자의 출신 성분과도 관계가 깊다.

모든 인간행동의 기본이 되는 예는 특히 공자 가르침의 핵심이
되고 있는데, 공자는 자신의 아들인 리(鯉)에게 다음과 같이 예의
중요성을 가르치고 있다.

예를 배우지 않으면 설 근거가 없게 되며, 예를 알지 못하면 사
람으로서 설 근거가 없게 된다.(不學禮 無以立 不知禮 無以立也)

공자가 강조한 예는 개인뿐 아니라 나라를 다스리는 정치기능으
로써도 중요한 수단이었다. 따라서 공자는 『논어』에서 이렇게 말하
고 있다.

임금은 신하를 부리기를 예로써 하고, 신하는 임금을 섬기기
를 충으로써 한다.(君使臣以禮 臣事君以忠)

공자의 태생은 다른 성인들과는 달리 비극적인 운명에서부터 출
발하고 있다. 사마천은 『사기』에서 공자의 탄생을 간단하게 기록하
고 있다.

숙량흘은 안씨(顔氏)의 딸과 야합하여 공자를 낳았다.

공자의 아버지 숙량흘은 본시 노나라의 시(施)씨 집안에 장가들
어 아홉 명의 딸만을 낳았을 뿐 아들이 없어 다시 첩을 얻었으나 맹
피(孟皮)라는 이름의 다리불구인 아들을 낳았다. 그 뒤 60세의 나이

로 안씨 집안의 셋째 딸인 안징재(顔徵在)와 정을 통하여 낳은 것이 바로 공자였던 것이다.

숙량흘이 안씨 집안에 청혼을 하자 아버지는 '숙량흘은 비록 나이가 들어 늙었지만 집안이 좋고 건강하고 힘이 세다'고 하면서 딸들에게 출가할 의사가 있는가 물었다. 첫째, 둘째 딸들은 늙은 숙량흘에게 출가하는 것을 거부하였으나 셋째 딸 안징재만이 아버지의 뜻을 받들어 숙량흘에게 시집가는 것에 동의하였다고 『공자가어』는 전하고 있다.

공자의 어머니 안징재는 임신을 하자 이구산(尼丘山)에서 기도를 올린다. 공자의 이름이 구(丘)이고, 자가 중니(仲尼)라는 것도 이 산과 관계가 깊기 때문이었다. 그런데 사마천이 '숙량흘과 안징재가 야합해서 공자를 낳았다'고 기록한 내용 중에 야합(野合)이란 말의 뜻은 정확하게 해석되지 않는다.

야합.

이는 문자 그대로 집이 아닌 '들판에서 통정을 한다'는 뜻으로 흔히 '정식으로 결혼해 절차를 밟지 않은 두 남녀가 부적절하게 정을 통하는 것'을 가리키는 말이었던 것이다. 따라서 호사가들은 숙량흘이 안징재를 유혹하여 들판에서 정을 나눴다고 말하지만 그것은 어디까지나 극단적인 해석이고, 어쨌든 60세가 된 노인과 20세도 되지 않은 처녀와의 비정상적인 관계로 태어났음은 분명한 것이다. 또한 야합이란 글 뜻으로 보면 두 사람이 불륜의 결합이었을 가능성도 배제할 수 없는 것이다.

어쨌든 이처럼 공자는 사생아로 기원전 551년(양공 22년) 노나라

창평향(昌平鄕) 추읍(郰邑), 지금의 산동성 곡부 남쪽 22킬로미터 지점에 있는 추현(鄒縣)에서 태어났다.

공자가 태어난 생년월일은 각 학자들 사이에서 의견이 분분하지만 1952년 중화민국 교육부에서 전국의 저명한 학자들을 총동원하여 검토한 결과 공자의 탄생일을 다음과 같이 공식적으로 결정하기로 의견을 모았다.

기원전 551년 음력 8월 27일(양력 9월 28일).

이처럼 비정상적인 남녀관계에서 사생아로 태어난 공자는 외롭고 가난한 어린 시절을 보낸다. 공자의 자가 '중니'인데, '중'은 형을 뜻하는 백(伯)과 아우를 뜻하는 숙(叔)의 중간을 뜻하는 용어이므로 공자에게는 틀림없이 형이 있었을 것이다. 『논어』에 보면 남용(南容)이란 사람의 행실이 훌륭한 것을 보고 공자가 '그에게 형의 딸을 시집보냈다'라는 기록이 나오고 있는 것을 보면 공자의 형은 숙량흘의 첩이 낳은 불구의 맹피였을 것이다. 그러나 공자는 실제로 사고무친(四顧無親)의 의지할 데 없는 외로운 소년 시절을 보냈음에 틀림이 없다.

특히 아버지였던 숙량흘은 공자가 세 살 되던 해 죽어버렸으므로 공자는 외로웠을 뿐 아니라 가난까지 겹친 불우한 소년 시절을 보낸다. 사마천의 『사기』에 의하면 공자의 어머니는 숙량흘이 죽자 곡부의 동쪽에 있는 방(防) 땅에 장사를 지내놓고도 공자에게 아버지의 무덤을 감춰두고 가르쳐주지 않았다고 한다.

그것은 어린 공자에게 아버지의 죽음을 일깨워주지 않으려는 배려 때문이었지만 공자가 장성한 뒤에도 계속 가르쳐주지 않았던 것

을 생각하면 가난해서 제대로 장사를 지내지 못한 데다 굳이 부적
절한 관계로 인해서 태어난 수치스러운 사실을 아들에게 숨기고 싶
었기 때문이었을 것이다.

공자가 청년 시절 때 어머니마저 죽는다. 이때의 기록이 『사기』에
나오고 있다.

공자는 어머니가 돌아가자 오부의 성 밑에 있는 구(衢)라는 거
리에 빈소를 꾸몄다. 아직 부친의 묘소를 몰랐기 때문에 훗날 합
장을 기대한 근신하는 행동이기도 하였다.

그러나 먼 훗날 뜻하지 않은 곳에서 아버지의 묘소가 발견되어
공자는 비로소 부모를 합장할 수 있었을 뿐 아니라 자신이 떳떳하
지 못한 불륜으로 태어난 사생아였음을 자각하게 된다. 바로 장례
수레를 끄는 상여꾼의 어머니가 용케도 오래 전에 장사지냈던 숙량
흘이 묻혀 있던 장소를 공자에게 가르쳐줘 비로소 공자는 방 땅에
부모를 합장할 수 있었던 것이다.

인류 사상 가장 뛰어난 성인 중의 한 사람이었던 공자가 다른 성
인들과는 달리 불륜의 사생아로 태어났다는 것은 참으로 아이러니
컬한 일인 것이다.

어떻든 공자가 태어났을 적에는 공자의 집안은 보잘것없어 사회
에서 벼슬할 수 있는 계급 중 가장 낮은 신분인 사에 속하는 계급이
었다. 이 계급은 위로는 귀족 대부들이 있고, 아래로는 서민과 상공
계급이 있는 중간계층이었다. 스스로 노력하고 운이 좋으면 좀더

위 계층으로 올라갈 수도 있었지만 잘못하면 서민계층으로 전락해 버릴 수 있는 아슬아슬한 입장이었다. 사는 자기의 관직을 유지하고 잘 살아나가자면 반드시 정치를 맡고 있는 공경귀족들에게 빌붙어 자기 땅을 경작하거나 생산업에 종사하는 것보다 벼슬살이를 하는 것이 보다 잘 살 수 있는 유일한 길이었던 것이다.

『사기』에는 이 무렵의 공자를 이렇게 표현하고 있다.

공자는 가난하고 천했다.(孔子貧且賤)

실제로 공자는 제자들에게 자신의 청년 시절을 다음과 같이 고백하고 있을 정도였다.

"나는 젊어서 미천했기 때문에 비천한 일을 많이 할 수 있게 되었다.(吾少也賤 故多能鄙事)"

또한 공자의 용모에 대해서 사마천은 『사기』에서 이렇게 묘사하고 있다.

공자는 자란 뒤 키가 9척 6촌(210센티미터)이어서 사람들은 모두 공자를 키다리라 부르며 이상하게 생각하였다.

사마천은 공자를 태어나면서부터 '머리가 움푹 들어갔기 때문에 구(丘)라 하였다' 고 묘사하고 있는 것을 보면 공자는 보통사람과는 다른 특이한 모습을 하고 있었던 것 같다.

실제로 공자는 사마천의 묘사처럼 특이한 용모를 갖고 있었던 모

양으로 훗날 공자가 제자들을 잃고 어려운 처지에 놓였을 때 이를
본 정나라 사람의 입을 빌려 다음과 같이 표현하고 있다.

　　동문 밖에 한 사람이 서 있는데 그의 키는 9척 6촌이고, 눈두
　　덩이 평평하고, 눈꼬리가 긴 눈과 광대뼈가 튀어 나왔다.

　공자의 이처럼 당당하고 건장한 체격은 아버지로부터 물려받은
것처럼 보인다. 공자의 아버지 숙량흘은 그가 안씨 집안에 청혼을
하자 '숙량흘은 비록 나이가 들어 늙었지만 집안이 좋고 건장하고
힘이 세다' 라는 호평을 받을 만큼 건장한 체격을 갖고 있었다. 실제
로 숙량흘은 제나라가 노나라를 쳐들어 왔을 때 3백여 명의 군사들
을 거느리고 치열한 전투 끝에 포위망을 뚫고 고을을 수비하는 전
공을 올렸던 뛰어난 무사였던 것이다.

　그러나 공자의 대에 이르러서는 더욱더 가문이 몰락하여 공자는
'사람들에게 글을 가르치고 제사를 돌봐주는 유' 의 신분으로 입에
풀칠할 수밖에 없었다.

　사마천은 『사기』에서 어쩔 수 없이 예에 밝을 수밖에 없었던 공자
를 기록하고 있다.

　"공자는 어렸을 때부터 놀 때에는 항상 예기(禮器)를 진열하고
놀아 그 예에 바른 태도는 선천적인 듯 보였다."

　사마천의 표현처럼 예에 바른 태도는 선천적인 듯 보였던 공자.
그러므로 공자가 노자에게 예에 관해 묻기 위해 먼 길을 떠난 것은
지극히 당연한 일로 보여진다.

그러나 공자가 평소에 존경하던 노자를 만나기 위해 여행을 떠났던 것은 다만 예에 관해 가르침을 얻기 위함이 아니라 또한 그 무렵 공자가 처한 난처한 입장 때문이기도 하였다.

제나라에 망명해 있던 소공이 7년 만에 객사하고, 그 뒤를 이어 정공이 왕위에 올랐으나 노나라는 그 전보다 더 큰 혼란에 빠져 있었다. 공자의 명성은 더욱 커져서 먼 곳에서까지 제자들이 몰려들어 유가는 번창일로에 있었지만 나라는 극도의 혼란에 빠져 난세 중의 난세였다. 노나라의 정치는 계손씨에 의해 좌지우지되고 있었으나 뜻밖에 계손씨는 신세력으로 대두된 양호(陽虎)에 의해서 견제되고 있었다.

원래 양호는 계씨의 가신이었지만 우두머리였던 계편자가 죽고 그 뒤를 이어 계환자가 권력을 잡자 평소에 양호를 미워하던 계환자는 양호를 체포하려 하였다. 다급해진 양호는 오히려 반란을 일으켜 계환자를 잡아 가두었다. 뒤에 양호는 계환자의 맹약을 받고 풀어주었으나 천하의 권세는 이미 가신에 불과하였던 양호에게 넘어가게 되었고 양호는 계씨 등 삼환씨를 더욱 업신여기게 되었던 것이다.

이 무렵 공자는 대단한 명성을 얻고 있었으므로 양호는 공자를 자기편으로 끌어들이려고 애를 쓰고 있었다. 왜냐하면 공자를 자기편으로 끌어들일 수만 있다면 천하의 민심을 자기편으로 돌릴 수 있었기 때문이었다.

그러나 공자는 양호에 대해서 좋지 않은 감정을 갖고 있었다. 그것은 일시적인 것이 아니라 오래된 숙원이었다.

공자의 나이 17세 때의 일이었다. 30여 년 전 공자는 양호로부터 씻을 수 없는 모욕을 받았던 것이다. 물론 양호는 이러한 사실을 까마득히 모르고 있었으나 공자는 영원히 이 수치를 잊을 수 없었다. 그런 의미에서 양호는 평생 누구를 원망하지 않던 공자가 적대시하였던 단 하나의 인물이었는지도 모른다.

공자가 양호를 처음으로 만난 것은 공자의 나이 17세 때의 일로 그 무렵 공자는 어머니가 죽자 아버지의 묘소에 합장한 직후였다. 사마천은 두 사람의 악연을 기록하고 있다.

공자가 상복을 입고 갈대를 띠고 있을 때 노나라의 대부인 계씨가 선비들에게 잔치를 베풀었다. 그때 공자도 초대되어 참석했는데, 계씨의 가신인 양호가 그런 차림의 공자를 보고 잔치에 들어오지 못하도록 물리치며 말하였다.

"주인님은 선비들에게 잔치를 베풀고 계신다. 그런데 고집스럽게도 그런 차림으로 예를 지키려는 그대는 초청될 수 없다."

공자는 문전박대를 당한 뒤 돌아나오고 말았다.

이 기록을 통해 알 수 있듯이 평소에 상례를 중시하였던 공자는 어머니를 장사지낸 후 상복을 입고 잔치에 참석한 듯 보인다. 그러나 이러한 옷차림을 양호는 심히 못마땅하게 생각하여 잔치에 들어오지 못하도록 쫓아내어 문전박대를 하였던 것이다.

그것이 30여 년 전. 그러나 역 쿠데타로 정권을 장악하는 데 성공한 양호는 이를 까마득히 잊어버린 채 큰 명성을 얻고 있는 공자를 자기편으로 끌어들이기 위해서 애를 쓰는 것이다. 『논어』 「양화편」
의 첫머리에는 그런 얘기가 실려 있다.

　　양호가 공자를 만나고자 하였으나 공자께서는 만나주지 않으
셨다. 그러자 양호가 공자께 돼지를 선물로 보내왔다. 공자는 양
호가 집에 없을 만한 때를 기다려 사례를 하러 가다가 도중에서
그를 만났다. 양호가 공자에게 말을 하였다.
　　"어서 오십시오. 난 선생과 하고 싶은 이야기가 있습니다."
　　양호는 평소 그토록 만나려고 했으나 쉽게 만나주지 않던 공
자를 보자 반색을 하며 말을 꺼냈다.
　　"나라를 잘 다스릴 보배를 지니고 있으면서 나라를 혼란한 채
로 내버려둔다면 그것을 인(仁)이라고 할 수 있겠습니까."
　　공자는 대답하였다.
　　"할 수 없습니다."
　　양호가 다시 물었다.
　　"일을 하고자 하면서도 번번이 때를 놓치는 것을 지혜롭다 하
시겠습니까.(好從事而亟失時 可謂知乎)"
　　공자는 다시 말하였다.
　　"할 수 없습니다."
　　양호는 웃으며 말하였다.
　　"세월은 흐르고 있고, 시기는 나를 기다려주지 않습니다.(日月
逝矣歲不我與)"

예부터 중국에서는 선물을 받으면 반드시 답례를 하는 것이 예의였다. 만나고자 하여도 만나주지 않는 공자를 억지로라도 만나기 위해서 양호는 먼저 공자에게 돼지를 선물로 보낸 것이었다. 선물을 받고서도 답례를 하지 않는 것은 평소 예를 숭상하고 있는 공자에게는 견딜 수 없는 일이었으므로 하는 수 없이 양호가 집에 없는 틈을 기다려 답례를 하고자 하였으나 도중에 양호와 마주쳐 이런 대화를 나누게 되었던 것이다. 이 대화를 통해 알 수 있듯이 양호는 어떻게든 공자를 정치에 끌어들이려 하고 있으며, 공자는 이를 사양하고 있었던 것이다. 그렇지 않아도 계씨를 비롯한 삼환씨의 대부들이 벌이는 전횡조차 부도덕하다고 생각하고 있던 공자였으므로 하물며 가신에 불가한 양호가 방자하게 권력을 휘두르는 꼬락서니는 도저히 용서할 수 없었을 것이다. 이에 공자는 집요한 양호의 질문에 다음과 같이 대답함으로써 말꼬리를 잡히지 않고 교묘하게 피했다고 『사기』는 기록하고 있다.

공자께서 말씀하셨다.
"좋습니다. 장차 나도 벼슬을 하겠습니다."

지금 당장은 아니지만 '장차 나도 벼슬을 하겠습니다' 라고 양호의 예공을 슬쩍 피해버린 공자는 그 순간 아마도 노자를 만나기 위해서 주나라로 여행을 떠날 것을 결심했을지도 모른다.

극도로 혼란한 노나라에 머물러 있다가는 자칫하면 정치에 말려들어 근묵자흑(近墨者黑), 즉 '먹을 가까이하면 검어진다' 는 말처럼 나쁜 권력에 자신도 모르게 물들거나 이용당할 것을 염려하여 '벼슬을 하긴 하겠지만 미래에 그러하겠습니다' 라는 애매한 답변으로 얼버무린 뒤 그는 결심을 굳혔을 것이다.

실제로 양호뿐 아니라 그의 정적인 계환자도 천종의 곡식을 공자에게 선물로 보내왔다고 『공자가어』가 전하고 있는 것을 보면 이 무렵 노나라에서는 공자를 자기편으로 끌어들이는 데 총력을 기울이고 있었던 것으로 보인다.

그런 의미에서 노자를 만나기 위해서 떠난 공자의 여행은 다목적 여행인 셈이었다.

오늘날 산동성 가상현(嘉祥縣)에는 화상석(畵像石)으로 유명한 무씨(武氏)사당이 있다. 화상석은 분묘나 사당의 평평한 내벽이나 석주, 석관의 표면에 새겨진 장식 화상으로 표현방식은 음각에 의한 선묘(線描)를 기본으로 부조적(浮彫的)인 것도 있는데, 그려진 것은 인물, 신화, 풍속 등 다채로우며 미술적으로 뛰어날 뿐 아니라 당시의 문화를 알 수 있는 귀중한 재료로 세계적인 문화유산인 것이다.

이 화상석들은 대부분 돌로 만든 분묘나 석조물들이 급격하게 발달한 후한시대에 새겨진 것으로 지금으로부터 2천여 년 전의 작품들이다.

청나라 건융(乾隆)연간에 프랑스 고고학자에 의해서 발굴된 무량 석실은 각 지역에 흩어져 있는 화상석들을 끌어모아 수천 점 소장하고 있는 것으로 유명하다. 특히 후석실의 3석에 4층으로 된 그림은 단군신화의 내용과 유사점을 갖고 있다 하여서 우리나라 학자들도 비상한 관심을 모으고 있는 유적지이기도 한 것이다.

또한 이 사당에는 전국시대 때의 고사들이 간단한 명문과 함께 생생하게 새겨져 있다. 노자와 공자가 극적으로 만나는 장면을 새긴 화상석이 수십 점이나 전시되고 있다. 그만큼 2천 년 전에 벌써 노자와 공자와의 만남을 역사적으로 가장 신비한 사건으로 보고 있는 중국인들의 생각을 엿볼 수 있는 것이다.

이 화상석에는 노자를 만나고 있는 공자가 한결같이 품속에서 새를 꺼내는 장면이 묘사되고 있다.

이 새는 비둘기(鳩)로 공자가 노자를 예방할 때 비둘기를 선물로 준비하였던 것은 그 무렵 현명한 노인이나 스승을 만날 때면 으레 비둘기를 예물로 바치는 습속이 있었기 때문이다.

예부터 구장(鳩杖)이라 하면 비둘기 형상을 머리에 새긴 노인의 지팡이로, 나라에서 공로 있는 늙은 신하에게 하사하던 상서로운 물건이었으며, 또한 머리에 비둘기 형상을 새긴 노인들이 쓰는 젓가락을 가리키는 것으로 비둘기는 모이를 먹을 때 목이 메지 않는 데서 노인도 목이 메지 않기를 기원하는 마음을 나타내고 있었던 것이다.

이 무렵 비둘기는 마음속으로 존경하는 노인에게 바치는 최고의 선물이었다.

그러므로 공자가 노나라를 떠날 때부터 한 쌍의 비둘기를 예물로 준비하고 남궁경숙과 더불어 임금이 내린 수레를 타고 노자를 만나기 위해서 수만 리의 먼 길을 여행하였던 것은 이렇듯 노자에 대해 최고의 경의를 표하고 있음을 나타내 보이기 위함이었을 것이다.

노나라를 출발한 공자는 송나라를 지나 위나라의 국경을 거쳐 조나라를 통과하였다. 주로 제수(齊水)를 따라서 주나라로 가는 지름길을 택한 여정은 다시 정나라를 지나 진나라를 거친 후 마침내 최종 목적지인 주나라의 낙읍에 도착하게 된다. 이와 같은 수만 리의 여정을 공자가 얼마 만에 도착하였는가는 알려진 바 없다.

그러나 이러한 제후국들의 국경을 통과하는 동안 공자는 질병과 여독에 시달리는 한편 강대국들의 위협에, 때로는 생명의 위기까지 느꼈을 것이다.

그러나 이러한 험난한 여정이 그로부터 10년 뒤 공자의 나이 55세 때 단행한 주유열국의 전초인 셈이었으니, 공자에게는 일종의 사전답사 여행이기도 한 것이었다. 낯선 제후국들의 풍습과 풍물을 미리 견학할 수 있었으며, 여러 제후국들의 정보도 사전에 수집할 수 있었을 것이다.

그렇다면 공자가 그토록 만나고 싶어하였던 노자는 도대체 어떤 인물인가. 노자에 대한 기록 중 가장 정통한 것은 사마천의 『사기』이다. 사마천은 열전 중에 노자를 포함시켜 사초를 기록하면서 그 이유를 서문에서 설명하고 있다.

노자는 인위적인 조작을 하지 않고도 사람들을 자연적으로 감화시켜 태연하면서도 올바른 행동을 하게 하였다. 그래서 노자 열전을 저술한다.

중국역사상 가장 수수께끼의 인물인 노자에 대한 사마천의 기록

역시 짧막하다. 사마천은 노자의 신분을 다음과 같이 말하고 있을 뿐이다.

노자의 성은 이(李)씨이고, 이름은 이(耳)다. 초나라 고현(苦縣)의 여향 곡인리(厲鄕曲仁里) 사람으로 자는 백양(伯陽), 시호는 담(聃)이라 하였다. 그는 주나라 수장실(守藏室)의 사(史)였다.

노자의 성이 이씨이고, 이름 역시 이였으므로 원래 이름은 이이였을 것이다. 따라서 노자라는 공식적인 이름은 후세에 생겨났음에 틀림이 없다. 노자의 사상이 무위(無爲), 무아(無我), 무명(無名)을 숭상했음을 생각할 때 노자라는 이름은 그의 사상에서 비롯된 가명(假名)이었을 것이다. 노자를 연구하였던 유명한 미국의 블랙니는 노자의 이름에 대해서 다음과 같이 말하였다.

아마도 '노자'란 본시 가명이었을 것이다. '노'란 성이 아니고 다만 형용사로서 '늙은'의 뜻인 것이다. 왜냐하면 그 당시 저술의 습관에 의하면 『도덕경』의 저자는 반드시 고인(古人)일 것이라고 추정되었을 뿐 아니라 또한 그 책을 쓸 적에는 반드시 노인이었으리라 생각되었을 것이다.

이러한 주장은 고증학적인 근거는 없지만 역사적 상식으로 볼 때는 가장 그럴듯하다. '노자'란 요즘 사람들이 사용하는 '노선생'이

란 말과 같으며, 송(宋)대 사람들이 소동파(蘇東坡)를 '노파(老坡)'
라고 부른 예와 같다고 생각되기 때문이다.

노자에 대해서는 진(晉)대에 갈홍(葛洪)이 지은 「신선전(神仙傳)」에도 나온다.

노자는 이름이 중이(重耳)이고, 자는 백양(伯陽)이며, 초나라
고현 곡인리 사람이다. 그의 어머니는 대류성(大流星)의 느낌을
받고 임신을 했다고 한다. 비록 천연(天然)의 기운을 받아 임신
을 했지만 이씨 집안에서 일어났기 때문에 그대로 이씨 성을 따
랐다고 한다. 또 어떤 이는 말하기를 노자는 하늘과 땅보다도 앞
서 출생했다고도 하고, 또 어떤 이는 하늘의 정백(精魄)으로서
신령(神靈)에 속하는 사람이라고 하기도 한다. 또 어떤 이는 노
자의 어머니가 임신한 지 72년 만에 출생을 했는데, 탄생할 적에
어머니 왼편 겨드랑이를 째고 나왔고, 나면서부터 머리가 희었
기 때문에 그를 노자라고 부르게 되었다고 한다.

또 어떤 이는 그의 어머니는 남편이 없었기 때문에 노자는 어
머니 집안의 성을 그대로 따랐다고 한다. 또 어떤 이는 노자의
어머니가 마침 오얏나무 밑을 지나다가 노자를 낳았는데, 나면
서부터 말을 할 줄 알았고, 그 오얏나무를 가리키며 이 나무로
나의 성을 삼겠노라고 말을 했다고 한다. 또한 노자는 상삼황(上
三皇) 시대에는 현중법사(玄中法師)였고, 하삼황(下三皇) 시대
에는 금궐제군(金闕帝君)이었고……

갈홍은 또한 노자의 생김새에 대해서 다음과 같이 묘사하고 있다.

노자는 신장이 9척이었고, 누런 얼굴에 새까만 입, 높은 코와 긴 눈썹을 갖고 있었다. 눈썹 길이는 5치였고, 귀의 길이는 7치였다. 이마에는 3가지의 무늬가 있었는데, 위아래로 연결되어 있었으며, 발에는 팔괘(八卦)가 새겨져 있었고, 신귀(神龜)를 걸상으로 삼았다. 금과 옥으로 된 집에 백은으로 섬돌을 만들고 살았으며, 오색의 구름으로 옷을 삼고, 중첩(重疊)의 관을 쓰고, 봉연(鋒鋋)의 칼을 찼다. 황동(黃童) 120명을 거느리고, 왼편에는 12마리의 청룡, 오른쪽에는 26마리의 백호, 앞에는 24마리의 주작, 뒤에는 72마리의 현무를 거느리고 있었으며, 앞에서는 열두 궁기(窮奇)가 길을 인도하였고, 뒤에는 36피사가 시종하였다. 위에서는 우레와 번개가 번쩍번쩍하였다.

노자의 탄생과 모습을 사마천의 『사기』와 달리 이처럼 신비롭게 표현하고 있는 것은 전국시대 때부터 유행된 신선사상과 무관하지 않다. 진(秦), 한(漢)대에는 스스로 불로장생술을 익혔다고 내세우는 방사(方士)들이 수없이 나온다. 이들은 대부분 자신들의 사상적 근거를 노자에 두었으므로 후세로 갈수록 노자의 생애에는 신비로운 여러 가지 전설들이 가해지기 시작했던 것이다. 이러한 경향은 후한의 장릉(張陵)이란 사람에 의해서 도교가 창시되고, 노자를 도교의 종주로, 『도덕경』을 그들의 기본경전으로 삼아 신도들에게 이를 외우도록 한 이래 더욱 심화되었던 것이다.

실제로 노자를 만난 공자는 제자들이 노자가 어떤 사람이냐고 묻자 이렇게 대답하였다고 『사기』는 전하고 있다.

　다만 이렇다. 내가 만나 뵌 노자는 마치 용(龍)과 같은 분이셨다.

용.

머리에 뿔이 있고, 몸통은 뱀과 같으며, 비늘이 있고, 날카로운 발톱이 있는 네 다리를 가진 동물로 춘분에는 하늘로 올라가고 추분에는 연못에 잠긴다고 여겨지는 중국인들이 상상해서 만든 영수(靈獸). 이 세상에 존재하지도 않으면서 흔히 천자와 제왕의 권위를 나타내는 신령한 상징으로 현존되어 왔던 전설상의 동물. 공자는 노자를 용이라는 이미지로 표현함으로써 노자를 '용이 되어 바람과 구름을 타고 하늘로 올라가버리면 나로서도 그의 행적을 알 길이 없다'고 고백한다.

노자의 사상을 계승한 장자는 공자의 말을 들은 제자 자공(子貢)이 노자를 찾아 뵙고, 가르침을 청했다고 하는데, 이 역시 진위를 알 수 없는 허구인지도 모른다.

사마천도 『사기』에서 노자의 존재 자체를 진위조차 알 수 없는 신비한 인물이라고 생각하여 이렇게 기록하고 있을 정도이다.

　노자는 오직 숨어 살았던 군자이기 때문에 그 진위는 추측하는 자의 입장에 따라 달라지고 있다.

한술 더 떠서 냉정한 사가였던 사마천도 노자에 대해서만큼은 이렇게 신비감을 더하고 있다.

노자는 160세, 혹은 2백 세를 살았다는 설이 있다. 노자는 무위의 도를 몸에 지녔기 때문에 장수했던 것은 지극히 당연한 일이었을 것이다.

노자와 공자는 중국의 사상을 양분하는 양대 산맥이었으면서도 그 성격은 전혀 다르다. 공자를 중심으로 하는 유가사상이 현실적이라면, 노자의 도가사상은 초현실적이다. 공자는 우리가 살고 있는 현실 사회를 인(仁), 의(義), 예(禮), 지(智)와 같은 훌륭한 덕과 올바른 예의제도로써 다스려보려고 애를 쓰는 데 비하여 노자는 어차피 사람은 그 어떤 제도로 교화되거나 변화될 수 없는 불완전한 존재이므로 현실 차원을 넘어선 도(道)라는 절대적인 원리를 추구하면서 현실 사회가 어지러운 것은 사람들이 불완전한 자기의 이성을 바탕으로 하여 그릇된 자기 중심의 이기주의적인 판단 아래 행동하기 때문이라 생각하였다. 곧 노자의 사상은 사람의 이성적 한계에 대한 각성에서부터 출발하고 있는 것이다.

보통 사람들이 올바르다, 훌륭하다고 믿는 것은 모두 절대적으로 올바르거나 훌륭한 것이 못 된다. 올바른 것은 그릇된 것이 전제가 되어야만 하고, 훌륭한 것은 나쁜 것이 전제가 되어야만 가능한 것이다. 사람들의 모든 가치, 즉 높다, 낮다, 길다, 짧다, 아름답다, 추하다, 행복하다, 불행하다는 모든 판단이 그러한 것이다. 그런데도 사람들은 이러한 상대적이고 일시적인 가치를 추구하기 때문에 개인적으로는 불행에 빠지게 되고, 사회적으로는 혼란과 분쟁이 일게 된다는 것이다.

따라서 노자는 절대적인 원리로서의 도의 추구, 인간 이성의 한계성에 따른 각성에서부터 이른바 무(無)의 사상과 자연의 사상을 발전시킨다. '무'란 도의 본원적 상태이며, 그것을 다시 인간에의 성품에 있어 무위(無爲), 무지(無知), 무욕(無慾), 무아(無我) 등의 개념으로 발전시킨다.

결국 노자는 사람들의 인위적이고 의식적인 모든 것을 부정하는 것이다. 그리고 사람들이 인위적이고, 의식적인 모든 것으로부터 완전히 벗어난 상태가 곧 '자연'인 것이다. '자연'이란 '스스로 그러한 것'이며, '저절로 그러한 것'을 의미한다.

이것은 사람들을 불행케 하는 모든 가치판단이나 사회적인 구속으로부터 완전히 해방된 상태를 뜻한다. 그것은 자연의 한 구성 요소로서 인간 본연의 회복이며, 인간이 타고난 모든 구속으로부터의 완전한 해방, 곧 절대적인 자유의 추구인 것이다.

따라서 현실적인 유가사상은 필연적으로 사회 참여를 통하여 지상에서의 유토피아를 꿈꾸는 군자를 목표로 하고 있지만, 초현실적인 도가사상은 필연적으로 자연 상태 속의 은둔생활을 통하여 신선이 되기를 목표로 하고 있는 것이다. 그러므로 유가사상은 도가사상을 '현실도피'라고 비난하고 있으며, 도가사상은 유가사상을 '지나친 세속주의'라고 비판하는 것이다.

공자는 시대의 혼란을 바로잡기 위해서 주나라 초기의 봉건제도를 부활시키려고 애썼으나, 노자는 그 시대의 혼란은 사람들이 인위적으로 제정한 제도에서 비롯된 것이라고 단정하고 주나라 초기의 봉건제도는 물론 모든 인위적인 제도를 부정하는 것이다.

사마천도 『사기』에서 유가와 도가사상의 차이점에 대해 말하고 있다.

세상에서는 노자의 학문을 하는 자는 유학을 배척한다. 유학자들 역시 노자를 이런 식으로 배척한다.

"길이 같지 않으면 서로 일을 꾀할 수 없다."

사마천의 기록처럼 공자의 유가와 노자의 도가는 두 갈래의 '같지 않은 길'인 것이다.

'노자의 학문을 하는 자는 유학을 배척한다'라는 사마천의 기록 역시 『논어』에 자주 등장하는 중요한 화두 중의 하나이다.

훗날 공자는 초나라의 작은 속국 중의 하나였던 섭을 방문했을 때 길가에서 장저(長沮)와 걸닉(桀溺)이란 수수께끼의 인물을 만난다. 『논어』「미자편」에 기록된 이 장면을 통해 당시 공자가 노자의 도가사상을 따르던 사람들로부터 어떤 대접을 받았는가를 미뤄 짐작케 하고 있다.

어느 날 장저와 걸닉이란 두 사람이 나란히 밭을 갈고 있었다. 공자는 그들 곁을 지나다가 자로(子路)를 시켜 그들에게 나루터가 있는 곳을 물어보게 하였다. 자로가 가까이 가니, 장저가 먼저 물었다.

"저 수레에 고삐를 잡고 있는 사람이 누구요?"

자로가 대답하였다.

"공구라는 분입니다."

"노나라의 공구란 말이오?"

"그렇습니다."

"그는 나루터가 있는 곳을 알고 있소?"

이번에 걸닉에게 물으니 걸닉이 말하였다.

"당신은 누구시오."

"중유(仲由)라는 사람입니다."

"그럼 당신은 노나라 공구의 제자로군요."

"그렇습니다."

자로가 대답하자 걸닉이 웃으며 말하였다.

"지금 세상은 온통 물이 도도히 흐르는 것과 같은데 그 누가 강물의 방향을 바꿀 수가 있겠소. 또한 당신도 사람을 피해 다니는 사람(공자)을 따르기보다는 차라리 세상을 피해 사는 선비를 따르는 게 어떻겠소."

그러면서도 그들은 밭갈이를 멈추지 않았다.

이 일화를 통해 알 수 있듯이 공자는 자신의 정치이상을 현실정치에 접목시키기 위해 많은 제후국들을 주유하였으나 결국 벽에 부딪쳐 사람들을 피해 도망쳐 다니고 있었다. 그러나 장저와 걸닉은 아예 세상을 피해 밭갈이의 은둔생활을 하는 노자의 제자로 '도도

히 흐르는 강물과 같은 세상의 물줄기를 바꾸려는 공자'를 비웃-
있는 것이다. 그들의 눈으로 보면 나루터도 모르는 공자가 어떻게
강물의 방향을 바꾸려고 하는지 이해가 가지 않았던 것이다. 그러
나 이 말을 전해들은 공자는 언짢은 표정으로 다음과 같이 말하였
다고 『논어』는 기록하고 있다.

"새나 짐승과 같이 어울려 살 수는 없는 일이다. 내 천하의 사
람들과 어울려 살지 않고, 그 누구와 더불어 살겠는가. 천하에
도가 있다면 나는 그것을 개혁하려 들지는 않았을 것이다.(鳥獸
不可與同群 吾非斯人之徒與 而誰與 天下有道 丘不與易也)"

좀처럼 감정을 드러내지 않던 공자가 언짢은 표정(憮然)으로 새
나 짐승과 어울려 사는 은둔생활보다 사람과 더불어 살며, 사회의
제도를 개혁하려고 애쓰는 자신의 사상에 대해 처연한 변명을 하고
있는 모습을 보면 오히려 인간미 넘치는 공자의 참모습을 엿보게
하는 것이다.

이러한 공자에 대한 불만이 또다시 계속되는데 그곳에서부터 멀지
않은 곳에서 자로가 숨어사는 노인을 만나는 장면이 바로 그것이다.

자로가 공자를 수행하다 뒤처져 있을 때 막대기에 대바구니를
매달아 걸머지고 걸어가는 노인을 만났다. 자로가 노인에게 물
었다.
"노인께서 저희 선생님을 못 보셨습니까."

노인이 말하였다.

"사지를 움직이지 않고 오곡도 분별하지 못하는데 누가 선생이란 말이오."

그리고 노인은 지팡이를 땅에 꽂아놓고 밭의 풀을 뽑았다. 자로는 손을 모아잡고 공손히 서 있었다. 노인은 자로를 집으로 데리고 가서 머물게 하고는 닭을 잡고 기장밥을 지어 대접하고, 또 자기의 두 아들을 만나게 해주었다. 다음날 자로가 공자를 만나서 모든 사연을 이르자 공자는 '숨어사는 사람이다'라고 말씀하시고는 자로로 하여금 되돌아가 노인을 찾아보도록 하였다. 그러나 자로가 가보니 노인은 이미 어디론가 사라져버리고 없었다.

여기에서도 숨어사는 사람으로 표현된 노인은 도가사상을 따르는 은자(隱者)임이 분명하다. 그의 눈으로 보면 밭갈이와 같은 노동도 하지 않고, 오곡도 분별하지 못하는 공자가 무슨 스승이 될 수 있겠느냐고 신랄하게 비웃고 있는 것이다.

은둔자로서 어떻게든 어지러운 세상을 바로잡아보려고 애쓰는 공자를 이처럼 냉소적으로 비웃는 최고의 장면은 초나라의 미치광이 접여가 보인 행동이다. 이 역시 『논어』의 「미자편」에 나온다.

어느 날 초나라의 미치광이 접여가 이런 노래를 부르면서 공자의 곁을 지나갔다.

봉새야, 봉새야

어찌하여 덕이 쇠하였던가
지난 일을 탓해도 소용없지만
앞일은 바로잡을 수 있는 것
아서라, 아서라
지금 정치를 한다는 것은 위태로운 짓이니라.
鳳兮鳳兮
何德之衰
往者不可諫
來者猶可追
已而已而
今之從政者殆而

공자가 수레에서 내려 그와 얘기를 나누려고 하였으나 접여는 피해 달아나버려서 같이 얘기를 나눌 수가 없었다.

이 장면을 통해 알 수 있듯이 미치광이 접여는 실제로 미친 사람이 아니라 미친 척하며 세상을 피해 사는 거짓 광인인 것이다. 그의 눈으로 보면 '세상을 바로잡으려고 정치에 뛰어든 공자'의 행동은 위태로우며 미친 짓이었던 것이다. 이와 같은 세 가지의 장면을 통해 알 수 있듯이 세상을 피해 사는 은둔자, 즉 노자의 도가사상을 따르는 사람들의 눈으로 보면, 공자의 태도는 어리석은 미친 짓으로 사마천의 기록처럼 '같지 않은 두 가지의 길'인 것이다.

그런데 여기서 주목할 것은 공자를 비웃은 네 사람, 즉 장저와 걸닉, 노인과 미치광이 접여 등 모든 사람이 바로 초나라 사람이란 점이다. 초나라는 바로 노자가 태어난 곳이었던 것이다.

노자의 도가사상이 탄생될 수 있었던 것은 이처럼 초나라의 지리적 위치와 무관하지 않은 것이다. 도가사상은 유가사상과 함께 중국사상의 표리를 이루고 있으며, 유가사상이 중국 북방(황하유역)의 기질을 대표한 사상이라면 도가사상은 중국의 남방(장강유역)의 기질을 대표한 사상이라고 분석하고 있다. 그것은 공자가 중국의 북방인 노나라 출신이고, 노자는 남방의 초나라, 즉 지금의 하남성 출신이라는 이유에서뿐 아니라 이들은 각각 중국 북방과 남방의 성격을 잘 드러내고 있기 때문인 것이다.

중국에 있어서 북방과 남방의 차이는 기후와 자연에 있어서 뿐 아니라 사람의 기질이나 학술, 문화 전반에 걸쳐 두드러진 성격상의 대조를 이루고 있다. 북방은 날씨가 차갑고, 자연조건이 거칠고 메말라 사람들은 생존을 위해 끊임없이 자기 주위의 조건들과 투쟁을 계속하지 않으면 안 된다.

그러나 남방은 날씨가 온화하고, 생물이 잘 자라고, 농산물이 풍부하여 사람들은 별 걱정 없이 풍족한 생활을 영위해 나갈 수 있는 것이다. 그 때문에 북방 사람들은 투쟁적이며, 현실적인 데 반하여 남방 사람들은 부드럽고 평화로우며 낭만적이다. 이러한 대조적인 지리적 특색은 그처럼 대조적인 문화와 사상을 낳게 되는 것이다.

실제로 공자도 남방의 너그러움과 부드러움에 대해서 말한 적이 있다.

공자의 제자 중 가장 성격이 급하고, 공격적이었던 자로가 공자에게 '강함이란 어떤 것입니까' 하고 질문하자 공자는 다음과 같이 대답하였다고 『중용』은 기록하고 있다.

네가 묻는 강함은 남방의 강함인가, 아니면 북방의 강함인가. 그렇지 않으면 네가 가진 너의 강함인가. 너그러움과 부드러움으로써 가르치고 무도함에 대해서도 보복하지 않는 것은 남방의 강함인데, 군자들은 그렇게 처신하는 법이다. 또한 북방의 강함이란 무기와 갑옷을 깔고 죽게 되는 한이 있더라도 후회하지 않는 것인데 강자들이 그렇게 처신하는 법이다.

공자의 이 말을 통해 알 수 있듯이 남방과 북방의 기질은, 공자가 생존해 있는 당시에도 또렷이 구별되어지던 독특한 형질이었던 것이다. 남방은 부드럽고, 너그러움을 장점으로 강조하고 있으며, 북방은 지리적인 여건으로 전쟁을 하고, 비록 무기와 갑옷을 깔고 죽게 되는 한이 있더라도 그것이 진정한 용기라고 표현하고 있는 것이다.

이처럼 공자를 비웃는 노자의 제자들인 은둔자들이 공자의 언행록인 『논어』에 3번이나 등장하고 있는 것에 반하여 노자의 사상을 이어받은 『장자(莊子)』에는 노골적인 공자에 대한 비난이 수십 차례나 등장하고 있다.

물론 노자의 유일한 경서인 『도덕경』에는 공자에 대한 비난이 한번도 등장하지 않고 있다. 그러나 노자의 사상을 계승한 『장자』에는 공자의 어리석음을 조롱하는 내용이 전편을 가득 채우고 있는 것이다.

　무릇 성인들의 종교나 철학을 전파하는 데에는 탁월한 제자가 필연적으로 요구된다. 만약 플라톤이 없었더라면 소크라테스는 존재할 수 없었을 것이고, 아난이 없었더라면 부처의 경전은 이루어지지 못하였을 것이며, 최고의 지성인이었던 바오로가 없었더라면 기독교는 세계적인 종교로 확산되지 못하였을 것이다. 마찬가지로 맹자(孟子)가 없었더라면 공자의 사상은 맥이 끊겼을지도 모르며, 장자가 없었더라면 노자는 다만 수수께끼의 인물로 사라져버렸을지도 모른다. 따라서 중국에서는 유가사상을 공자와 맹자의 이름을 합해서 '공맹사상(孔孟思想)'이라 부르고 있으며, 도가사상은 노자와 장자의 이름을 붙여 '노장사상(老莊思想)'이라고 부르고 있는 것이다.

　'세상에서는 노자의 학문을 하는 자는 유학을 배척한다'는 『사기』의 기록처럼, 장자는 특히 공자와 공자의 제자들을 배척하는 데 앞장선 사람이었다.

　사마천도 장자를 「노자열전」에 함께 묶어 설명하고 있다. 수수께끼의 인물이었던 장자에 대한 기록 역시 짤막하며 그 전문의 내용은 다음과 같다.

　　장자는 몽(蒙)사람이며, 이름은 주(周)다. 일찍이 칠원성(漆園城)의 관리가 되었다. 양의 혜왕(惠王)이나 제의 선왕(宣王) 시대 사람이다. 좌충우돌하는 그의 학문은 나름대로 무척 박학다식하나 결국 그 요점은 노자의 학술로 귀착된다. 그래서 10만여

자의 그의 노작은 노자의 가르침에다 자신의 설명을 덧입힌 우화(寓話)로 일관하고 있다. '외루허(畏累虛)'라는 산(山) 이름, '항상자(亢桑子)'라는 인명 등에 관한 이야기는 모두 가공적인 것이나 문장을 잘 엮어 세상 인정을 교묘히 이용해 유가나 묵가(墨家)를 절묘하게 공격했으므로 당대의 어떤 대학자라 하더라도 그의 비판을 벗어날 길이 없었다. 그의 언사는 너무나 방대했고, 자유분방했으며, 아무한테도 구애받지 않았다. 그렇기 때문에 왕공이나 대인들로부터 미움을 받았다.

초의 위왕(威王, BC 339~325 재위)이 장주가 현인이라는 소문을 듣고 사자에게 후한 선물을 들려 장주에게 보냈다.

"주군께서 선생님을 재상으로 모시고자 합니다. 저희와 함께 가시지요."

이 말을 들은 장주가 웃으며 말했다.

"천금이라면 막대한 금액인데다가 재상 또한 존귀한 지위가 아닌가."

"그렇습니다. 그러니 마다하시지는 않겠지요."

그러자 장주가 말했다.

"자네, 교제(郊祭, 교외에서 지내는 천제)에서 희생되는 소를 본 적이 있는가?"

"본 적이 있습니다."

"그 소를 어떻게 기르던가."

"몇 년 동안 잘 먹이고, 수놓은 옷을 입혀서 호화롭게 사육하지요."

"아무리 그렇지만 끝내는 태묘(太廟)로 끌려들어가 죽게 되지."

사자는 말문이 막혔다.

"그 때를 당해 죽기 싫다며 갑자기 돼지새끼가 되겠노라 아우성을 친다 해서 소가 돼지로 변하던가. 어서 그냥 돌아가게. 나를 더 욕되게 하지 말고."

"하지만."

사자가 말을 덧붙이려 하자 장자가 말을 맺었다.

"차라리 나는 더러운 시궁창에서 유유하게 놀고 싶다네. 왕에게 얽매인 존재는 되기 싫으이. 못 알아듣겠나. 죽을 때까지 벼슬 같은 것은 하지 않고 마음대로 즐기며 살고 싶단 말일세."

자신의 말처럼 왕과 같은 권력자에게 얽매이지 않고 더러운 시궁창에서 돼지처럼 유유히 놀다가 죽은 장주. 그러한 장주의 눈으로 보면 현실에 지나친 관심을 보이는 공자와 그의 제자들은 어리석은 무리였던 것이다.

장주가 도가사상의 본질을 깨달은 것은 어느 날 낮잠을 자면서 꿈을 꾼 데서 비롯된다. 『장자』의 내용 중 가장 유명한 그 꿈에 대한 일화는 다음과 같다.

예전에 나는 나비가 된 꿈을 꾼 적이 있었다. 그때 나는 기꺼이 날아다니는 한 마리의 나비였다. 아주 즐거울 뿐 마음에 안 맞는 것은 조금도 없었다. 그리고 자기가 장주라는 사실도 자각하지 못했다. 그러나 갑자기 잠에서 깨어난 순간 나는 분명히 장주가 되어 있었다. 그렇다면 대체 장주가 나비 꿈을 꾸었던 것일까, 아니면 나비가 장주된 꿈을 꾸고 있는 것일까. 장주와 나비는 확실히 별개의 것이다. 그럼에도 불구하고 그 구별이 애매함은 무엇 때문인가. 이것이 사물의 변화인 까닭이다.

장주가 나비 꿈을 통해서 깨달음을 얻었다 하여서 이를 호접몽(胡蝶夢)이라 하는데, 이는 자신과 나비가 확실히 별개이긴 하지만 둘이 아닌 하나의 물아일체(物我一體)의 심경임을 체득했기 때문이다. 장주의 눈으로 보면 자신과 나비는 결국 하나이며, 또한 생과 죽음도 둘이 아닌 하나인 것이다. 즉 우리가 사는 이 세상은 '둘이 없는 집(無二堂)'인 것이다. 그러나 현실주의의 바탕에서 인간이 만물의 영장이라고 생각한 공자는 다른 성인들과는 달리 일체 죽음에 대해서 언급하지 않고 다만 현실적인 문제만을 거론하고 있었다. 이런 공자의 태도는 장주의 눈으로 보면 어리석은 집착이었던 것이다. 따라서 공자의 어리석음을 조롱하는 우화들이 수십 편이나 『장자』에 기록되어 있다.

이러한 장주의 태도는 『사기』에도 기록되어 있다.

장주는 어부(漁父), 도척(盜跖), 거협(胠篋) 등의 글을 지어 공자의 무리들을 비판하면서 노자의 가르침을 받은 사람이다.

실제로 장주는 「내편(內篇)」 「외편(外篇)」 「잡편(雜篇)」 등 세 부로 나눈 광대한 저서를 모두 서른세 편의 항목으로 세분화시키고 있는데, 그곳에는 공자를 조롱하는 우화들이 곳곳에 나오고 있지만 그 중 공자를 조롱하는 클라이맥스는 사마천의 기록처럼 '도척'에 나오는 내용들이다.

도척은 중국 역사상 가장 잔인하였던 대도(大盜)였다. 장주는 공자가 이 도둑에게 망신당하고 오히려 가르침을 받고 도망쳐 나오는 장면을 풍자적으로 묘사하고 있는데, 공자에 대한 공개적인 망신이어서 특히 유명하다. 도척의 이야기 중 가장 긴 일화지만 장자가 공자를 어떻게 풍자하고 있는가를 극적으로 보여주는 장면이라서 이를 전재하면 다음과 같다.

공자는 유하계(柳下季)와 친구 사이였다. 그런데 유하계의 아우는 이름을 도척이라고 하는 유명한 도둑놈이었다. 이 도척은 졸도 구천 명을 이끌고 천하를 횡행해서 제후들까지도 괴롭혔다. 남의 집에 구멍을 뚫고 문을 열어 우마를 끌어가고, 부녀를 납치해가기 일쑤였다. 욕심을 채우기 위해서는 친척도 염두에 없고, 부모와 형제도 돌보지 않았으며, 조상의 제사도 지내는 일이 없었다. 그러므로 그가 한번 지나는 곳에서는 대국이면 성을 지켰고, 소국이면 보(堡) 속에 들어갔고, 백성들은 그 등쌀에 울상이 되었다. 보다 못한 공자가 도척의 형인 유하계에게 말했다.

"무릇 아버지 되는 사람은 반드시 그 아들을 타이를 수 있고, 형 되는 사람은 그 아우를 가르칠 수 있어야만 합니다. 만약 아버지가 아들을 타이르지 못하고, 형이 아우를 가르치지 못하면 부자, 형제의 혈연이 귀할 것이 없을 터입니다. 지금 선생은 일세의 재사로 칭송을 받고 계시면서도 아우는 큰 도둑으로 유명한 척이어서 천하에 해독을 끼치고 있는데도 형으로서 이를 바른 길로 이끌어주지 못하시니, 나는 몰래 선생을 위해 부끄럽게 여기고 있습니다. 나는 선생을 위해 도척을 찾아가 설득해보고자 합니다."

유하계는 당시 노국의 현인으로 성은 전(展)씨고, 이름은 획(獲). 평소에 공자가 존경하였다고 『논어』는 기록하고 있다. 버드나무 밑에서 살았기 때문에 유하(柳下)라고 불렸다. 그런 현인에게 역사상 가장 유명한 도둑인 동생이 있다는 사실은 참으로 아이러니컬한 일일 것이다. 어쨌든 장자에 나오는 일화는 다음과 같이 이어지고 있다.

그러자 유하계가 말했다.

"지금 선생께서는 말씀하셨습니다. 아버지가 된 사람은 그 아들을 타일러야 하고 형이 된 사람은 그 아우를 가르쳐야 한다고. 그것은 어디까지나 옳은 말씀입니다. 그러나 만약에 아들이 아버지의 훈계를 듣지 않고, 아우가 형의 가르침을 받지 않을 적에는 아무리 선생의 웅변을 임한다 해도 이를 어찌할 수 있겠습니까. 거기에다가 척의 사람됨으로 말하자면 마음은 솟아나는 샘처럼 분방하고, 그의 성격은 불어치는 표풍(飄風)같이 사납습니다. 어떤 적이라도 막을 만한 강한 힘과 어떤 잘못이라도 호도(糊塗)할 만한 언변을 지녔으며, 그 뜻에 순종하면 기뻐하고 뜻에 거슬리면 성을 내서 남 욕하기를 밥 먹듯이 하는 터입니다. 그러니 선생께서는 부디 가지 마시기 바랍니다."

그러나 공자는 그 충고를 받아들이지 않았다. 그는 안회로 마차를 몰게 하고, 자공을 왼자리에 앉힌 다음 도척을 찾아 나섰다. 한편 도척은 이때 부하들을 태산 남쪽에서 휴식시켜 놓고 자기는 사람 간을 회로 하여 간식을 먹고 있었다. 그런 판에 찾아온 공자는 마차에서 내리자 앞으로 나아가 접수하는 사람을 보고 말하였다.

"노국의 공구라는 사람이 장군의 높은 의를 사모한 나머지 달려와 삼가 어른께 인사 여쭙니다."

신하가 들어가 그 뜻을 전했더니, 이를 들은 도척은 크게 노해서 눈빛은 명성(明星)과 같고, 머리칼은 치솟아 관을 치밀어 올리는 듯하였다.

"그놈은 노국의 사기꾼 공구임에 틀림없으렷다. 내 말을 이렇게 전하라. 너는 인의가 어떠니 예악이 어떠니 하고 말을 조작하고, 문왕의 도가 이렇고 무왕의 도가 저렇다고 망령된 소리만 지껄이고 다닌다. 머리에는 나뭇가지를 벗겨서 만든 어쭙잖은 관을 쓰고, 허리에는 죽은 소의 옆구리 가죽으로 만든 띠를 두른 꼬락서니라니. 그리고 되지도 않는 소리만 지껄이면서 농사일도 안 하고 밥을 먹고, 길쌈을 안 하면서 옷을 입고 살아가지 않느냐. 그리하여 입술을 놀리고 혓바닥을 움직여서 제멋대로 시비를 가려 천하의 군왕들을 어리둥절하게 하고 있다. 그뿐인가. 천하의 선비들로 하여금 도의 근본으로 돌아가는 대신 효제(孝悌)

따위를 도덕인 양 착각해서 요행히 제후가 되고 부귀를 누렸으면 하는 생각을 품게 만들고 있는 것이다. 너의 죄는 크고 허물은 무겁다. 우물대지 말고 속히 꺼져라! 그렇지 않으면 네 간을 도려내어 점심상 위에 반찬으로 보태도록 하리라. 이와 같은 내 말을 공구에게 전하거라."

신하가 도척의 말을 전하자 공구는 다시 한 번 면회를 청했다.

"나는 장군의 친형이신 유하계 선생과 친근한 사이입니다. 원컨대 진중에서 장군의 신이라도 바라보게 하여 주셨으면 합니다."

신하가 다시 그 뜻을 전하자,

"그러면 데리고 오라"고 도척이 만날 뜻을 보였다.

공자는 추창(趨蹌)하여 나아가 자리를 피하여 물러난 다음 도척에게 2번 절하여 경의를 표했다. 그런데 도척은 크게 노해서 두 다리를 쭉 뻗고 앉아 칼자루에 손을 대고 눈을 부릅떴는데, 그 목소리는 새끼를 자주 낳은 호랑이 같았다.

"구야, 앞으로 나오라. 네 말이 내 뜻에 맞으면 살려주겠거니와 내 마음에 거슬리면 너는 죽는 줄 알렷다."

공자는 이렇게 말했다.

"저는 듣건대 무릇 천하에는 3가지 덕이 있다고 합니다. 타고나기를 몸이 장대하고 아름답기가 비길 데 없어서 노약귀천(老若貴賤) 보는 사람마다 좋아하는 것이 상덕(上德)이요, 지혜는 천지를 포용하고 능력은 만물을 뒤덮는 것이 중덕(中德)이요, 용맹과감해서 여러 사람들을 모으고 병졸을 지휘하는 것이 하덕

(下德)입니다. 사람으로서 이 중의 어느 한 덕만 가진대도 군자가 되기 족할 터인데, 장군께서는 이 3가지를 겸비하고 계십니다. 장군의 키는 9척 2촌, 얼굴에는 광택이 있고, 입술은 붉은 칠이라도 한 듯하며, 이는 조개라도 늘어놓은 듯 아름답고 목소리는 황종(黃鐘)의 가락에 맞습니다. 그런데도 세상에서는 장군을 도둑놈이라고 부르고 있으니, 저는 장군을 위해 부끄러워하고 취하지 않는 바입니다. 장군께서 제 말을 들어주신다면 저는 남으로는 오와 월, 북으로는 제와 노, 동으로는 송과 위, 서로는 진과 초에 사신이 되어 찾아가 장군을 위해 수백 리의 큰 성을 쌓고, 수십만 호의 대도시를 건설한 다음 장군을 높여 제후를 삼도록 하겠습니다. 그리고 천하를 일신하여 전쟁을 그만두고 병졸을 쉬게 하며, 또 형제를 거두어 함께 사시면서 같이 조상을 제사하여 효를 다하신다면 이야말로 성인과 현인에 어울리는 행실이요, 천하가 다 원하는 바일 것입니다."

공자의 말을 듣고 도척은 와락 성을 냈다.

"구야, 더 앞으로 썩 나오너라. 대저 이익을 보여 타이르고 감언이설로 설득할 수 있는 사람이란 다 어리석은 무리로 정해져 있다. 그런데 너는 나를 장대하고 얼굴이 잘 생겨서 남들이 보고 좋아한다고 하였거니와, 이것은 내 부모의 유덕(遺德)일 뿐 내 탓은 아니다. 네가 치켜세운다고 내가 그것쯤을 모르겠느냐. 그리고 '즐겨 남의 면전에서 칭찬하는 사람은 또 곧잘 등을 돌리면 욕을 한다'는 말이 있다. 또 너는 큰 성과 많은 백성을 주어 나를 제후로 삼아주겠다고 했거니와, 이는 이익으로 나를 꾀고 세상의 바보처럼 취급하려는 태도다. 제후가 되었다 해서 그것이 어찌 언제까지나 가겠느냐. 성이 크다 해도 천하보다 큰 성은 없을 것이다. 그 천하를 요순은 자기 것으로 만들었으나, 그 자손들은 지금 송곳 꽂을 땅도 갖지 못하고 있다. 또 탕왕 무왕도 천자가 되었으나, 그 자손은 지금 끊어지고 말았다. 이렇게 된 것은 그들이 차지한 이익이 너무나 컸기 때문이 아닌가. 또 나는 이런 말을 들었다. 태고에는 새나 짐승이 많고 사람은 적었으므로 사람들은 다 나무에 올라가 보금자리를 치고 살았으며, 낮에는 도토리 밤을 줍고 밤이 되면 나무 위에서 잤다. 그래서 이때의 사람들을 '유소씨(有巢氏)의 백성'이라고 한다. 또 옛날에는 의복 입는 것을 몰라서 여름이면 나무를 해서 많이 쌓아 두었다가 겨울이 오면 그것으로 불을 때서 몸을 녹였다. 그래서 이 시기의 사람들을 '지생지민(知生之民)', 생활을 본능적으로 해간 백성이라고 부른다. 그후 신농씨(神農氏)가 다스릴 때만 해도 잘 때에는 마음을 푹 놓고 자고 일어나 있을 때에는 무심해서 사람들은 그 어머니를 알되 아버지가 누구인지 모르며, 사슴 따위 짐승과 같이 살았다. 스스로 농사지어 배를 불리고, 스스로 길쌈해서 옷을 지어 입었으며, 남을 해칠 생각은 꿈에도 지니지 않았다. 그러므로 이때까지를 이상적인 덕에 의해 살아가던 황금시기라고 할 수 있다."

도척은 말을 이었다.

"그러나 시대가 내려와 황제 때가 되자, 자연의 덕을 유지해가지 못했다. 그래서 황제는 치우(蚩尤)와 탁록(涿鹿)의 벌에서 싸위, 피가 흘러 백 리를 물들이기에 이르렀다. 전쟁의 시초다. 그후 요의 순이 천자가 되자, 여러 벼슬을 두어 인위적인 정치를 행했다. 그 이후 은의 탕왕은 자기 임금인 하의 걸왕을 내쫓았고, 주의 무왕은 은의 주왕을 죽이기에 이르렀다. 이 다음부터는 강한 자가 약한 자를 못살게 굴고 다수의 나라가 소수의 나라를 짓밟게 되었다. 탕왕, 무왕 이래의 사람들은 다 난신적자(亂臣賊子) 아님이 없다. 그런데 지금 너는 문왕, 무왕의 엉터리 도를 배워 가지고 천하의 언론을 장악해서 후세를 그릇된 가르침으로 오도(誤導)하고 있다. 큰 옷에 넓은 띠를 두르고, 터무니없는 말과 위선적 행위로 천하 군주들을 속여서 부귀를 얻고자 하고 있다. 도둑이라면 너만한 도둑이 다시없다. 그런데도 세상 사람들은 왜 너를 도구(盜丘)라 아니하고, 나만 도척(盜跖)이라 부르는지 모르겠다."

도척은 말을 계속하였다.

"너는 감언이설로 자로를 설득해서 굴복시켜 그의 높은 무인(武人)의 관을 벗게 하고 긴 칼을 몸에서 떼게 하여 자기 제자로 삼았다. 그것을 보고 세상 사람들은 다 '공구는 능히 폭력을 그치게 하고 비행을 금지했다'고 찬양했다. 그러나 종내에는 어찌 되었던가. 자로는 위국(衛國)의 군주를 죽이려다가 실패해 그 나라 동문(東門)에서 사형이 집행되고, 그 시체는 젓 담기고 말았다. 이는 네 가르침이 모자랐기 때문이다. 너는 스스로 현인, 성인으로 자처하는지 모르나 두 번이나 노국에서 추방되고, 위에서는 발자취까지도 지워지는 박해를 받았고, 제에서는 죽을 고생을 하고, 진과 채의 국경에서는 포위까지 되었으니, 천하에 일신을 용납할 곳도 없는 형편 아니냐. 그리고 제자를 교육한답시고 자로를 이런 화에 걸리게 했으니 위로는 자기 몸조차 보존하지 못하고, 아래로는 남을 지도하지도 못함이 명백하니, 너의 도라는 것이 무에 대단하단 말이냐."

도척의 말은 다시 계속되었다.

"세상에서 높이 치는 인물로는 황제(黃帝)만 한 이가 없다. 그러나 그 황제조차도 무위자연의 덕을 완전히 유지하지 못해서 탁록의 들판에서 싸운 결과로 피가 백리나 흐르도록 사람을 많이 죽게 했다. 또 요는 자식에게 인자하지 못했고, 순은 어버이에게 불효한 사람이었다. 우(禹)는 자기를 혹사하여 반신불수가 되었으며, 탕(湯)은 그 임금을 추방하고, 무왕은 주(紂)를 죽였고, 문왕(文王)은 유리(羑里)에 감금되었다. 이 여섯 사람은 성인이라 하여 세상에서 모두들 존경하는 터이나, 자세히 따지고보면 다 이익 때문에 자기의 진실을 어지럽게 하고, 자기의 본성에 어긋나는 짓을 한 사람들이어서 그들의 행위는 매우 창피스러운 것들이었다. 같은 이야기를 현인들에 대해서도 말할 수 있을 것이다. 세상에서는 소위 현인으로서 제일 먼저 백이숙제를 꼽거니와, 그들은 고죽국(孤竹國)의 왕위를 사양한 끝에 수양산에서 굶어 죽고 말아, 그 시체는 묻히지도 않고 버려졌다. 또 포초(鮑焦)는 의사(義士) 흉내를 내고 세상을 비난하다가 나무를 껴안고 죽었다. 신도적(申徒狄)은 임금을 간해도 채택이 안 되자, 돌을 지고 황하에 뛰어들어가 고기와 자라의 밥이 되었다. 개자추

(介子推)는 더없는 충신이어서 자기 다리살을 베어 문공(文公)을 먹이기까지 했다. 그러나 문공이 환국 후 배신하자, 그는 성을 내고 도망했다가 마침내는 나무를 껴안은 채 타 죽고 말았다. 또 미생(尾生)은 애인과 다리 밑에서 만나기로 했었는데, 여자는 안 오고 물은 늘어났으나 떠나지 않고 버티다가 다리 기둥을 안고 죽었다. 이 여섯 사람은 목을 매단 개나 물에 빠진 돼지, 혹은 족발을 들고 대문 앞에 선 거지나 다를 바가 없다. 다 명성에 얽매여 죽음을 가벼이 알고, 다 타고난 생명의 존귀함을 생각하여 수명을 유지할 줄 모른 사람들이다."

도척은 다시 말을 이었다.

"충신에 있어서도 마찬가지다. 세상에서는 충신하면 으레 왕자비간(王子比干)이나 오자서(伍子胥)를 들먹이거니와 오자서는 피살된 시체가 양자강에 던져졌고, 왕자비간은 가슴을 도려내는 참혹한 꼴을 당했다. 이 둘을 세상에서는 충신이라고 이르지만 결국은 천하의 웃음거리가 된 것밖에 무엇이 있는가. 그런데 이와 같이 위로는 황제에서부터 시작하여 아래로는 왕자비간 오자서까지의 일을 생각할 때, 세상이 칭찬하는 이런 사람들이란 다 신통찮은 친구들이다. 네가 나에게 말하는 것이 만약 귀신에 관한 일이라면 모르거니와, 그것이 사람에 관한 일이라면 이상에서 내가 말한 범주를 벗어나지 못할 것이다. 그런 것쯤은 나도 잘 알고 있다."

도척은 그 말을 이렇게 맺었다.

"나는 인간의 성정(性情)이라는 것이 어떤가에 대해 너에게 말해주겠다. 눈은 아름다운 빛을 보려 하고, 귀는 아리따운 소리를 듣기 좋아한다. 또 입은 맛있는 음식을 먹으려 들고, 의지는 욕망의 충족을 추구한다. 이것이 인간의 자연스러운 모습이다. 그런데 인간의 일생이라는 것이 얼마나 있단 말인가. 사람이 아주 오래 산대야 기껏 백세며, 웬만큼 오래 살아서는 80세, 겨우 장수했다고 할 수 있을까 말까 한 것은 60세 정도다. 그리고 이것은 장수한 축에 속하는 것이다. 더욱이 이 중에서 병과 조상하는 시간과 근심에 잠기는 기간을 제외한다면, 입을 열어 웃을 수 있는 것은 한 달에 겨우 너댓새뿐이다. 천지는 무궁한 데 대해 사람은 죽을 시기가 정해져 있는 유한한 존재, 이 유한한 몸을 이끌고 무궁한 천지 사이에 의지해 있는 인간의 운명은, 비유하자면 문틈 사이를 천리마가 달려 지나가는 것하고나 같다고 할까. 이 잠깐의 인생에서 그 뜻을 만족시키지 못하고, 그 목숨을 완전히 유지해가지 못하는 자는 누구든 도에 통하지 못했음이 명백하다. 네가 하는 말은 다 내 뜻에는 맞지 않는 터이니 빨리 꺼지고 다시 지껄이지 않는 것이 현명하리라. 너의 말이란 것은 미친 놈의 잠꼬대요, 사기꾼이 중얼대는 소리거니, 그런 것으로 인간의 진실이 보존될 리가 없다. 어찌 논하고 말고 할 것이나 있겠느냐."

도척에게 혼이 난 공자는 2번 절하고 달려서 물러나, 문을 나서자 대기시켜 놓았던 마차에 오르려 했으나, 3번이나 고삐를 놓칠 정도로 정신이 나가 있었다. 눈은 흐리멍덩해서 보이지 않고 안색은 불 꺼진 재와도 같이 창백하였다. 그는 마차의 가로나

무(軾)에 몸을 기댄 채 고개를 푹 숙이고 숨도 제대로 못 쉬었다. 겨우 노국 수도의 동문 밖까지 왔을 때, 우연히 유하계와 맞부딪쳤다. 유하계가 말을 걸었다.

"요 며칠 동안 전혀 뵙지 못했습니다. 마차를 보니 어디를 다녀오시는 모양인데, 혹시 도척을 만나러 가셨던 것은 아닙니까?"

공자는 하늘을 우러러 탄식하면서 말했다.

"그렇습니다."

"그놈이 전에 말씀드린 대로 혹시 선생의 뜻을 거슬리지나 않았는지요."

공자는 이렇게 대답했다.

"사실이 그대로였습니다. 나는 속담에 있는 대로 '병도 없는데 뜸을 뜨는' 격이 되고 말았습니다. 갑자기 달려가 호랑이 머리를 쓰다듬고, 호랑이의 수염을 따러 들었다가 하마터면 호랑이에게 물려 죽을 뻔했습니다."

물론 『장자』에 나오는 이 유명한 장면은 사실이 아니다. 공자를 조롱하는 내용 중 클라이맥스인 이 구절은 장주가 얼마나 공자를 어리석은 사람으로 보고 있는가를 도둑인 도척의 입을 빌려 풍자하고 있는 것이다.

중국 역사상 가장 잔인한 도둑인 도척의 입을 빌려 '도둑이라면 너만한 도둑이 다시없다. 그런데도 세상 사람들은 너를 도구라고 부르지 아니하고 나만 도척이라고 부르는지 모르겠다'고 공자를 조롱함으로써 장주는 공자를 '큰 옷에 넓은 띠를 두르고, 터무니없는 말과 위선적 행위로 천하 군주들을 속여서 부귀를 얻고자 하는 지식의 도둑'이라 비웃고 있는 것이다.

실제로 공자가 노자를 만났을 때도 노자로부터 그런 취급을 받는다. 장주가 공자를 노골적으로 비웃는 것과 달리 노자는 공자를 만났을 때 비교적 온건한 태도로 말하였지만 결과적으로 노자로부터 '제발 예를 빙자한 그 교만과 그리고 뭣도 없으면서도 잘난 체하는 병과 헛된 집념을 버리라'는 충고를 듣게 되는 것이다.

물론 사마천의 「공자세가」에는 그런 기록이 나오지 않는다. 이는 사마천이 평소에 공자를 마음속으로 존경했기 때문일 것이다. 사마천은 「공자세가」를 집필하면서 공자에 대한 자신의 마음을 다음과 같이 『사기』에 서술하고 있다.

나 태사공은 이렇게 생각한다. 『시경』에 보면 '고산(高山)을 우러러보면서 대도(大道)로 나아간다'고 되어 있다. 도달할 수는 없더라도 마음은 저절로 그쪽으로 향한다는 뜻이다. 나는 공자의 저서들을 읽으며 그의 인품을 생각해보았다. 노나라로 직접 가서는 그의 묘당에 있는 거복(車服)과 예기도 보고 여러 유생들이 공자의 옛집에서 예를 익히고 있는 것도 구경했다. 나는 주위를 거닐면서 차마 그곳에서 발길이 떨어지지 않는 사실을 감지했다. 천하의 어떤 군주나 현인들도 살아서는 영화를 누렸겠지만 죽어서는 그 영화도 끝났다. 그렇지만 공자는 포의(布衣)의 신분이었으면서도 덕은 10여 대에 걸쳐 전하고 학자들도 공자를 종주(宗主)로 우러러보고 있는 것이다. 천자나 왕후들을 비롯해 중국 전역에서 예를 논할 때에는 반드시 공자를 표준으로 취사선택하니 과연 공자를 지성(至聖)이라 부르지 않을 수 없을 것이다.

인류가 낳은 최고의 역사가 사마천은 공자를 '지덕을 갖추어 더없이 뛰어난 성인'인 '지성'으로까지 부르고 있는 것이다. 그러므로 사마천은 「공자세가」에 감히 공자에 대한 노자의 힐난을 기록하지 못하였을 것이다.

다만 이렇게 간단하게 기술하고 있을 뿐이다.

남궁경숙과 주나라로 간 공자는 노자를 만나 예에 대해서 물었다. 그리고 떠나려고 하자 노자는 공자에게 이렇게 말했다.

"부귀한 사람은 손님을 보낼 때에 재물로써 전송하고, 어진 사람은 손님을 보낼 때에 좋은 말로 전별한다고 하오. 나는 부귀하지 못한 사람이라 어진 사람의 이름을 빌려 그대에게 말로써 전별할까 하오. 총명하여 사리를 깊이 살필 줄 알면서도 죽을 고비를 겪는 사람은 원래 남을 비방하기를 좋아하는 사람이며, 능변이면서 넓고 크게 아는 것이 많은데도 자신을 위태롭게 하는 사람은 원래 남의 악행을 폭로하기 좋아하는 사람이오. 그리고 사람의 자식된 자는 모름지기 자신을 버리고 어버이를 섬겨야 하고 사람의 신하된 자는 역시 자신을 버려 임금을 섬겨야 하는 법이오."

공자가 주나라를 떠나 노나라로 돌아오자 제자들이 점차로 많아지기 시작하였다.

그러나 이처럼 공자에게 부드럽게 말하였던 노자의 태도는 「노자열전」의 기록을 보면 180도로 달라지고 있다.

역사가로서 냉정하게 있는 사실을 있는 그대로 적는 직필(直筆)의 사마천으로서는 당연한 일이었다. 사마천은 차마 「공자세가」에서는 묘사하지 못했던 장면을 「노자열전」에서는 다음과 같이 기록하고 있다.

가르침을 얻기 위해서 수천수만 리의 여정을 거쳐 주나라의 낙읍으로 간 공자는 마침내 노자를 만나게 되자 마차에서 내려 노나라로부터 갖고 온 비둘기 2마리를 선물로 바쳐 올리고는 다음과 같이 물었다.
"예에 대해서 가르침을 주십시오."

공자를 만나기 위해서 소를 타고 온 노자는 공자를 맞아 며칠 동안 머물렀는데, 인류 사상 가장 극적인 이 장면을 사마천은 이렇게 증언하고 있다.

공자의 질문을 받은 노자는 머리를 흔들며 대답하였다.
"예에 대해서라면 더구나 나는 할 말이 없네."
"그렇지만 선생님 같은 분이 할 말이 없으시다니요."

그러자 노자는 말을 이었다.

"잠깐만 기다려보게나. 딱 한 가지 얘기해줄 말이 있기는 있네만."

"어서 가르쳐주십시오."

"그대가 우러러보는 옛 성인들은 이미 살도 썩어지고 뼈마저 삭아 없어졌겠지."

"그렇지만 말씀은 남아 있지 않습니까?"

공자가 말하자 노자는 머리를 흔들며 다시 말을 이었다.

"글쎄, 그것이 공언(空言)이란 말씀이오. 들어보게. 군자라는 작자도 때를 잘 만나면 호화로운 마차를 타고 그 위에서 건들거리는 몸이 되지만 때를 잘못 만나면 어지러운 바람에 흩날리는 산쑥 대강이 같은 떠돌이 신세가 되지 않겠는가."

"그렇겠지요."

"내가 아는 바로는 예를 아는 군자는 때를 잘 만나고 못 만나고의 문제가 아니란 말일세."

"그렇다면 예란 무엇인지요?"

"내가 알기론 이런 것일세."

노자는 비로소 자신의 핵심 사상을 꺼내 보이기 시작하였다.

"이를테면 훌륭한 장사꾼은 물건을 깊숙이 감추고 있어 얼핏 보면 점포가 빈 것처럼 보이듯 군자란 많은 덕을 지니고 있으나 외모는 마치 바보처럼 보이는 것일세. 그러니 그대도 제발 예를 빙자한 그 교만과 그리고 뭣도 없으면서도 잘난 체하는 말과 헛된 집념을 버리라는 말일세."

한방 맞은 공자는 그러나 물러서지 않고 끝까지 예에 대해 묻는 것은 포기하지 않는다.

"그것이 예입니까?"

그러자 노자는 다음과 같은 말로 맺음을 하고 공자의 곁을 떠난다.

"그런 건 나도 몰라. 다만 예를 묻는 그대에게 내가 할 수 있는 말이란 이것뿐일세. 자, 이제 그만 가보게나."

노자와 공자의 이 문답은 마치 인류가 낳은 성인이자 대사상가인 두 사람이 벌이는 이중창을 연상시킨다. 전혀 화음이 맞지 않는 이 듀엣은 그러나 기묘한 균형을 이루고 있다. 이 장면을 보고 혹자는 노자의 승리고, 공자의 패배라고 분석하고 있지만 이는 피상적이고, 대립적인 관점에서 본 유치한 발상이다.

공자는 오히려 자기와 차원이 다른 노자의 사상을 솔직히 인정하고 존경하고 있는 것이다. 자신의 사고방식과 생각의 각도가 다른 사람에 대해서 백안시하고, 멸시하는 태도는 소위 지식인일수록 몸에 밴 습성인데, 공자는 이를 초월하여 노자의 의견을 경청하면서도 자신이 추구하는 예에 대해서 끝까지 집요하게 묻고 또 묻고 있는 것이다.

그런 의미에서 인류가 낳은 대성인이었던 노자와 공자가 벌인 이 듀엣은 어느 한쪽이 더 우월하고, 어느 한쪽이 테너이며, 어느 한쪽이 바리톤인가 하는 이분법을 벗어난 최고의 병창(竝唱)인 것이다. 결국 노자도 이기고, 공자도 이긴 환상의 이중창인 것이다.

그러나 이 병창을 통해 알 수 있듯이 노자는 '물건을 깊숙이 감추고 있어 얼핏 보면 빈 것처럼 보이는 장사꾼이 훌륭하고 또 많은 덕을 갖추고 있으나 외모는 마치 바보처럼 보이는 군자' 야말로 참군자라고 역설함으로써 무위(無爲)의 도를 강조하고 있고, 반면에 공자는 계속해서 대여섯 번이나 '예란 무엇입니까' 하고 묻고 또 물음으로써 유위(有爲)의 도를 강조하고 있는 것이다.

　　무위의 도.

　　노자의 사상은 한마디로 무위의 도로 압축된다.

　　노자가 쓴 유일한 경서인 『도덕경』의 첫 구절이 '도라 할 수 있는 도는 영원한 도가 아니다.(道可道非常道)'로 시작하고, 스스로 생겨나고 발전하며 무엇인가 하려는 의지를 갖지 않고서도 모든 것을 이루어내는 것이 자연의 법칙이므로 무엇이든 알려는 지적 호기심에 의해서 만물의 영장이 된 인간은 오히려 그 지적 욕망 때문에 자기해체의 위기에 직면하고 있으므로 이 모순을 해결하기 위해서는 물처럼 부쟁(不爭)의 덕을 갖춰야 하며, '최상의 선은 물과 같다.(上善若水)'고 역설하고 있는 것이다.

　　이렇듯 노자의 사상은 한마디로 물로 상징된다.

　　물은 만물을 도와서 생육시켜주지만 자기 주장을 하지 않고 누구나 싫어하는 낮은 곳으로 낮은 곳으로 내려간다. 물은 무언가 한다는 자의식 없이 자연을 돕고 만물을 소생시킨다. 따라서 무엇인가 작위하려는 자기욕망을 끊고 물처럼 무위의 경지에 도달한다는 것이 도이며, 이것이 바로 '도는 항상 무위하지만 하지 않는 일이 없다.(道常無爲而無不爲)'는 최상의 도인 것이다.

그러나 공자는 이러한 노자의 '무위의 도' 보다는 '유위의 도'를 추구하는 현실주의자였다.

공자에게는 만물의 영장인 인간을 인간답게 하는 인, 의, 예, 지와 같은 유위에 더 많은 관심을 기울이고 있었던 것이다. 따라서 무위의 도를 추구하는 노자를 유위의 도를 추구하는 공자가 어떻게 생각하고 있었던가는 매우 흥미로운 일이다. 이에 대해 사마천은 『사기』에서 기록하고 있다.

공자는 돌아갔다. 그리고 눈을 말똥말똥 뜨고 있는 제자들에게 공자는 한숨을 쉬며 말하였다.

"얘들아, 새는 잘 날고, 물고기는 헤엄을 잘 치며, 짐승이라는 놈은 잘 달린다는 것은 나도 알고 있다. 글쎄 말이다. 달리는 놈이라면 그물을 쳐서 잡을 수가 있고, 헤엄치는 놈이라면 낚싯줄로 낚을 수 있으며, 나는 놈이라면 화살이나 주살로 쉽게 쏘아잡을 수가 있지 않은가 말일세."

"그야 당연하지요."

제자들의 하나가 대답하였다.

"그렇지만 용이 되어 바람과 구름을 타고 하늘로 올라가버리면 나로서도 그 용의 행적은 알 길이 없지 않겠나."

공자의 말을 들은 제자 중의 하나가 다시 물었다.

"어째서 그런 말씀을 새삼스럽게 하시나요?"

그러자 공자는 대답하였다.

"너희들이 예를 물었기에 하는 말이다. 나도 예의 진수를 몰라 노자에게 가서 물었는데, 다만 이렇다. 내가 만나 뵌 노자는 마치 용과 같은 분이셨다."

제자들이 침묵하자 공자는 말을 덧붙였다.

"내가 알기로는 노자는 모름지기 무위의 도를 닦는 분인 것 같다."

노자를 용으로 비유한 공자의 표현은 정곡을 찌른다. 공자는 평생 동안 자신의 이상을 실현하기 위해서 때로는 그물을 치고, 낚시질을 하고, 화살을 쏘았다. 그러나 노자는 그물로도 화살로도 그 무엇으로도 잡을 수 없는 용인 것이다. 바람과 구름을 타고 하늘로 올라가버린 정체불명의 용인 것이다. 그러나 그러한 노자가 펼친 무위의 도가 아무리 옳다고 할지라도 어떻게 새를 잡고 물고기를 낚는 인간사를 포기할 수 있겠느냐는 것이 공자가 펼친 무언의 항변인 것이다.

공자의 이 말은 스피노자의 그 유명한 금언을 떠올리게 한다.

"내일 지구가 멸망한다 하더라도 나는 오늘 한 그루의 사과나무를 심을 것이다."

이러한 노자와 공자의 만남을 독설가인 장주가 놓칠 리는 없을 것이다. 장자에는 노자와 공자가 만나는 장면이 너댓 개나 중복해서 나타나고 있는데, 한결같이 노자에게 공자가 질타당하는 모습을 묘사하고 있다. 물론 이는 실제적인 상황이 아니라 평소 유가사상에 대해서 못마땅해하고 있던 장주가 자신의 사상을 노자의 입을 빌려 통렬하게 풍자하고 있음인데, 그 중에서 가장 합리적인 장면

하나만을 고르면 그 내용은 다음과 같다.

장자 「천운(天運)편」에 나오는 그 내용은 '공자는 51세가 되었으나 아직 진정한 도에 대해 깨닫지 못하고 있었다. 그래서 남쪽으로 여행하여 주나라의 패(沛)로 가서 노자를 만났다' 라는 서두로 시작되고 있다.

여기서 장주가 말한 '주나라의 패'는 오늘날 강소성(江蘇省) 서주(徐州) 부근의 지명으로 노자가 태어난 고향과 가까운 곳이다. 그보다 더 유명한 것은 그곳이 한나라를 건국한 고조(高祖)의 고향으로 널리 알려진 곳이다.

공자가 노자를 만났을 때 먼저 노자가 말했다.

"어서 오시오. 나는 당신이 북방의 현인이라는 소문을 진작부터 듣고 있었소. 당신은 진정한 도를 체득하였는가?"

공자가 대답했다.

"아닙니다. 아직 체득하지 못했습니다."

"당신은 무엇에서 도를 구했는가?"

"저는 도를 수리(數理)에서 구하고자 애썼습니다만, 5년이 지나도 체득하지 못하고 말았습니다."

"그밖에 또 무엇에서 도를 구하려 했는가?"

"저는 또 음양의 이치 속에서 그것을 구했습니다만, 2년이나 지나도 효과가 없었습니다."

"그럴 테지. 도를 무슨 물건처럼 가져다 바칠 수 있다면 사람 치고 그것을 자기 임금에게 가져다 바치지 않는 자는 없을 것이다. 도를 가져다 드릴 수 있다면 사람치고 누가 그 부모에게 가져다 드리지 않겠는가. 또 누가 남에게 말해서 이해시킬 수 있는 것이라면 사람치고 자기 형제에게 일러주지 않을 사람이 없을 것이며, 도가 물건처럼 누구에게 줄 수 있는 것이라면 사람치고 제 자손에게 물려주지 않을 사람이 없을 것이다. 그런데도 그것을 못하는 것은 무엇 때문인가. 별다른 이유가 있어서 그러는 것이 아니다. 도라는 것은 자기 속에 주체성이 확립되어 있지 않으면 멈춰 있지 않고 밖으로 그것에 어울리는 바른 행위가 없고 보면 그 사람에게 와주지 않는다. 마음속에서 끌어내어 이것을 보여주고 싶어도 밖에서 받을 태세가 되어 있지 않으면 성인은 그 도를 나타내 보이지 않으며, 또 밖에서 가르쳐주려 해도 받는 측에 주체성이 확립되어 있지 않으면 성인은 그런 사람을 상대하려 하지 않는 것이다. 언어는 천하의 공기(公器)니, 너무 이것에만 얽매여서는 안 되며, 인의(仁義)는 옛날 성왕(聖王)들이 묵던 주막이니 하룻밤쯤 자는 것은 몰라도 언제까지나 거기에 묵으려 들어서는 안 된다. 만약 길게 묵노라면 여러 사람 눈에 띄어서 비난이 돌아올 것이다. 옛날의 지인(至人)들은 인(仁)을 일시적 방편으로 빌리고 하룻밤을 의(義)에서 자고 간 것뿐이다. 그들은 얽매임 없는 경지에 노닐며, 자기 일신이 살아가는 데 필요한 정도의 식량을 밭에서 얻고 남을 도와 줄 여유도 없는 조그만 토지로 만족했다. 얽매임 없는 경지에 노니는지라 인위가 없고 간소한 생활에 만족한지라 살기가 쉬웠으며, 남을 도와주는 일이 없는지라 자기 것을 끌어내는 번거로움도 없었다. 옛날에는 이것을 '진실에 입각한 놀이'라고 했다."

노자는 공자를 향해 말을 이었다.

"부(富)를 긍정하는 자는 재물을 남에게 양보해주지 못한다. 명예를 긍정하는 자는 명성을 남에게 양보해주지 못한다. 권세를 좋아하는 자는 권세를 남에게 양보해주지 못한다. 이런 사람들은 일단 그런 것들이 손에 들어오면 오직 잃을까 그것만을 근심하고, 잃으면 슬픔에 잠기기 마련이다. 무엇 하나 진실에 눈을 돌리는 일이 없고 쉴 틈도 없이 이익만을 엿보는 자, 이것을 천벌을 받은 사람이라고 한다. 원한과 은혜를 갚는 것, 뺏는 것과 주는 것, 간하는 것과 가르침, 살리는 것과 죽이는 것, 이 여덟 가지는 천하를 바르게 통치하는 수단이다. 그러나 만물의 변화에 순응해서 한 군데에 얽매이지 않는 자만이 이것을 쓸 수가 있다. 그러기에 고인들도 '정치란 우선 자기를 바로 하고 남을 바로 하는 일이다'라고 하였다. 마음으로부터 이 이치를 수긍하지 못하는 자에게는 도(道)로 들어가는 문도 열리지 않을 것이다."

노자의 말을 경청한 공자는 이번에는 인의(仁義)에 관한 자기 의견을 말했다. 그러자 노자가 말했다.

"겨를 뿌려 사람의 눈에 들어가게 하면 천지 사방의 방향 감각이 없어지며, 모기나 등에가 살을 쏘면 하룻밤 내내 잠을 못 이루는 법이다. 그대의 인의에는 더한 독이 깃들어 있어서 사람의 마음을 혹하게 만드니, 세상을 이 이상 어지럽히는 것은 없다고 해도 과언이 아니다. 그대가 만약 천하 사람들로 하여금 그 순박함을 잃지 않게 하려고 한다면 그대 자신이 바람처럼 자연스레 움직여서 무위의 덕을 지켜가는 것이 좋다. 구태여 북을 두들기면서 잃은 자식을 찾는 것처럼 떠들어델 필요가 없다. 백조는 매일 목욕하는 것도 아니건만 언제나 희고 까마귀는 매일 검은 칠을 하는 것도 아니건만 언제나 검다. 자연으로 정해진 흑백, 선악은 아무리 논해본대도 바뀌지는 않을 것이다. 인의를 가지고 만들어낸 명예 같은 것은 어차피 대단한 것일 수는 없지 않은가. 샘물이 마르자 고기들이 육지에 모여 서로 습한 숨을 불어 물거품으로 적셔 주고 있는 광경은 기특하다면 기특하다 할 것이다. 그러나 그런 잔재주를 부리는 것이 어찌 망망한 강이나 호수에서 서로 상대의 존재를 잊은 채 유유히 노니는 것만이야 하겠는가?"

공자는 노자를 만나고 돌아와서는 사흘이나 말이 없었다. 제자들이 스승의 침묵을 이상히 여겨 물었다.

"선생님께서는 노자를 만나셨습니다만 그에게 무엇을 가르치려 하신 것입니까?"

제자들의 질문에 공자는 긴 한숨을 쉬고 대답하였다.

"나는 이제야 처음으로 진짜 용을 보았다. 용은 기운을 한 곳으로 집중하면 훌륭한 체구를 이루고, 기운을 분산시키면 천변만화하는 무늬를 이룬다. 그리고 구름을 타고 무심히 날며 만물의 근원인 음양을 따라 자기를 기르는 것, 그것이 용이다. 나는 용과도 같은 노자를 만나보자 놀란 나머지 입이 벌어진 채 닫히지 않았다. 그런 내 주제에 어떻게 노자를 가르친단 말이냐."

제자인 자공이 말했다.

"그렇다면 본래 몸은 시체같이 고요히 지니고 있으면서도 정신은 용처럼 무한히 변화하고, 깊은 못처럼 침묵하고 있으면서도 그 소리는 우레처럼 울려 퍼지며, 일단 움직이면 천지 같은 위력을 발휘하는 사람이 바로 노자라는 것이로군요."

어쨌든 이로써 노자와 공자의 만남은 서로에게 깊은 영향을 주지 못하고 상대방에 대한 이견만을 확인한 후 짧게 끝이 나고 만다. 공자는 노자에게서 '용과 같은 사람'이라는 느낌을 받고 다시 자신의 고향인 노나라로 돌아왔을 뿐이었다.

오히려 두 성인은 짧은 만남을 통해 극단적인 두 갈래 길로 나뉘게 된다. 공자는 세상 밖으로 더욱 나가게 되었으며, 노자는 더욱더 세상 속으로 들어가게 되는 것이다.

이러한 양극의 길에 대해 사마천은 의미심장한 표현으로 기록하고 있다.

공자는 노자와 헤어진 후 주를 떠나 노나라로 돌아왔는데 제자들이 점차로 많아지기 시작하였다.

그러나 이러한 공자의 태도와는 달리 노자는 공자를 만난 후 무위의 도를 한층 더 닦게 되어 세상 속으로 숨을 것을 결심하게 되는 것이다. 사마천은 이러한 노자의 태도를 기록하고 있다.

노자는 자신을 숨김으로써 이름이 나지 않도록 애를 썼다.

그러나 이상하게도 산속 어딘가에 매화나무가 활짝 피어 있으면 아무리 자신을 숨긴다 해도 산 전체에서 매화의 향기가 나는 법. 노자는 숨어도 숨어도 자신의 이름이 세상에 퍼져 나가는 것을 깨닫자 마침내 영원히 은둔 생활에 들어가 차라리 신선이 될 것을 결심한다. 이리하여 마침내 세상을 등져 사라지려 하는데, 이러한 노자의 모습을 사마천은 이렇게 표기하고 있다.

노자는 오랫동안 주나라에 있었으나 나라가 쇠약해지는 것을 보고 드디어 그곳을 떠나 함곡관(函谷關)에 이르렀다.

함곡관.

이는 산관(散關), 혹은 옥문관(玉門關)으로 불리던 교통의 요충지로 중국 하남성 북서부에 있어 동쪽 중원에서 서쪽의 관중으로 통하는 관문을 가리킨다. 중국 화북지구 남부 황하 연안에 있는 교통과 군사상의 요지이다.

황하강 남안의 영보(靈寶) 남쪽 5킬로미터 지점에 있는 이곳은 동서 8킬로미터에 걸친 황토층의 깊은 골짜기로 되어 있어 양안(兩岸)이 깎은 듯 높이 솟아 있고, 벼랑 위의 수목이 햇빛을 차단했기 때문에 한낮에도 어두워 그 모양이 함처럼 깊이 깎아져 있어 그런 이름으로 불리게 되었다. 예로부터 관동과 관서를 구분할 때의 경계를 가리키는 꼭지점인 것이다.

전설에 의하면 노자는 소를 타고 이 계곡을 지나 영원히 나타나지 않을 선계로 들어가려 했다. 노자가 '한 사람만 막아서도 만 사람이 지나갈 수 없다'는 함곡관을 지나려고 했을 때 노자를 막아선 사람이 있었다고 한다. 이곳을 지키는 윤희(尹喜)란 관리였다. 만약 윤희가 노자를 제지하지 않았더라면 노자는 실제로 바람과 구름을 타고 하늘로 올라가 버린 용처럼 인류사에 있어 흔적조차 남기지 않은 수수께끼의 인물로만 전해오고 있었을 것이다.

이 극적인 장면을 사마천은 이렇게 기록하고 있다.

이를 알아챈 관령(關令) 윤희가 노자를 붙들고 간곡히 아뢰었다.

"선생님, 어디로 가십니까?"

소를 탄 노자는 아무런 대답도 하지 않고 다만 손을 들어 계곡 건너편의 피안(彼岸)을 가리킬 뿐이었다. 그러자 윤희가 말하였다.

"진정 은둔하려 하십니까?"

"그럴까 한다."

"언제 만나 뵙게 될지 모르는데 힘드시더라도 저를 위해 무슨 말씀인들 주시고 떠나가십시오."

"어허, 이런 변고가 있나. 나로서는 아무것도 줄 것이 없는 데……."

노자는 소 등에 올라탄 채 난처한 목소리로 대답한다."

그러나 윤희는 만만하게 물러서지 않았다.

"그렇더라도 무위의 도는 있을 것이 아니겠습니까?"

그러자 노자가 웃으며 말하였다.

"그놈 말 잘하네. 옛다, 이거나 가져라. 그나마 태워버릴 작정
이었지만……."

사마천의 기록을 보면 노자는 이미 자신이 써두었던 『도덕경』을
윤희에게 준 것으로 되어 있지만 실제로는 윤희의 부탁을 받자 함
곡관의 관사에 머물면서 며칠 만에 『도덕경』을 완성하여 윤희에게
전해준 것으로 알려져 있다. 그런 의미에서 윤희는 노자가 남긴 단
하나의 제자인 셈이었으며, 윤희가 없었더라면 인류가 낳은 최고의
롱셀러인 『도덕경』이 존재하지 못하였을지도 모른다.

동양뿐 아니라 서양철학에도 깊은 영향을 주어 라틴어로 '라오시
우스', 즉 '늙은 자식'으로 불렸던 노자. 그가 어쨌든 한마디도 남
기지 않은 채 신선이 되지 않고 『도덕경』을 남긴 것은 인류를 위해
서도 다행한 일일 것이다. 이 극적인 장면을 사마천은 다음과 같이
기록하고 있다.

노자가 윤희에게 준 그것이 바로 도덕의 깊은 뜻을 5천여 자
로 새긴 상하 두 편의 『도덕경』이다.

도덕경.
사마천의 기록처럼 5천여 자로 새긴 상하 두 편의 짧은 책. 상편
은 주로 도에 대해서 다루고, 하편은 주로 덕에 대해서 다루고 있어
둘을 합쳐 도덕경으로 불리고 있는 노자의 경서. 이 5천여 자의 짧
은 경서를 통해 무위자연을 꿈꾸는 평화주의의 동양사상은 싹트게

162

되었다.

노자의 사상은 공자의 표현처럼 용과 같아 정확하게 지적할 수는 없지만 한마디로 무위의 사상이다.

여기서 무위란 아무것도 하지 않는 것. 이를테면 죽음이나 극단적인 게으름을 연상하는 것이 아니라 무엇을 하고 있는 것은 사실이나 그런 것을 하겠다는 인식이 있어서가 아니라 저절로 그렇게 됨을 뜻하는 것이다. 그러므로 무위는 '자연'이란 말과 같은 개념이다.

우주의 광대무변함, 생명들의 신비로운 생성과 죽음, 요컨대 일체의 존재들은 의식 없는 작용이며, 작용 없는 작용이며, 작용하는 주체가 없는 작용인 것이다. 그렇다고 그 생성력이 허술한가 하면 정반대로 의식이 없는 작용이므로 최고의 '진선미'를 갖춘 조화를 이루게 되는 것이다. 따라서 노자의 무위는 '무위무불위(無爲無不爲)', 즉 아무것도 하지 않으나 사실에 있어서는 '못 하는 일 없이 다하고 있음'을 뜻하고 있는 것이다.

그러므로 노자가 꿈꾸는 이상적인 사회는 높은 자도, 낮은 자도, 가진 자도, 못 가진 자도 없는 균분주의(均分主義)인 것이다. 노자는 『도덕경』에서 이렇게 말하고 있다.

천도(天道)는 활을 당기는 것과 같다. 높은 자는 누르고, 낮은 자는 들며, 남는 것은 덜며, 모자란 것은 이를 보충한다. 천도는 남는 것을 덜고, 모자란 것을 보충하지만 인도(人道)는 그렇지 않아서 오히려 모자란 데서 덜어내 남는 자를 보태주고 있다.

노자의 이런 균등사상은 플라톤이 말하였던 이상국가와 아주 가깝다.

플라톤은 그의 저서 『법』에서 자신이 꿈꾸던 이상주의를 다음과 같이 표현하고 있다.

고대사회에서 그들은 고립상태에 있으므로 서로 우정이 두텁고 의식주가 모자라지 않았으므로 심한 빈곤에 빠지지 않으며, 궁핍 때문에 서로 쟁탈하는 일이 없다. 금이니 은이니 하는 것이 없으므로 부라는 것도 없으며, 빈부가 없는 사회이기에 횡포나 부정, 질투 따위가 발생할 여지 또한 없다. 그러기에 그들은 순박하고 선량하다. 그들은 무엇에나 숙련해지는 일이 없어서 요즘과 같은 기술이나 예술도 필요치 않았다. 따라서 그들은 입법자(立法者, 정치가)를 가질 필요가 없었고, 모든 것을 조상으로부터 이어받은 습관대로 살았다.

그런 의미에서 노자와 장자로 이어지는 '노장사상'은 훗날 들어온 불교를 이해하는 데 많은 영향을 끼쳤다. 중국민족은 불교를 이해하는 데 그 실마리를 도가에서 찾았으며 이는 도가사상이 초월적인 면이 있는 데다 도를 무(無)라고 규정한 점이 불교의 공(空)사상과 유사하게 여겨졌기 때문이다.

이처럼 중국민족은 도가를 통해 불교를 이해했기 때문에 '격의불교(格義佛敎)'라는 독특한 사상을 낳았으며, 마침내 중국민족에 가장 체질적으로 맞는 화려한 선종(禪宗)을 꽃피우게 하였던 것이다.

노자는 언어니 문자니 하는 것을 존중하지 않았다. 심지어 노자는 '신의 있는 말은 아름답지 않고, 아름다운 말에는 신의가 없다. 착한 사람은 말에 능하지 않고, 말에 능한 사람은 착하지 않다. 아는 사람은 박식하지 않고, 박식한 사람은 알지 못한다.(信者不美 美者不信 善者不辯 辯者不善 知者不博 博者付不知)'고 말함으로써 언어와 지식을 존중하지 않았다. 이는 중국의 선종이 추구한 '불립문자(不立文字)', 즉 불교의 깨달음은 말이나 문자로 전해지는 것이 아니라는 진리와 상통하고 있음인 것이다.

노자는 이렇듯 윤희에게 『도덕경』을 남기고 다시 소 등에 올라탄 후 함곡관을 지나 영원히 사라져버린다. 그 후의 행적은 알려진 바가 없는데, 사마천은 「노자열전」에서 그의 모습을 다만 이렇게 기록하고 있을 뿐이다.

공자는 같은 시대 사람인 초나라의 노래자가 15편의 책으로 도가의 운용(運用)을 논한 것을 보면 그가 노자의 제자일 법도 하다. 노자는 160세 혹은 2백 세를 살았다는 설이 있다. 그는 무위의 도를 몸에 지녔기 때문에 장수했을 것은 당연한 일일 것이다. 공자가 죽은 지 129년(혹은 119년) 되는 해에 주의 태사(太史, 史官) 담(瞻)이 진나라의 헌공(獻公, BC 384~362 재위)에게 한 말이 있다. '처음에는 진(秦) 나라가 주나라와 합류한 지 5백 년 만에 분리하며, 분리된 지 70년 만에 패왕(霸王)이 나타날 것입니다.' 물론 역사 속의 기록이다. 그렇게 말한 담이 노자라고도 하고 혹은 아니라고도 한다. 노자는 오직 숨어 살았던 군자이

기 때문에 그 진위는 추측하는 자의 입장일 뿐이다. 다만 이것만
은 확실하다. 노자의 아들은 종(宗)인데 위(魏)의 장군이 되어
단간(段干, 山西省 安邑縣 近郊) 땅을 봉토(封土)로 받았다. 종
의 아들은 주(注)이고 주의 아들은 궁(宮), 궁의 현손이 가(假)인
데 가가 한(漢)의 효문제(孝文帝)를 섬겼다. 가의 아들 해(解)는
교서왕(膠西王)인 앙(卬)의 태부(太傅)가 되었기 때문에 그때부
터 제에서 살게 된 것이다. 세상에서는 노자의 학문을 하는 자는
유학을 배척한다. 유학자들 역시 노자를 이런 식으로 배척한다.
'길이 같지 않으면 일을 서로 꾀할 수가 없다.' 노자는 인위적으
로 작위하지 않으면서도 사람들로 하여금 스스로 교환케 하고,
조용하게 있으면서도 사람들이 저절로 올바르게 되도록 가르친
인물임에는 틀림없다.

사마천은 이러한 수수께끼의 인물 노자에 대해서 다음과 같은 말
로 끝맺음을 하고 있다.

노자가 떠난 후 아무도 그의 최후를 알지 못했다.

제 3 장

황금시대

사람에 이르는 길

周遊列國

1

    기원전 501년, 노나라 정공 9년. 공자는 마침내 중도재(中都宰) 란 벼슬로 그토록 오랫동안 꿈꿔왔던 정치에 뛰어들게 된다. 이때 공자의 나이 51세였다.

    일찍이 젊은 시절이었던 19세 때 위리라는 벼슬에 있었고, 2년 후인 21세 때는 승전리가 되었던 것이 공자가 지금까지 했던 유일한 관직생활이었다.

    그로부터 30년 동안 공자는 다른 벼슬은 하지 못하였다. 자신의 정치이념을 실현하기 위해서 일년 남짓 제나라로 망명하기도 했지만 재상 안영의 교묘한 제지로 아무런 소득 없이 고향으로 돌아올 수밖에 없었던 공자는 그러나 마침내 51세가 되어서야 '중도재' 란 벼슬로 등용된 것이다.

    중도재란 문자 그대로 노나라의 수도인 곡부가 아닌 제2의 도시였던 중도를 다스리는 직책으로 오늘날로 말하면 시장이나 도지사에 해당하는 벼슬이었던 것이다. 공자가 꿈꿔왔던 한 국가의 정치를 좌우할 수 있는 대부나 상경의 위치는 아니었으나 그래도 벼슬할 수 있는 계급 중 가장 낮은 신분인 사에 속했던 공자로서는 만족스러운 벼슬이었다.

『사기』에 나와 있던 대로 공자가 주나라로 가서 노자를 만나고 온 뒤부터 제자들이 점차로 많아져 공자는 이미 사상가로서 전국에 이름을 떨치고 있었다.

그렇다면 어째서 공자는 하늘의 뜻을 깨달았던 51세 때에 중도재란 높지도 낮지도 않은 중간벼슬에 기꺼이 뛰어들었던가. 인류가 낳은 대사상가이자 성인이었던 공자가 어째서 그토록 현실정치에 많은 관심을 가질 수 있었던가. 노자로부터 직접 '예를 빙자한 교만과 뭣도 없으면서도 잘난 체하는 병과 헛된 집념'이라는 노골적인 비난을 받으면서 세속적인 욕망의 화신으로까지 비유되었던 공자. 그것을 공자가 모르지는 않았을 것이다.

심지어 공자는 자신의 제자였던 자로(子路)로부터도 못마땅한 핀잔을 받게 된다. 자로는 공자보다 9세가 연하인 제자로 이름은 중유(仲由)였으며, 성격이 과감하고 거칠었으나 한편 솔직하고 곧아서 스승에 대해서도 바른말을 잘 했으므로 공자는 자로에 대해 늘 걱정을 하면서도 좋아하고 있었다.

이러한 자로가 정치에 관심을 갖는 공자의 태도를 노골적으로 만류하는 장면이 『사기』에 나온다.

공산불뉴(公山不狃)가 비(費) 땅을 근거로 계씨에 대하여 반란을 일으켰을 때 그는 사람을 보내어 공자를 초청한 일이 있었다. 공자는 오랫동안 학문을 닦아 원숙한 경지에 이르렀으나 실제로 활용해보지도 못하였고 아무도 자기를 등용해주지 않아 괴로운 나날을 보내고 있었다.

그래서 공자는 공산불뉴의 초청을 받고 말하였다.

"생각해보니 옛날 주나라의 문왕과 무왕은 소읍인 풍(豊)과 호(鎬)에서 일어나 왕업을 이룩하여 천자가 되지 않았던가. 지금 비 땅도 작은 것이긴 하지만 나의 도를 실천하면 될 것이 아니겠는가."

공자가 비로 떠나려 하자 제자 자로가 언짢게 여기면서 공자를 만류하였다.

"그만두십시오. 스승님답지 않습니다."

공자가 말하였다.

"그렇지 않다. 나를 부르는 사람이 어찌 공연히 부르겠느냐. 나를 통하여 새로운 동주(東周)를 이룩케 하려는 뜻인 것 같다."

이 내용을 보면 알 수 있듯이 공자는 자신을 등용해주는 사람이 아무도 없어 괴로운 나날을 보내고 있던 중 공산불뉴로부터 초청을 받자 그곳이 비록 작은 땅이지만 잘만 하면 문왕과 무왕처럼 왕업을 이룩할 수 있다고 자위하면서 소읍인 비로 가려 했던 것이다.

이러한 공자를 만류한 사람은 거침없이 바른말을 하던 제자 자로. 그는 공자가 듣기에 자존심이 상할 정도로 '그만두십시오, 스승님답지 않습니다' 라고까지 핀잔하면서 이를 말렸던 것이다.

결과적으로 공자보다 자로의 태도가 더 옳았던 것으로 곧 판명된다.

원래 공자를 초청한 공산불뉴는 반역자였다.

『사기』에 의하면 정공 8년(BC 502년) 공자 나이 50세 때에 계씨의 가신으로 세력을 떨치고 있던 공산불뉴가 계씨와 사이가 벌어져 양호를 충동해 반란을 일으켰다고 한다. 그리하여 양호와 공산불뉴는 삼환(三桓)씨의 적자를 폐지하고 비교적 양호와 사이가 좋은 서자들로 하여금 그 뒤를 잇게 하려고 마침내 계환자를 잡아 가두었던 것이다. 그러나 계환자는 절대로 복수하지 않겠다는 맹약을 하는 속임수를 써서 감옥에서 간신히 벗어날 수 있었는데, 손아귀를 벗어나자 계환자는 삼환씨의 군대를 동원하여 양호를 반격하니 양호는 결국 패하여 제나라로 도망쳤던 것이다.

원래 공자는 노나라의 임금이었던 소공과 정공들을 무시하고 세력을 떨치던 삼환씨에 대해서도 깊은 불신감을 갖고 있었다. 삼환씨들은 환공(桓公)의 자손들인 맹손(孟孫), 숙손(叔孫), 계손(季孫)씨들을 말함인데, 이들은 자신들의 권세만을 믿고 임금을 허수아비로 만들어 천하의 권력을 자신들 마음대로 주무르던 대부들이었다. 그러나 이들의 가신이었던 양호와 공산불뉴가 난을 일으켜 삼환씨들을 가두고 권력을 독점하자 노나라의 정치는 극도의 혼란에 빠지게 되었던 것이다.

양호는 일찍이 공자를 자신의 편으로 끌어들이기 위해서 돼지를 선물로 보냈던 적신(賊臣). 이때 공자는 양호의 노골적인 유혹을 '좋습니다. 장차 나도 벼슬을 하겠습니다' 라는 대답으로 얼버무렸던 것이다.

　그러나 공산불뉴라고 해서 양호와 다른 사람은 아닌 것이다. 오히려 공산불뉴는 양호를 충동질해서 반란을 일으킨 모사꾼이 아닌가. 아무리 자기를 등용해주지 않는다고 괴로운 나날을 보내고 있던 공자라 할지라도 그런 공산불뉴가 초청한다고 해서 그렇게 성큼 가려 했던 것일까. 결국 공자가 떠나려 하자 '그만두십시오. 스승님답지 않습니다'라고 말렸던 자로의 태도가 더 현명했던 것이다.

　자로의 말을 들었는지 아니면 방자하게 권력을 휘두르던 이들의 모습에 실망했는지 공자는 끝내 공산불뉴의 초청을 거절한다. 『사기』는 이를 짤막하게 기록하고 있다.

　"……그렇지만 공자는 끝내 비로 가지 않았다."

　『사기』에서는 공자를 중도재에 임명한 사람이 정공으로 되어 있으나 이때 정권은 완전히 계환자의 손에 장악되어 있었으므로 계환자에 의해서 공자가 중용되었다는 것이 옳을 것이다.

　계환자는 반역자인 양호와 공산불뉴를 몰아내고 내란을 평정한 후 그들에게 협력하기를 거절했던 공자의 바르고 곧은 인격에 감화되었던 것 같다. 그러나 그보다도 계환자가 공자를 등용한 첫 번째 이유는 민심을 수습할 필요 때문이었다.

　이 무렵 공자는 명망을 떨치고 있었다. 사마천은 이즈음의 공자를 『사기』에서 이렇게 기록하고 있다.

　공자는 시, 서, 예, 악의 연구에 몰두하면서 제자들 가르치기에 열중하고 있었다. 제자들은 점차로 불어났다. 먼 곳으로부터 찾아와 공자의 문하에 드는 제자들도 많았다.

계환자는 이러한 공자를 정치에 끌어들임으로써 민심을 수습할 수 있었을 뿐 아니라 내란을 평정하는 데 큰 공을 세운 맹의자(孟懿子)에게 알맞은 행상(行賞)까지 내릴 수 있었던 것이다. 맹의자는 공자의 제자였는데, 그의 이름은 『논어』에 단 한 번 나오고 있다.

맹의자가 효(孝)에 대해서 물으니 공자께서는 대답하셨다.
"효란 (부모의 뜻을) 어기지 않는 것이다."

공자의 제자인 맹의자가 내란에서 전공을 세우자 계환자는 맹의자에게 벼슬을 내리려 했는데, 그는 자신보다 스승인 공자에게 내려줄 것을 간언하여 계환자는 일석이조의 호기회를 놓칠 필요가 없어 곧바로 공자를 중도재에 임명하였던 것이다.

공자의 이런 태도는 노자의 태도와 양극단을 이루고 있다. 노자와 공자가 서로 운명적인 상봉을 하고난 후 노자는 적극적으로 소를 타고 함곡관을 지나 세상 밖으로 사라져버린 것에 비해 공자는 오히려 적극적으로 세상 속으로 뛰어들어 중도재란 벼슬까지 맡게 되는 것이다. 이는 유가의 도와 도가의 도가 근본적으로 다른 극단적인 가치관을 지니고 있기 때문일 것이다.

노자의 유일한 저서인 『도덕경』이 그 첫머리에서부터 도에 대해서 시작하고 있다고 공자도 도에 대해서 강조하고 있다. 심지어 공자는 『논어』에서 다음과 같이 말하고 있을 정도인 것이다.

아침에 도에 관해서 알게 된다면 저녁에 죽게 된다 해도 괜찮다.(朝聞道夕死可矣)

도를 깨달을 수 있다면 당장 죽어도 여한이 없다고 강조하고 있는 공자. 그렇다면 공자의 도와 노자의 도는 무엇이 다른가.
공자는 도에 대해서 『논어』의 곳곳에서 말을 하고 있다.

이른바 대신이란 도로써 임금을 섬기다가 안 되면 물러가야 한다.(所謂大臣 以道事君 不可則止)

나라의 도가 행해지고 있으면 녹을 먹지만 나라의 도가 행해지지 않는데도 녹을 먹는 것은 수치스러운 일이다.(邦有道穀 邦無道穀 恥也)

군자가 도를 배우면 남을 사랑하게 되고 소인이 도를 배우면 부리기 쉽게 된다.(君子學道則愛人 小人學道則易使)

군자의 도는 세 가지가 있는데 나는 아직도 그것을 행하지 못하고 있다. 어진 사람은 근심하지 않고, 지혜 있는 사람은 미혹되지 않고, 용감한 사람은 두려워하지 않는 것이다.(君子道者三 我無能焉 仁者不憂 知者不惑 勇者不懼)

군자의 도를 엿볼 수 있는 결정적인 장면이 『논어』의 「이인(里仁)편」에 나오고 있다.

공자께서 말씀하셨다.
"삼(參. 曾子)아, 나의 도는 하나로 관통되어 있다."
증자는 대답하였다.
"그렇습니다."
공자께서 나가자 다른 제자가,
"무슨 뜻입니까?"
하고 물으니 증자가 말하였다.
"선생님의 도는 충(忠)과 서(恕)일 뿐입니다."

결국 공자가 아침에 깨달을 수만 있다면 저녁에 죽어도 좋다고 말한 도는 이처럼 인, 지, 용, 충, 서와 같은 유가의 덕목이라고 할 수 있는 '올바른 도리'를 가리키고 있음인 것이다. 곧 공자가 생각하는 도란 인간이 마땅히 걸어가야 할 길이요, 인간이라면 마땅히 지켜야 할 당위법칙이었던 것이다. 이러한 공자의 도사상을 극명하게 나타내 보이고 있는 문장이 역시 『논어』에 나오고 있다.

누가 나가는데 문을 통하지 않을 수 있겠는가. 어찌하여 이 도를 따르지 않겠는가.(誰能出不由戶 何莫由斯道)

결국 공자에 있어 도란 사람이면 반드시 통과하여야 할 문(門)이었던 것이다. 그러나 노자에게 있어 도는 통과해야 할 문조차 없는 무문(無門)이었다. 이는 마치 불교에서 깨달음의 경지를 '큰길에는 문이 없다'는 '대도무문(大道無門)'으로 표현한 것과 일맥상통하고 있음인 것이다.

노자에게 있어 도는 공자의 도에 비해서 더욱 절대적이며 근원적이었다. 공자의 도가 '인간으로서의 올바른 도리', 즉 '사람의 도(人之道)'를 전제로 한 것이라면 노자의 도는 인간존재 이전의 우주의 본원이며, 만물의 생성과 존재의 법칙인 것이다.

노자는 『도덕경』에서 도에 대해서 설명하고 있다.

어떤 물건이 혼돈(渾沌)히 이루어져 있었는데 그것은 하늘과 땅의 생성보다 먼저 있었다. 아무 소리도 없고 아무 형체도 없지만 홀로 존재하여 바뀌어지지 않고 모든 것에 두루 행하여지면서도 위태롭지 않으니 천하의 모체라 할 만한 것이다. 나는 그 이름을 알지 못하므로 그것을 도라 이름 지었고, 억지로 그것을 대(大)라 부르도록 하였다.

노자의 도는 이렇듯 인간의 당위법칙을 뛰어넘어 우주의 생성보다 앞선 '천하의 모체'가 되는 절대적인 것이다. 곧 우주의 모든 존재는 도를 바탕으로 이루어졌고 도로 말미암아 존재하고 있다는 것이다. 따라서 도란 인간 지성의 한계를 초월한 절대적인 것이어서 사람으로서는 그 존재를 정확히 파악하기가 어렵고 말로써 그것을 표현하기가 어렵다는 것이다.

이렇듯 노자의 도가 초월적인 것이라면 공자의 도는 현실 참여적이었다. 따라서 공자는 운명적으로 현실정치에 뛰어들어 51세의 황금시절임에도 불구하고 중도재란 벼슬을 할 수밖에 없었던 것이다.

이것이 대사상가이자 인류가 낳은 3대 성인이었던 공자가 지닌 한계이자 또한 위대한 장점이기도 한 것이다.

예수가 인류의 구원을 '하늘나라'에 목표를 두고 있고, 부처도 깨달음의 궁극을 번뇌를 해탈하여 열반의 세계에 드는 '피안(彼岸)'에 두고 있고, 노자도 도의 목표를 '무위'에 두어 결국 인간은 우주의 한 구성요소이며 완전한 해방과 절대의 자유를 이룩하는 데 두었음에 반하여 공자는 하늘나라가 아닌 지상의 나라에서, 피안이 아닌 차안(此岸)에서, 우주가 아닌 바로 전국시대의 난세에서 인간으로서 올바르게 살아가야 한다고 외쳤던 단 하나의 예외적인 선각자였던 것이다. 그런 의미에서 공자는 사상가라기보다는 교육자였으며, 성인이라기보다는 철인이었다.

어쨌든 공자는 중도재란 벼슬로 본격적으로 정치무대에 진출하게 되는데 이 첫 무대를 공자는 성공적으로 수행하게 된다.

『공자가어』에 의하면 공자가 중도를 다스린 일년 만에 다른 고을이 모두 본받을 정도로 질서가 잡혔으며 다음과 같이 변하였다고 기록하고 있다.

여러 가지 예의와 기틀이 잡히고, 길에 물건이 떨어져 있어도 자기 것이 아니면 주워가지 아니하고 허례허식을 하지 않게 되었다.

그러나 다음 해인 노나라 정공 10년(BC 5백 년). 공자의 나이 52세 되던 해에 정치가로서의 공자의 역량을 시험해볼 수 있는 절호의 기회가 찾아온다.

이듬해 봄 이웃 제나라와 회맹(會盟)을 하였다. 갑자기 여름이 되었을 때 제나라의 경공이 정공에게 협곡(夾谷)이란 곳에서 회견할 것을 요청해온 것이었다. 이미 공자는 경공과는 구면이었고, 17년 전 나이 35세 때 공자가 첫 번째로 출국하여 일년 남짓 망명생활을 하는 동안 서너 차례 만나 서로 호감을 갖고 있던 사이였다. 공자를 여러 번 등용하려 했지만 안영을 비롯한 여러 대부들의 반대에 부딪혀 공자를 그냥 돌려보낼 수밖에 없었던 경공은 공자가 마침내 일선에 나서 정치활동을 펼친다는 소식을 듣자 이를 예의주시하고 있었던 것이다. 이때는 늙고 병든 안영 대신 대부 여서(黎鉏)가 국정을 맡고 있었다. 여서는 공자의 뛰어난 정치활동을 염탐한 후 이렇게 말하였다고 『사기』는 기록하고 있다.

"걱정입니다. 지금 노나라에서는 공구를 등용하더니 그 세력이 막강해져서 우리 제나라를 위협하고 있습니다."

그러고 나서 여서는 공자에 의해서 국력이 더욱 강력해지기 전에 허수아비 임금인 노나라의 정공을 위협하여 초기에 기를 꺾어버리자고 경공에게 권유하였던 것이다. 이 권유가 받아들여져 경공은 노나라에 사신을 보내 오늘날의 산동성 제남(濟南)인 협곡에서 회맹을 하자고 일방적으로 통보 하였던 것이다.

즉시 노나라에서는 이 회맹의 주재를 맡을 사람을 결정하기 위해서 어전회의를 열었다. 마침내 발탁된 사람이 공자였다. 그것은 경공과의 오랜 인연으로 공자 이상 적임자가 없었기 때문이었다.

노의 정공은 단순히 이 회맹을 우호적인 것이라 생각하고 평상시처럼 수레를 타고 떠나려 하였다. 제나라의 음모를 꿰뚫어본 공자는 정공에게 이렇게 말하였다고 『사기』는 기록하고 있다.

이는 불가합니다. 제가 듣건대 '문사(文事)가 있는 곳에는 반드시 무비(武備)가 있어야 하며, 무사(武事)가 있는 곳에는 반드시 문비(文備)가 있어야 한다'고 들었습니다. 예부터 제후들이 국경을 넘을 때는 반드시 문무의 관을 갖추어서 뒤를 따르도록 하였습니다. 따라서 전하께오서는 방심하지 마시고 좌우에 사마(司馬)를 갖추고 떠나시기 바랍니다.

공자가 말하였던 사마는 육경(六卿) 중의 한 사람으로 군대의 최고 실력자를 가리키는 직책인데, 곧 무술이 뛰어난 무관을 말함이었다.

정공은 공자의 진언을 받아들여 좌사마 우사마를 거느리고 회맹 장소인 협곡으로 떠났다. 이로써 공자는 일약 정치가에서 외교가로 변신, 눈부신 외교술을 펼치게 되는 것이다.

공자의 불길한 예감은 그대로 적중된다.

정공이 좌사마와 우사마의 무장이 이끄는 군사를 거느리고 협곡에 이르자 갑자기 제나라 소속인 내(萊) 땅의 오랑캐들이 경공의 지시에 따라 북을 울리며 정공을 공격해왔다. 이는 모두 제나라의 대부 여서가 꾸민 책략이었다. 여서는 정공을 사로잡거나 죽일 생각으로 군사를 동원한 것이 아니라 다만 겁을 주기 위해서 오랑캐들을 동원했던 것이다.

춘추전국시대 때는 사방에 강력한 오랑캐 민족들이 산재해 있었다. 남쪽에는 만(蠻), 북쪽에는 적(狄)과 맥(貊), 동쪽에는 이(夷), 서쪽에는 융(戎)이라 불리던 오랑캐 종족들이 있었다. 여서가 동원한 군사는 제나라의 소속인 이적(夷狄)들이었다. 여서가 오랑캐들을 동원했던 것은 정예군을 동원함으로써 어쩌면 일어날지 모르는 외교상의 분쟁에서 도망갈 길을 마련해두려는 교묘한 계산 때문이었다.

공자는 즉시 군사들로 하여금 정공을 호위하여 일시 퇴장케 하고는 자신이 직접 경공 앞에 나아가 오랑캐를 이용하여 노나라를 협박하려던 비열한 수법을 준엄하게 꾸짖었다고 한다.

"제나라의 그러한 행동은 귀신에게도 상서롭지 못한 짓이고, 도덕에도 어긋난 일이며, 사람으로서의 예에도 벗어나는 일입니다."

이 말을 들은 경공은 꼼짝 못하고 즉시 오랑캐들을 철수시킬 수밖에 없었다.

공자의 뛰어난 외교술은 이처럼 초기에 제나라의 계략을 꺾어버림으로써 빛나는 성과를 얻게 되었던 것이다. 그러나 제나라의 대부 여서도 만만한 사람은 아니었다. 여서의 술수는 더욱 교묘하게 더욱 지능적으로 진행되었는데 이 장면을 사마천은 『사기』에서 묘사하고 있다.

정공은 공자의 진언을 받아들여 군대를 이끌고서 회맹장소인 협곡으로 갔다. 회장은 흙으로 만든 3단의 계단으로 되어 있었고, 두 군주가 그 위로 올라가 회우(會遇)의 예식을 치르도록 되어 있었다. 두 군주는 서로 읍한 후 단상으로 올라가 술잔을 주고받았다. 그때 여서의 밀명을 받은 제나라의 관리 하나가 종종걸음을 치며 달려나와서 소리쳐 말하였다.

"이토록 경하스러운 날에 청하옵나니, 사방의 악을 연주하여 축하의 자리가 되게 하여주십시오."

여기서 말한 '사방의 악'이란 공자가 심취하여 석 달 동안이나 고기 맛을 잊었던 제나라의 음악인 소(韶)가 아니라 오랑캐인 이적들의 음악이었다. 그러자 경공은 짐짓 고개를 끄덕이고, 순간 무기를 든 군사들이 떠들썩하게 몰려나왔다. 그러고 나서 춤을 추기 시작했는데 이것은 경사스러운 날에 행하는 춤이 아니라 일종의 검무였다. 큰 깃발을 든 정모(旌旄)에서부터 꿩의 털로 장식한 우불(羽祓), 세모로 된 긴 창을 든 모(矛), 갈래창을 든 극(戟), 양날의 칼을 든 검(劍), 긴 방패를 든 발(撥) 등 검무사들이 일제히 북을 치면서 몰려나와 춤을 추면서 삽시간에 연회장 분위기를 싸늘하게 냉각시키고 있었다. 본능적으로 주군의 위험을 느낀 공자는 순식간에 2층 계단까지 뛰어올라 소매를 모으며 소리쳤다.

"이 무슨 불경스러운 짓입니까. 지금 두 나라의 군주는 우호의 모임을 갖고 있습니다. 이런 경하스러운 자리에서 어찌 오랑캐의 음악을 연주하는 것입니까. 관계자들에게 명하여 당장 중지시켜주십시오."

무기를 든 무용수들은 물러가는 대신 경공과 여서를 번갈아보면서 하회를 기다리고 있었다. 경공은 난처하고 또한 부끄러웠다. 그래서 마침내 소리쳐 명령하였다.

"어서 물러들 가라."

그러나 여서는 그대로 물러서지 않았다. 여서는 세 번째로 준비해두고 있던 술수를 집요하게 고집하였다. 이때 장면을 『사기』는 이렇게 기록하고 있다.

얼마 후 다시 제나라의 관리가 나와서 소리쳐 말하였다.

"그렇다면 궁중음악을 들려드리겠습니다."

경공이 짐짓 고개를 끄덕이자 이번에는 광대인 우창(優倡)과 난쟁이들인 주유(侏儒)들이 서로 희롱하면서 달려나왔다. 이쪽의 주군이 위험하기는 마찬가지였다. 공자는 다시 계단을 급히 뛰어올라 소리쳤다.

"이 무슨 불공스러운 장면입니까. 천한 자들로써 제후를 우롱하는 일은 마땅히 주살되어야 하는 죄에 해당됩니다. 청하오니 관계자들에게 명하여 그렇게 선처해주십시오."

경공은 어쩔 수 없이 그렇게 조처하지 않을 수가 없었다. 광대와 난쟁이들의 손과 발을 절단하도록 명령했던 것이다.

이처럼 노나라의 정공을 위협하여 사전에 기를 꺾어놓으려던 여서의 계략은 보기 좋게 공자에 의해서 꺾여버린 것이다. 그러나 진짜 외교는 연회가 끝나고 본회담인 맹약의 예가 진행되고 난 후부터였다.

　원래 제나라는 강대국이었고, 노나라는 약소국이었으므로 항상 노나라는 제나라의 눈치를 볼 수밖에 없었다. 맹약을 하기 전에 제나라에서는 맹약서에 다음과 같은 조항을 써넣을 것을 강요하였다.

　"제나라의 군대가 외국으로 전쟁을 하러 나갈 때는 노나라는 반드시 전차 3백 승을 내어 제나라의 작전을 돕기로 한다."

　우월한 힘으로 몰아붙이는 강제조항이었으나 노나라의 정공은 어쩔 수 없이 이를 받아들여 서명을 하려는 순간 공자가 나서서 이를 막았다.

　"이는 불가합니다."

　공자의 태도는 의외로 강경하였다. 언짢은 표정으로 노려보고 있는 경공을 향해 공자는 말하였다.

　"그 조항에 서명하는 것은 어렵지 않으나 먼저 제나라에서부터 맹약에 성의를 보여주십시오."

　"그것이 무엇인가."

　경공이 묻자 공자가 대답하였다.

　"원래 문수(汶水) 이북의 땅은 노나라의 것입니다. 그것을 돌려주십시오. 성의를 보여주신다면 회맹은 더욱 돈독해질 것입니다."

　공자의 말은 사실이었다. 원래 문수 이북의 땅은 노나라의 것이었다. 그런데 제나라가 자신들의 강대한 힘을 믿고 강제로 이를 점령하여 자신들의 영토로 병합하였던 것이다. 이 말을 들은 경공은 어쩔 수 없이 노나라로부터 빼앗았던 오늘날의 산동성 동임도(山東

省 東臨道)에 해당하는 운(鄆), 문양(汶陽), 귀음(龜陰) 등의 땅을 다시 노나라에 돌려주었던 것이다.

이처럼 정치가로 갓 데뷔한 공자는 네 번이나 제나라의 음모를 물리침으로써 외교가로서 눈부신 활동을 펼쳐보였던 것이다.

외교의 목적은 단 한 가지뿐, 상대국을 위한 것이 아니라 오직 자국의 이익을 위하는 것이며, 그러기 위해서는 확고한 원칙이 있어야 하는 것이다. 보다 큰 실리를 얻기 위해서는 작은 손실은 감수해야 하며, 힘으로 밀어붙이는 외교술보다는 명분을 중시하는 외교에 더욱 전념해야 하는 것이다.

어쨌든 회맹을 마친 후 경공은 제나라로 돌아온 후에도 공자를 아낌없이 칭찬하였다고 『사기』는 기록하고 있다.

경공은 공자가 두려웠다. 또 그 의리에 감동되었다. 회맹을 마치고 귀국한 후에도 부끄러움은 가시지 않았다. 그래서 신하들을 모아놓고 꾸짖어 말하였다.

"노나라에서는 신하들이 군자의 도로써 그 임금을 보좌하는데, 어찌 그대들은 과인에게 오랑캐의 도로써 가르치려 하는가. 지금 과인은 노나라 군주에게 과실을 범했으니 이를 어찌하면 좋단 말인가."

공자가 보인 외교가로서의 눈부신 활약은 공자를 더 높은 벼슬로 중용시키는 계기가 된다.

이로써 오늘날 산동성 제령도의 문상현(汶上縣)을 가리키는 중도의 지방 장관으로 있던 공자는 다음 해에 곧장 사공(司空)이란 높은 벼슬로 영전된다. 사공은 육경 중의 하나로 국토를 다스리는 일을 맡는 중요한 자리였다. 비로소 중앙의 행정장관으로 임명된 셈이었는데, 『공자가어』에 의하면 공자가 사공이 된 뒤로는 노나라의 삼림과 강물, 호수와 고지대와 저지대의 평야가 모두 제대로 다스려져 각각 그곳에 맞는 식물과 동물들이 잘 자랐다고 한다.

그러나 정치가로서의 공자는 원대한 포부를 갖고 있었다.

그것은 대부들인 계환자를 비롯한 삼환씨의 횡포를 제거하고 정권을 노나라의 임금인 정공에게 되돌려 나라의 기강을 바로잡아야겠다는 사명감 같은 것이었다.

공자는 이상주의 국가의 표본을 주나라에서 찾고 있었는데, 이는 『논어』에서 말하였던 공자의 다음과 같은 말에서 미뤄 짐작할 수 있다.

주나라는 하(夏)와 은(殷)나라를 본떴으므로 문물제도가 빛났다. 나는 마땅히 주나라를 따르겠다.

노나라를 주나라로 만들고 싶은 것이 공자의 정치이념이었고, 정치가로서 공자가 꿈꿨던 이상적인 인물은 주나라 건국의 일등공신이었던 주공이었던 것이다.

공자는 종주국이었던 주나라를 건국한 주공을 본떠 한갓 신하에 불과한 삼환씨의 전횡을 거세하고, 왕권을 정공에게 되돌려야만 천하의 도가 바로잡힐 수 있다고 생각하고 있었던 것이다.

마침내 공자가 사공이란 높은 벼슬에 이르렀을 때 그 개혁을 시작할 수 있는 절호의 찬스가 찾아왔다.

그것은 계씨들에 의해서 쫓겨나 제나라로 망명했다가 7년 만에 객사한 소공의 시신을 이장하여 노나라의 선공(先公)들의 묘소에 합장시키는 장례가 벌어지게 된 것이었다.

이때 계환자는 소공을 탐탁하게 여기고 있지는 않았지만 백성들의 눈총도 있으니 이 기회에 소공의 장례를 치러주자고 생각하여 성대한 예식을 치르면서도 한 가지 조건을 내걸고 있었다. 그것은 선공들의 묘소와 소공의 묘 사이에 도랑을 내어 소공의 묘를 격리시키려 했던 것이다.

그러나 이러한 계환자의 술수도 대부 영가아(榮駕鵝)의 반대로 실행되지 못하였다. 영가아는 도랑을 내어 소공의 묘를 격리할 것이 아니라 아예 소공의 묘를 묘도(墓道)의 남쪽에 만들 것을 주장하여 그대로 외딴곳에 파묻어버린 것이었다. 이 사실을 알게 된 공자는 마침 자신의 직책이 국토를 관장하는 사공임을 기화로 계환자를 찾아가 항의하였다고 『공자가어』는 기록하고 있다.

임금을 내침으로써 자기 죄를 드러내는 것은 예가 아닙니다. 지금 소공의 무덤을 선공들 무덤 곁에 합치려 하는데, 그것은 계씨의 신하 노릇을 잘못한 행위를 덮어주려는 뜻에서입니다. 그런데 어찌하여 임금의 묘를 감히 묘도에 장사지낼 수 있겠습니까.

공자의 말은 준엄한 질책이었다. 임금을 내친 신하로서 잘못한 행위를 꾸짖고 이 기회에 명분을 바로잡으려는 공자의 결의가 번득이는 대목인 것이다.

이 말을 들은 계환자는 어쩔 수 없이 공자의 말을 받아들여 소공의 무덤을 다시 이장하여 선공들의 무덤 곁에 합쳐주었으며, 그 대신 도랑을 내어 구별하는 차선책을 사용하였던 것이다.

이로써 공자의 위상은 더욱더 높아져갔다. 그리하여 다음 해인 기원전 498년 공자 나이 54세 때 다시 사구(司寇)라는 더 중요한 벼슬에 등용되었다. 정치에 입문한 지 불과 3년 만에 형옥을 다스리는 관리인 사구라는 직책으로 발탁되었음은 공자의 황금시대를 의미하는 것이다.

사구라는 벼슬은 지금의 대법원장 겸 법무부장관의 직책에 해당하는 중요한 자리로서 사구가 된 공자는 옥송(獄訟)의 판결을 내리기에 앞서 항상 많은 사람들의 의견을 경청하였다고 한다.

공자가 사구 벼슬을 하는 동안에 있었던 여러 잡사들이 『공자가어』에 조목조목 기록되어 있는데 그 내용들을 훑어보면 흥미로운 장면이 많이 있다.

즉 공자가 사구가 된 뒤로는 노나라에서 양에게 물을 억지로 먹여 체중을 늘려 팔았던 양 장수 심유씨는 다시는 억지로 물을 양에게 먹이지 않게 되었고, 음탕한 처를 두었던 공신씨는 즉시 처를 내쫓았고, 사치하고 방자하게 굴던 심궤씨는 곧 국외로 이사를 갔고, 에누리가 많던 가축 장수들은 다시는 값을 바가지 씌워 부르는 일이 없게 되었다고 한다. 그 결과 노나라 사람들은 남녀를 구별할 줄 알게 되고, 길가에 떨어져 있는 물건들도 자기 것이 아니면 줍지 아니하게 되고, 남자는 충성과 신용을 숭상하게 되고, 여자는 정절과 순종을 숭상하게 되었다고 기록하고 있다.

2천5백 년이 지난 오늘날에도 가축의 체중을 불리려 억지로 물을 먹이는 부정식품 행위와 극심한 성매매가 판치는 음탕한 풍토와 물질만능의 사치와 허영이, 이익을 위해서는 수단방법을 가리지 않는 부정한 상도의가 횡행하고 있으니, 그렇다면 인류의 역사는 공자의 시대에서 한 발자국도 진화하지 못하고 있는 것인가. 아니다. 부정과 성에 대한 쾌락과 퇴폐와 사회악이 더욱더 만연되고 있으니, 인류의 역사는 오히려 퇴보되어가고 있는지도 모른다.

공자가 사구의 지위에 있을 때 정치가로서의 면모를 엿볼 수 있는 에피소드가 하나 전해 내려오고 있다.

한번은 어떤 부자가 맞고소한 사건이 일어났다. 공자는 아버지와 아들을 한 감방에 석 달 동안 가두어 놓을 것을 명령하였다. 석 달이 지나자 아버지 편에서 먼저 뉘우치고 고소를 취하하니 공자는 이들을 모두 풀어주었다. 이를 알게 된 계환자는 성을 내면서 말하였다.

"사구가 나를 속였구나. 전에 그는 내게 말하기를 국가를 다스리는 데 있어서는 반드시 효도를 앞세워야 한다고 하였다. 나는 지금 불효자를 처벌하여 백성들에게 효도를 가르쳐주는 좋은 기회가 왔다고 생각하고 있었는데, 용서를 해주다니. 도대체 어떻게 된 일인가?"

계환자의 불평을 들은 제자 염유는 공자를 찾아가 그대로 말을 전하였다. 염유의 자는 자유(子有)로서 공자보다 29세나 아래였는데, 특히 정치적 재능이 뛰어난 인물이었다. 특히 염유는 권신인 계씨 편에 밀착하여 공자의 제자일 뿐 아니라 계씨의 가신까지 겸하고 있었는데, 이러한 태도를 공자는 내심 못마땅하게 생각하고 있었다.

훗날 염유가 계씨의 편에 서서 가렴주구를 돕는 사실을 알게 되자 공자는 불같이 노하여 다음과 같이 말하였다고 『논어』는 기록하고 있다.

계씨는 주공보다도 부유했는데 염유는 그를 위하여 세금을 거둬들임으로써 그의 부를 더해주었다. 이에 공자는 말씀하셨다.
"그는 나의 제자가 아니다. 너희들은 북을 울리며 그를 공격해도 괜찮다."

염유에 대한 공자의 애증은 『논어』의 다른 장면에서도 엿볼 수 있다.

염유가 공자에게 "저는 선생님의 도를 좋아하지 않는 것은 아니나 힘이 모자랍니다"라고 말하였을 때 공자께서는 말씀하셨다.
"힘이 모자라는 자는 중도에 그만두게 되어 있는데, 지금 자네는 스스로 움츠리고 있네."

이러한 예를 통해 알 수 있듯이 염유는 권신 계환자의 불만을 공자에게 그대로 전할 수 있는 위치에 있었던 것이다.

염유로부터 이 말을 전해 들은 공자는 탄식하여 말하였다.

"아아, 윗사람은 자기 도리를 지키지 못하면서 아랫사람을 죽인다는 것은 이치에 어긋나는 일이다. 효도는 가르치지도 않고 오직 그 죄만을 다스린다는 것은 무구한 사람을 죽이는 일이다. 삼군(三軍)이 크게 패했다 하더라도 군사들을 처형해서는 안 되며 재판을 제대로 하지 못하면서 형벌을 가해서는 안 된다. 왜냐하면 윗사람의 교화가 행하여지지 않는 것은 그 죄가 백성들에게 있는 것이 아니기 때문이다."

그러나 공자는 이처럼 백성들의 죄에 대해서는 너그러웠지만 백성들에게 모범을 보여야 할 높은 자와 가진 자의 죄를 묻는 데는 엄격하였다.

그것은 공자의 정치철학에서 비롯되었다. 공자는 '위정자 자신이 올바르면 명령을 내리지 않아도 제대로 되고 위정자 자신이 올바르지 못하면 명령을 내려도 백성들이 따르지 않는다.(其身正 不令而行 其身不正 雖令不後)'라고 말함으로써 언제나 다스리는 자의 모범이야말로 백성을 다스리는 척도임을 강조하고 있었던 것이다.

공자는 이처럼 아버지와 아들 간의 다툼에는 너그러웠지만 벼슬이 높은 권신의 위법에는 추상과 같이 엄격하였다.

일년 뒤 공자가 나라를 다스리는 재상인 대사구(大司寇)의 벼슬에 있었을 때 정치를 어지럽힌다는 애매한 이유로 대부인 소정묘(少正卯)를 죽여 그 시체를 사흘 동안 저잣거리에 내건 적이 있었다.

이때 제자인 자공이 "소정묘는 노나라의 명사인데, 지금 선생님께서 처형해버린 것은 잘못하신 일이 아닐까요"하고 묻자 공자는 대답한다.

"앉거라. 내가 그 까닭을 설명해주마. 천하에는 대악(大惡)이 다섯 가지가 있는데, 도적질은 그것에 들지도 않는다. 첫째는 마음이 반역적이고 음흉한 것이다. 둘째는 행동이 편벽되면서도 고집 센 것이다. 셋째는 말이 거짓되면서도 번지르르하게 꾸며대는 것이다. 넷째는 아는 것이 없어 추하면서도 넓은 것이다. 다섯째는 그릇된 부정한 길을 따르면서도 윤택하게 지내는 것이다. 이 다섯 가지는 어떤 사람이든 한 가지만 가지고 있다 하더라도 처형을 면할 수가 없는 법인데, 소정묘는 이것을 모두 지니고 있다. 그의 일상생활은 무리를 모아 도당(徒黨)을 이루기에 족하였고, 그의 말은 사악함을 꾸미어 사람들을 미혹시키기에 족하였고, 그의 권세는 옳지 않은 것에 반하여 지나치게 높았다. 이는 곧 간악한 간웅이니, 마땅히 없애버리지 않을 수가 없는 법이다."

이처럼 정치가로서 뛰어난 역량을 펼친 공자는 마침내 오래전부터 꿈꿔왔던 대로 삼환씨의 세력을 제거하고 노나라의 임금인 정공을 중심으로 한 정권의 회복과 군사력의 통일을 꾀하기 시작하였다.

그것은 삼환씨의 도성인 세 성을 허물기로 결단을 내린 것이었다. 세 성이란 계손씨의 도성인 비(費)와 숙손씨의 도성인 후(郈),

맹손씨의 도성인 성(成)을 가리키는데, 이것들은 모두 삼환씨들에게는 군사상 중심을 이루는 요새로, 만약 이 도성들을 허물 수가 있다면 자연적으로 왕권이 강화될 수 있었던 것이다.

먼저 공자는 정공에게 다음과 같이 건의하였다고 『사기』는 기록하고 있다.

"신하된 자는 무장된 병사를 개인적으로 소유해서는 안 되며, 대부의 도성이라도 높이가 백 치가 되어서는 안 되는 것입니다."

정공은 공자의 건의를 마다할 이유가 없었다. 삼환씨의 도성을 허물어버릴 수만 있다면 왕권이 강화되는 것은 분명한 일이었으나 문제는 권신들인 삼환씨의 눈치를 살필 수밖에 없었던 입장이었다. 그러나 의외로 삼환씨와 이해가 맞아떨어지게 되었다. 그것은 삼환씨들도 자신들의 가신들인 양호와 공산불뉴가 이 도성들을 근거로 반란을 일으켜 이곳에 대해 위협을 느끼고 있었기 때문이었다.

특히 내란을 일으켰던 양호는 삼환씨들이 힘을 합쳐 제나라로 쫓아버렸지만 공산불뉴는 아직도 비의 도성을 근거로 건재하고 있었던 것이다.

정공의 윤허를 받은 공자는 즉시 이를 결행하였다. 정공과 삼환씨 그리고 공자, 이처럼 삼자의 이해가 맞아떨어지는 절호의 찬스는 그야말로 천재일우(千載一遇)였다.

공자는 자신의 제자 중에서 가장 용감하고 무예가 뛰어난 자로를 계환자의 가재(家宰)로 임명하고 가장 세력이 약했던 숙손씨의 후 고을을 먼저 점령하였다. 고을을 점령하자마자 공자는 성을 허물고 사병들을 해체하였다.

두 번째로 계손씨의 도성인 비 고을을 공격하였는데, 이곳에서 반란을 꿈꾸고 있던 공산불뉴는 공자의 군사가 쳐들어온다는 소식을 듣자 불과 같이 노하여 말하였다.

"머리가 움푹 들어간 공구가 감히 내 도성을 넘보다니, 이 기회에 공구의 목을 베어 저잣거리에 내걸어 들짐승의 밥이 되게 하리라."

과연 공산불뉴의 반격도 만만치가 않았다. 오히려 관군을 물리치고 노나라의 왕도인 곡부를 공격하니 정공을 비롯한 공자는 임시로 계환자의 집으로 피신할 수밖에 없었다. 이때 공산불뉴가 이끄는 반군의 기세는 등등하여 정공과 삼환씨가 피신한 계씨궁의 무자(武子)의 대(臺)에 이르렀다. '무자의 대'는 곡부의 동문에 있는 계환자의 선조인 계무자(系武子)가 쌓은 누대였다. 공산불뉴의 반군은 이곳을 포위 공격하여 풍전등화의 위기였으나 공자는 태연하여 눈하나 까딱하지 않았다.

반란군의 공격이 뜸해지기를 기다려 공자는 신구수(申句須)와 악기(樂頎)라는 두 장수로 하여금 정예군을 거느리고 나아가 반군을 급습하게 하였다. 이 싸움에서 크게 패한 반군은 고멸(姑蔑)이란 고장으로 물러났다. 공자는 이 기회에 아예 공산불뉴를 섬멸시켜야 한다고 결심하고는 끝까지 공격하였다.

마침내 전쟁에서 패한 공산불뉴는 제나라로 도망칠 수밖에 없었다. 이로써 삼환씨의 세 도읍 중 가장 강력한 세력을 떨치던 비 땅이 점령되어 공자의 오랜 숙원대로 성읍을 완전히 파괴할 수 있었던 것이다.

이제 남은 성은 단 하나.

맹손씨의 성읍 성이었다. 오늘날 산동성 제령도의 영양현(寧陽縣)인 이곳을 파괴한다면 공자의 오랜 숙원대로 삼환씨의 근거지인 세 읍이 모두 파괴되어, 그들의 권력을 약화시키려는 공자의 정치개혁은 완성될 수 있었던 것이다.

그러나 막상 마지막 본거지인 맹손씨의 성읍을 파괴하려 하자 읍장인 공렴처보(公斂處父)가 맹손씨에게 반대하여 말하였다.

"성 땅을 파괴하면 제나라 사람들은 반드시 노나라의 북문을 급습할 것입니다. 또 성 땅은 대대로 맹손씨의 요새입니다. 성 땅이 없어진다는 것은 맹손씨는 결사적으로 싸우다 전멸한다는 뜻과 같은 것입니다. 부디 이곳을 허물지 말아주십시오. 심각한 후유증이 피차에 남을 것입니다."

공렴처보의 말이 삼환씨의 마음을 움직였다. 그들은 반란군을 이끄는 공산불뉴를 쳐부수기 위해 공자의 말에 일단 동의하였지만 공산불뉴를 제나라로 쫓아버렸으니 자신들의 요새를 더 이상 파괴할 필요는 없다고 판단한 것이었다. 또한 그들은 자신들의 요새를 끝까지 파괴하려는 공자의 속셈이 어디에 있는가 의심의 눈초리를 보내기 시작했다.

그러나 공자는 초기의 결심대로 군사를 이끌고 성 땅을 포위 공격하였으나 삼환씨의 도움을 받지 못하였으므로 성공을 거두지는 못하였다. 비록 세 고을의 성을 허무는 완전한 성공을 거두지는 못하였지만 후와 비의 두 성읍을 허물었고, 양호와 한 패거리였던 역신 공산불뉴를 국외로 추방하였으므로 모처럼 노나라에는 평화가 찾아왔다.

이 평화는 모두 공자의 정치적 역량에 힘입은 것이었다. 정치가로서의 공자는 외교적 활동은 물론 문과 무에 있어 눈부신 활동을 펼쳐 정계에 입문한 뒤 불과 4년 만에 어지러운 난세를 태평성대로 바꿔놓은 것이었다.

그리하여 공자는 이듬해인 기원전 497년, 55세의 나이에 이르러 대사구(大司寇)라는 벼슬에 등용된다.

대사구란 직책은 나라의 재상을 겸하는 최고의 벼슬이었다. 『사기』에 의하면 대사구란 지위에 오르자 공자는 기뻐하는 빛을 보였다고 한다. 이에 자로가 다음과 같이 물어 말하였다고 기록하고 있다.

"제가 듣건대 군자는 화가 닥쳐도 두려워하지 않고, 복이 닥쳐도 기뻐하지 않는다고 했습니다. 그런데 지금 선생님께서는 벼슬을 얻고는 크게 기뻐하고 계시니 어째서입니까?"

이에 공자는 대답한다.

"그대의 말이 맞긴 하다. 그러나 존귀한 몸으로 실력을 발휘하면서 아랫사람을 돌본다는 것도 즐거운 일 중의 하나인 것 같다."

그러나 51세에 중도재가 된 이래 55세에 대사구로서 재상의 일을 겸직하는 5년 동안의 황금시대는 전혀 뜻밖의 일로 끝나게 된다.

그렇지 않아도 공자가 정치를 맡은 이래 노나라의 국력이 막강해지는 모습을 예의주시하고 있던 제나라의 경공은 차츰 이를 두려워하게 되었던 것이다. 이는 『사기』에도 기록되어 있다.

대사구가 된 공자는 노나라의 대부이면서도 정치를 어지럽힌 소정묘를 처형하고, 정공을 적극적으로 정사에 참여토록 하였다. 3개월이 지나자 새끼 양과 돼지를 팔고 사는 장사치들은 폭리를 취하지 않게 되었고, 보행하는 남녀가 길을 따로따로 걸었으며, 물건이 땅에 떨어져도 줍는 사람들이 없었다. 또한 노나라를 방문하는 외국인이 일일이 관리들에게 방문사유서를 제출하지 않아도 필수품을 사서 돌아갈 수 있도록 했다. 노나라의 이러한 융성함을 들은 경공은 갑자기 불안감에 사로잡혀 말하였다.

"공자가 정치를 맡게 되면 노나라는 반드시 패자가 될 것이다. 패자가 되면 노나라에서 가장 가까운 우리 제나라는 가장 먼저 노나라에 합병될 것이다. 차라리 그렇게 되기 전에 먼저 땅을 떼어주는 게 어떨까."

그러나 경공의 이런 말을 들은 대부 여서는 생각이 달랐다.

이미 3대에 걸쳐 제나라를 다스리던 안영은 수년 전에 이미 죽었고, 그 뒤를 이어 제나라를 다스리던 여서는 이 기회에 공자를 제거할 수 있는 묘계를 짤 것을 계획하고, 대답한다.

"땅을 먼저 떼어주기 전에 우선 노나라를 정치적으로 흔들어봅시다. 땅의 양도는 그 이후에 생각해도 늦지 않습니다."

여서가 생각했던 노나라의 정치를 흔들어보는 계략. 그것은 미인계였다. 여서는 노나라의 임금인 정공과 계환자가 가무를 즐기고, 여색을 좋아하고 있음을 꿰뚫어보고 이 기회에 미인계를 써서 공자와 정공의 사이를 이간질시켜보려고 계획했던 것이다.

여서는 자신이 직접 아름다운 여인 80명을 골라 뽑았다. 자고로 경국지색(傾國之色)이라 함은 '나라를 위태롭게 할 정도의 미색'이란 뜻으로 여서는 노나라를 위태롭게 하는 유일한 방법은 오직 미인계뿐이라고 믿고 있었던 것이다.

여서는 자신이 뽑은 80명의 미녀들에게 화려한 옷을 입힌 후 모두 강락무(康樂舞)를 익히도록 훈련시켰다. 몇 개월이 지난 후 여서는 호화롭게 차려입은 미인들이 추는 강락무를 직접 보고 나서 이렇게 탄식한다.

"옛 노래에 다음과 같은 것이 있다. '북방에 한 가인이 있어 절세의 미인이로다. 눈길 한 번 돌아보면 성이 기울고 두 번 돌아보면 나라가 기울어진다.' 그대들의 눈길 한 번에 반드시 노나라의 성이 기울어지고, 두 번 돌아보면 노나라가 기울어질 것이다."

여서는 즉시 80명의 미인과 함께 좋은 말 120필을 골라 노나라 임금인 정공에게 선물로 보냈다. 과연 여서의 예언은 그대로 적중된다.

이들은 먼저 입궐하기 전에 제나라에서 온 문화사절로서 도성인 곡부의 남쪽 문인 고문(高門) 밖에서 말과 예기들의 춤을 공개하였다.

소문을 들은 계환자는 남의 눈도 있고 대부의 체면도 있었으므로 평복으로 갈아입고 자신의 신분을 숨긴 후 사람들 사이에 끼어 이 공연을 며칠 동안이나 구경한다.

며칠 동안의 구경 끝에 계환자는 이를 받아들일 것을 결심한다. 그렇지 않아도 정치가로서 공자의 위세가 하루가 다르게 막강해지는 것에 대해 일말의 불안감을 느끼고 있던 계환자는 틀림없이 평소에 음란한 노래를 증오하고 있던 공자의 태도로 보아 단숨에 이를 물리칠 것을 잘 알고 있었던 것이다. 따라서 공자 몰래 정공을 데리고 가 구경시킨 후 이에 맛을 들이도록 하면 자연 공자와의 관계를 악화시킬 수 있을 것이라고 생각하였다. 제나라에서 온 미녀 80명이 부르는 퇴폐적인 여악(女樂)을 공자가 받아들이지 않을 것은 명백한 일이었던 것이다.

계환자는 정공에게 이를 아뢰고 교외시찰이란 명목으로 함께 변복을 한 후 몰래 찾아가 이를 구경하였다. 이들은 하루 종일 춤과 노래를 구경하는 데 정신이 팔려 정사를 돌보지 않게 되었다.

마침내 제나라의 대부인 여서가 획책한 미인계가 적중하는 위기의 순간이 다가온 것이었다. 『논어』의 「미자편」에 이 장면이 나와 있다.

> 제나라 사람들이 여악을 보내왔다. 노나라의 계환자가 이를 받아들여 즐기느라 사흘 동안이나 조회(朝會)를 하지 않았다. 공자께서는 이에 노나라를 떠났다.

『논어』에는 공자가 5년 동안 정치가로서의 황금시대를 스스로 마감한 장면을 이렇게 간략하게 기록하고 있지만 실제 내용은 그렇게 단순한 것이 아니었다.

노나라의 임금인 정공과 계환자는 의기투합하여 제나라의 예기들과 말을 받아들인 다음 이를 즐기느라 정신이 팔려 정사를 돌보지 않게 되자 이를 지켜본 성미 급한 제자 자로가 분노하여 공자에게 말하였다.

"형편이 이 지경에 이르렀으니 선생님은 마땅히 사직하셔야 하겠습니다. 일찍이 은나라의 마지막 왕 주왕(紂王)도 처음에는 총명하고 뛰어난 왕이었으나 달기(妲己)에게 빠져 포락지형(炮烙之刑)이라는 형벌을 즐기다가 마침내 주나라의 무왕에게 토벌되어 멸망당하고 말았습니다. 지금 노나라의 임금과 권신이 모두 여색에 빠져 있으니 노나라의 사직도 은나라의 운명과 다르지 않을 것입니다."

달기.

중국 역사상 가장 뛰어난 미인이면서 음란하고 잔인한 대표적인 독부의 상징.

여러 가지 꽃잎을 짜서 그 액을 얼굴에 바르는 화장법, 즉 오늘날의 연지를 제일 먼저 사용하였던 전설 속의 여인. 전해 내려오는 말에 의하면 달기는 '은행알과 같은 눈에 복숭아 같은 뺨, 하얀 피부를 가졌으며, 도화장(桃花妝)이란 연지를 바르고 주왕을 미혹시켰다'고 한다.

"달기야말로 진짜 여자다. 지금까지 많은 여자들을 겪어봤지만 달기에 비하면 목석에 불과하다. 정말 하늘이 내려준 여자다."

오랑캐 나라인 유소씨국(有蘇氏國)에서 공물로 보내온 달기에 빠진 주왕은 그렇게 찬탄하면서 하루 종일 달기를 끼고 술을 마시며 즐기기만을 일삼았던 것이다.

이른바 술로 연못을 만들고 고깃덩어리를 걸어 숲을 이루게 한 후 많은 젊은 남녀로 하여금 벌거벗고, 서로 희롱하고, 음탕한 음악과 음란한 춤을 추게 하는 주지육림(酒池肉林)이란 말도 달기에서 비롯되었으며, 구리기둥에 기름을 바르고 그 아래 이글거리는 숯불을 피워놓은 후 기둥 위로 죄인들로 하여금 맨발로 걸어가게 함으로써 절박한 갈림길에서 발버둥치는 죄인의 모습을 보면서 즐기는 포락지형도 모두 달기에서 비롯된 것이었다.

그러므로 제나라에서 보내온 여인들의 춤과 노래에 빠져 정사를 게을리 하는 정공과 계환자의 모습은 머지않아 노나라의 비극적인 운명을 암시하는 불길한 전조였던 것이다.

그러나 자로의 이 말을 들은 공자는 그래도 신중하였다. 그래서 다음과 같이 말하였다고 『사기』는 기록하고 있다.

"얼마 안 있어 성 밖에서 교제(郊祭)를 지내게 되어 있다. 만약 그 제사를 지내고 군주께서 제육(祭肉)을 대부들에게 나누어주기만 한다면 아직도 희망은 있는 것이다. 그러므로 먼저 서두를 필요는 없는 것이다."

공자의 이 말은 끝까지 자신의 모국인 노나라에 대해서 희망을 잃지 않는 애국심을 엿보게 한다. 비록 군주가 여색에 빠져 있다 하더라도 군주로서의 예를 잃지 않는다면 일말의 가능성이 있다고 본 것이었다.

교제란 하늘에 지내는 제사로 동지에는 하늘을 남교(南郊)에 모시고, 하지에는 땅을 북교(北郊)에 모신다. 하늘과 땅에 제사를 지낸 후 군주는 그 제물을 신하에게 하사하는 것이 통례인데, 이는 모든 신하를 공동체의 일원으로 존중하기 때문인 것이다. 공자는 조바심을 갖고 초조하게 이를 지켜보고 있었다.

그러나 이런 공자의 희망은 철저하게 무산되고 만다. 이에 대해 『사기』는 기록하고 있다.

"한편 계환자는 제나라의 선물인 여악을 받아들인 후 이를 즐기느라 사흘 동안이나 정사를 돌보지 않았다. 그뿐 아니라 교제를 지내고 나서도 제기에 담았던 제육 역시 여러 대부들에게 나누어주지 않았다."

어릴 때부터 예를 중요시 여겨 모든 인간행동의 기준을 예로 삼았던 공자. '예를 알지 못하면 사람으로서 설 근거가 없게 된다.(不知禮無以立也)'라는 가르침으로 유가의 사상을 펼쳐나가던 공자는 더 이상 이러한 무례를 견딜 수가 없었던 것이다.

심지어 공자는 예를 '인간행동의 기준' 뿐 아니라 '백성을 다스리는 정치기능'으로까지 가치관을 확산시켜 생각하고 있었다.

이는 공자가 『논어』에서 '임금은 신하를 부리기를 예로써 하고 신하는 임금을 섬기기를 충으로 한다.(君使臣以禮 臣事君以忠)'라고 말하고, '예와 사양으로써 나라를 다스릴 수 없다면 예를 무엇에 쓰겠는가.(不能以禮讓爲國 如禮何)'라는 말을 한 것만 보아도 얼마만큼 예를 중요시하였는가를 미루어 짐작할 수 있는 것이다.

마침내 공자는 정공과 계환자가 군주로서의 예를 잃어버린 사실을 깨닫게 되자 미련 없이 노나라를 떠날 것을 결심한다. 그리하여 곡부를 떠나 남쪽인 둔(屯)으로 갔을 때 기(己)란 사람이 공자를 전송하면서 말하였다.

"선생께서는 아무런 죄도 지은 것이 없는데 어째서 노나라를 떠나려 하십니까?"

이 말을 듣고 공자는 물끄러미 마을 앞을 흐르는 강물을 쳐다본 후 말하였다.

"내가 노래로 대답하려는데 괜찮겠소이까?"

공자가 노래로 대답하겠다는 뜻을 밝힌 것은 자신을 전송하는 기가 음악관인 태사(太師)의 신분이었기 때문이었다.

"마음대로 하십시오."

기가 고개를 끄덕이자 공자는 노래를 부르기 시작하였다.

여인들을 앞세워 나라를 망치려는 계략이라네
나라의 기둥들이 저 꼴이라면 남은 것은 오로지 파멸일 뿐
모름지기 군자는 멀리 도망가서 여생을 한가로이 지낼 뿐.

공자도 군자는 마땅히 여색을 멀리해야 함을 경계하고 있었다.

부처는 여색을 구도의 가장 큰 장애물로 보고 '너희들은 차라리 너의 남근을 독사의 아가리에 넣을지언정 여자의 몸에는 넣지 말라'고 극언하고 또 다음과 같이 말하였다.

사람들이 재물과 색을 버리지 못하는 것은 마치 칼날에 묻은 꿀을 핥는 것과 같다. 한 번 입에 대는 것도 못할 일인데 어린아이들처럼 그것을 핥다가 혀를 상한다. 모든 욕망 가운데 성욕만큼 더 한 것은 없다. 성욕의 크기는 한계가 없는 것이다. 다행히

그것이 하나 뿐이었기에 망정이지 둘만 되었어도 도를 이루어 부처가 될 사람은 아무도 없을 것이다. 애욕을 지닌 사람은 마치 횃불을 들고 거슬러가는 것과 같아 반드시 횃불에 화를 입게 될 것이다.

석가모니의 극단적인 이 말과 비교가 안 될 정도지만 공자도 여색에 대해서는 분명히 경계하고 있다.

『논어』의 「양화편」에 나오는 구절도 공자의 여성관을 짐작케 하는 것이다.

"유독 여인과 소인은 다루기 어렵다. 가까이하면 공손치 않게 되고, 멀리하면 원망하게 된다.(唯女子與小人 爲難養也 近之則不孫 遠之則怨)"

이로써 공자는 5년 동안에 걸친 정치가로서의 황금시대를 스스로 마감하고 노나라를 떠나 열국을 순회하는 고난시대로 들어서게 된다.

대사구의 재상직을 버린 것은 55세 때였고, 자기의 이상을 정치적으로 실현할 나라와 임금을 찾아 국외로 여행길에 오른 것은 56세 때였다. 그 뒤 다시 노나라로 돌아온 것은 기원전 484년, 노나라의 애공 11년. 공자의 나이 68세 때였으니, 공자는 실로 13년 동안이나 열국을 주유하는 것이다.

그러나 이 13년 동안의 세월은 공자의 황금시절과는 전혀 다른 문자 그대로 가시밭길이었다. 대사상가 공자가 어째서 13년 동안이나 훗날 자신의 신세를 '상갓집의 개'인 '상가지구(喪家之狗)'로 표현할 만큼 초라한 신세로 주유천하를 하였던가는 실로 미스터릭한 일로 느껴진다.

노나라를 떠나면서 태사 기에게는 '모름지기 군자는 멀리 (속세를 떠나) 도망가서 여생을 한가롭게 지낼 뿐'이라고 노래하면서도 오히려 더 적극적으로 세상의 바다 속에 뛰어들어 모진 고초를 받았던 것은 이해할 수 없는 수수께끼라고 말할 수 있을 것이다.

굳이 말하자면 '화광동진(和光同塵)', 즉 '빛을 부드럽게 하여 속세의 티끌과 함께한다는 뜻'이 아니었을까.

마치 부처가 중생을 구제하기 위해서 그 본색을 숨기고 인간계에 나타나고 예수가 인간을 구원하기 위해서 사람의 아들이 되어 십자가에 못 박혀 죽었다가 다시 부활하여 인간이 죽음을 물리칠 수 있음을 보여주었듯이 공자가 13년 동안의 가시밭길을 주유열국하였던 것은 속세의 티끌과 같이하려는 구법행위가 아니었을까.

아이러니컬하게도 '화광동진'이란 말은 공자 당대의 최고의 라이벌인 노자의 『도덕경』에 나오는 말.

아는 사람은 말하지 않고, 말하는 사람은 알지 못한다. 그 이목구비를 막고 그 문을 닫아서 날카로운 기운을 꺾고 혼란함을 풀고 지혜의 빛을 감추고(和其光), 속세의 티끌과 함께하니(同其塵) 이것을 현동(玄同)이라고 말한다. 그러므로 친해질 수도 없고 멀어지지도 않는다. 이롭게 하지도 않으며 해롭게 하지도 못한다. 귀하게 할 수도 없고 천하게 할 수도 없다. 그러므로 천하에 가장 귀한 것이 된다.

　무릇 성인들은 인간으로서의 한계를 뛰어넘는 형극(荊棘)의 가시
밭길 끝에 완성되는 것.
　13년에 걸친 주유열국의 고난시절은 공자의 사상을 완성시킨 부
처의 설산(雪山) 고행과 예수의 무거운 십자가와 같은 것이 아닐까.
　노나라를 떠나 홀연히 자취를 감춘 공자의 마지막 모습에 대해서
『사기』는 다음과 같이 기록하고 있다.

　　공자를 전송하였던 태사 기가 돌아오자 계환자가 물었다.
　　"어떻게 되었는가?"
　　이에 기가 대답하였다.
　　"떠나지 말라고 말렸는데도 기어이 떠나가고 말았습니다."
　　"그래 뭐라고 하던가?"
　　그러자 태사 기는 공자와 있었던 일을 사실대로 말했다. 자초
지종을 들은 계환자는 한숨을 쉬면서 중얼거렸다.
　　"역시 선생은 예기들의 문제를 걸어서 나를 질책하신 것이다."

　공자가 떠난 후 노나라는 공자의 예언대로 기울어진다. 이것을
상징하듯 『사기』는 이렇게 기록하고 있다.
　"그 여름에 노의 환공(桓公), 이공(釐公)의 무덤에서 불이 났다.
남궁경숙이 그 불을 껐다."
　남궁경숙은 공자와 함께 노자를 만나러 간 사람. 공자의 노래 '나

라의 기둥들이 저 꼴이라면 남은 것은 오로지 파멸일 뿐' 이라는 구절처럼 노나라는 마침내 파멸의 길로 접어들게 되는 것이다.

제 4 장

세 번째 출국 ─상가지구 喪家之狗

사람에 이르는 길

周遊列國

1

    기원전 496년 노나라의 정공 14년. 56세의 나이 때 공자는 마침내 노나라를 떠나 위(衛)나라로 찾아간다.

    이미 35세 때 제나라로 첫 번째 출국하였던 공자는 21년 만에 또다시 두 번째 출국을 단행하는 것이다. 그때는 일년 동안의 짧은 기간만 제나라에 머물러 있었지만 이번의 경우는 무려 13년 동안이나 열국을 주유하는 장기간의 외유였다.

    이에 대해 『사기』는 십이제후연표(十二諸侯年表)에서 공자의 행적을 짤막하게 기록하고 있다.

    "공자는 왕도를 밝히려고 70여 나라를 유세하였다."

    중국 전한(前漢)의 회남왕 유안(劉安)이 편찬한 백과사전 『회남자(淮南子)』에서도 공자의 행적을 다음과 같이 표현하고 있다.

    "공자는 왕도를 실현하고자 하여 동서남북으로 다니며 70여 명의 임금을 유세하였으나 아무도 그를 알아주지 않았다."

그러나 공자가 13년 동안이나 여러 나라들을 돌아다닌 것은 사실이었으나 70여 나라를 주유하였다는 것은 아무래도 과장이었던 것 같다. 실제로『사기』를 쓴 사마천도 위와 같이 공자가 '왕도를 밝히려고 70여 나라의 임금을 유세하였다'고 기록하고 있으면서도 막상「공자세가」에서는 공자가 유세한 나라를 예닐곱 나라로 압축하고 있는 것을 보면 이는 분명히 과장인 것이다.

이에 대해 공자의 유가사상을 연구하여『공자』란 책을 펴낸 청나라 말기 중화민국 초의 계몽사상가이자 문학가인 양계초(梁啓超)는 책 속에서『사기』의 과장을 지적하고 나서 이렇게 결론을 내리고 있다.

"사실은 공자가 찾아갔던 나라는 주(周), 제(齊), 위(衛), 진(陳)이었을 따름이며, 또한 초나라의 속령(屬領)인 섭(葉)에도 갔었던 것 같다. 그리고 송(宋), 조(曹), 정(鄭)의 세 나라는 머무르는 일이 없이 그냥 지나기만 하였다. 전부를 합쳐보면 지금의 산동(山東), 하남(河南) 두 성의 경계 밖을 나가본 일이 없었던 것이다."

그러나 여기에도 많은 문제점이 있다. 불확실하지만 노자를 만나기 위해서 주나라를 찾아간 것과 제나라를 찾아간 것은 그 전의 일이며, 그의 역정(歷程)에 대해서는 불확실한 점이 너무나 많은 것이다. 어떻든 사마천의『사기』를 면밀하게 검토하여 분석하면 공자가 확실하게 찾아간 나라는 위, 진, 섭 세 나라뿐인 것이다. 그러므로 공자의 발길은 평생 양계초의 지적대로 산동과 하남 두 성과 하북(河北)의 남쪽 일부 정도의 범위를 벗어나지를 못하였던 것이다. 다만 공자는 위나라를 네 번이나 거듭하여 왕래하였다는 『사기』의 기록을 보면 알 수 있듯이 공자는 70여 나라를 유세하였던 것이 아니라 서너 개의 나라를 반복해서 순회하였으며, 공자 자신은 더 많은 전국시대의 임금들을 만나고자 했지만 다른 나라의 임금들은 회견할 길이 없었던 것처럼 보인다. 그 때문에 공자는 자신의 정치적 영향을 펼칠 수 있는 임금은 만나지 못하고 오히려 '상갓집의 개'처럼 초라하게 제국을 전전하면서 생명의 위협을 받을 정도의 곤경에 빠지게 되는 것이다.

어쨌든 56세의 공자는 주유열국의 첫 대상 국가를 위나라로 선택한다.

『논어』에 보면 공자가 위나라를 첫 번째 방문하면서 제자 염유와 나눴던 대화가 실려 있다.

위나라의 번화한 도성을 수레를 타고 갔던 공자가 말하였다.
"백성이 번성하구나."
공자가 탄 수레를 몰던 염유가 물었다.
"이렇듯 백성이 많은데 여기에 더 하여야 할 것은 무엇입니까?"
"그들을 부유하게 해주는 거지."
"백성이 부유해진 다음에는 또 무엇을 더 하시겠습니까?"
이에 공자는 서슴없이 대답한다.
"그들을 가르치는 거지."

'많은 백성을 부유케 하고, 그 다음에는 가르치겠다'는 공자의 말은 노나라에서 뛰어난 정치활동으로 황금시절을 누렸던 공자가 새로운 미지의 나라에서도 그 나라의 백성들을 부유하고 도덕적인 사람들로 만들겠다는 정치적 의지를 가졌음을 엿보게 하는 것이다.

공자는 위나라에 도착한 후 자로의 손위 처남인 안탁추(顔濁鄒) 집에 몸을 의탁하였다. 안탁추의 처와 자로의 처는 형제였다. 안탁추가 자로에게 말하였다.

"공자가 우리 집에 와서 머물기만 하더라도 위나라에서 경(卿) 벼슬은 얻을 수 있을 것이오."

이 말을 들은 자로가 공자에게 전하자 단숨에 거절하며 말하였다.

"천명(天命)이란 것이 있어."

그렇다면 공자는 어째서 주유천하의 첫 번째 대상국으로 위나라를 선택했던 것일까.

물론 위나라는 노나라와 국경을 맞댄 가까운 인접국이긴 했다. 하지만 그런 지리적 여건보다도 위나라는 공자가 마음속으로 존경하고 있던 주나라 무왕의 이복동생인 강숙(康叔)을 제후로 봉하였던 은나라의 옛 땅으로 전대의 문화 중심지였던 데 있었다. 뿐만 아니라 위나라의 임금 영공은 그 자신이 뛰어난 임금이 아니면서도 수많은 현명한 신하들을 등용하고 있다는 이유가 공자의 마음을 움직였을 것이다.

실제로 공자는 『논어』에서 영공이 무능하지만 위나라가 망하지 않는 이유는 영공의 신하로서 외교에 능숙한 중숙어(仲叔圉)가 있고, 종묘의 일에 밝은 축타(祝鮀)가 있으며, 군사가 뛰어난 왕손가(王孫賈)가 있기 때문이라고 말하고 있을 정도인 것이다.

실제로 공자는 『논어』의 「위령공(衛靈公)편」에서 위나라의 대부 사어(史魚)와 거백옥(蘧伯玉)에 대해서 칭찬하고 있다.

"사어는 진정 정직한 사람이다. 국정이 청명할 때는 화살 같은 정직함으로 충심을 다했고, 국정이 혼란할 때에는 바른말을 함에 있어 마치 화살처럼 곧았다. 또한 거백옥은 참 군자이다. 국정이 청명할 때는 나와 벼슬을 지내고, 국정이 혼란할 때에는 자기 재능을 걸머지고 은퇴하였다."

이처럼 현명한 신하들이 많이 보필하고 있었기 때문에 영공이 무도하지만 위나라는 번성할 것이라고 본 공자는 그러한 인재를 발탁하는 능력을 가진 영공이 설마 자신을 모른 체하지는 않을 것이라고 기대하고 있었던 것이다.

공자가 위나라에 왔다는 말을 들은 왕손가가 공자를 찾아온다. 왕손가는 공자가 칭찬한 군사에 뛰어난 무장. 한마디로 위나라의 군권을 장악하고 있던 실세 중의 실세였다.

왕손가가 공자에게 건넨 첫 번째 말은 정치의 한 단면을 엿보게 하는 명문답 중의 하나이다.

이때 왕손가는 넌지시 공자에게 물었다고 한다.

"옛말에 이르기를 아랫목에 아첨하느니보다는 차라리 부뚜막에 아첨하라고 하였습니다. 이게 도대체 무슨 뜻입니까."

단번에 왕손가의 속뜻을 알아차린 공자가 대답한다.

"그렇지 않습니다. 하늘에 죄를 지으면 빌 곳도 없게 됩니다."

여기서 왕손가가 말한 '방 아랫목에 아첨하느니보다는 차라리 부뚜막에 아첨하라' 라는 속담은 깊은 뜻을 가지고 있다.

방 아랫목은 집안의 주인이 앉는 높은 곳이다. 그러나 생활에 있어서는 천한 장소인 부엌의 부뚜막이 따뜻한 불과 더 밀접한 장소로 이 속담을 통해 왕손가는 '방 아랫목과 같은 임금에게 잘 보일 생각 말고 실권을 가진 나를 더 가까이하는 것이 어떻겠는가'라는 뜻을 내비치고 있었던 것이다.

그러나 이를 거절하여 '하늘에 죄를 지으면 빌 곳이 없게 된다'는 공자의 말은 하늘의 정도를 따르는 것이 올바른 신하의 도리라고 말함으로써 권신의 유혹에도 흔들리지 않는 꿋꿋한 신념을 나타내 보이는 것이다.

부뚜막에 아첨하기보다는 아랫목에 의탁하는 하늘의 도를 선택한 공자에게 마침내 위나라의 영공이 만나기를 청해왔다. 공자가 입궐하자 공자를 환대하며 영공이 물었다.

"노나라에 있을 때에는 봉록(俸祿)을 얼마나 받았습니까?"

이에 공자는 대답한다.

"6만 두(斗)를 받았습니다."

영공은 공자에게 위나라에서도 6만 두의 봉록을 주기로 한다. 그러나 영공은 이처럼 융성한 대접은 하였으나 공자에게 그에 상응하는 벼슬은 주지 않았다. 왜냐하면 여기저기서 공자에 대해서 참언하는 신하들이 늘어났기 때문이다. 성격이 우유부단한 영공은 신하들이 공자의 입국을 두고 적정(敵情)을 살피는 첩자 행위일 것이라고 무고하자 이를 받아들여 공손여가(公孫余假)라는 무장에게 무기를 휴대케 하여 공자를 감시하도록 하였다. 이른바 위리안치(圍籬安置)가 시작된 것이다. 위리안치란 외부와의 접촉을 못하게 배소

안에 죄인을 가둬두는 행위로 오늘날로 말하면 가택연금과도 같은 것이었다.

신변에 위협을 느낀 공자는 크게 실망하고 위나라를 떠나기로 결심한다. 위나라에 머물렀던 것은 10개월에 불과하였다. 그러나 이 첫 번째 위기는 단지 시작에 불과하였다. 이로부터 공자는 쉴새없이 생명을 위협받는 위험과 난관에 봉착하게 된다. 이러한 공자의 운명을 암시하는 장면이 『논어』에 자세히 실려 있다.

진나라를 목표로 위나라를 출발한 공자가 의(儀) 땅에 이르렀을 때 국경을 지키던 관리인 하나가 공자를 만날 것을 요청해왔다. 의 땅은 지금의 하남성 난의현(蘭儀縣)으로, 위나라에서 진나라로 갈 때는 반드시 통과해야만 되는 접경마을이었다.

이때의 기록이 『논어』에 나와 있다.

공자가 의 땅에 이르자 국경관리인이 공자를 뵙기를 요청하여 말하였다.

"군자가 이곳에 오시면 제가 만나 뵙지 못한 분이 없습니다. 하오니 공자를 만나 뵙도록 하게 하여주소서."

종자가 그를 안내하여 공자를 만나게 해주자 그가 나와서 상심하고 있는 공자에게 말하였다.

"여러분은 선생님이 뜻을 잃었다고 무얼 그리 걱정하십니까? 천하에 도가 없어진 지 오래라 하늘이 선생님으로 하여금 목탁이 되게 하신 것입니다.(天下之無道也久矣 天將以夫子爲木鐸)"

국경관리인의 말은 여러 가지 의미를 함축하고 있다. 따라서 국경관리인은 공자가 가시밭의 주유천하에서 만났던 수많은 현인 중의 한 사람으로 여겨지고 있다. 현인은 공자가 처한 역경을 꿰뚫어 보고 공자의 운명을 점지해준 것이었다.

목탁은 그 시절 나라의 교령(敎令)을 알리기 위해서 관원들이 들고 다니던 작은 종이었다. 관원들은 백성들을 깨우치기 위해서 이 조그만 종을 흔들고 다녔던 것이다.

따라서 국경관리인의 말은 공자야말로 어리석은 백성들을 깨우치는 목탁이니 과연 지금처럼 천하의 도가 없는 암흑시대에는 마땅히 수난을 당할 것임을 암시하고 있었던 것이다.

숨어 사는 현자 국경관리인의 말은 그대로 적중된다.

위나라를 떠난 공자가 광(匡)이란 고장에 이르렀을 때 생명을 위협받을 만큼 큰 수난과 맞닥뜨리게 되는 것이다.

진나라를 가려면 송나라를 통과하여야 했는데, 그 과정에 있는 광 땅은 반드시 거쳐야 하는 관문이었다. 오늘날 하북성 대명도의 장환현(長桓縣)인 광 땅을 지날 때였다.

이때 제자 안각(顔刻)이 공자가 탄 수레를 몰고 있었다. 안각이 말채찍으로 성벽을 가리키며 말하였다.

"전날 제가 이곳에 왔을 때에는 저쪽 무너진 성벽을 통해 성 안으로 들어갔습니다."

광읍의 주민들은 얼핏 이 말을 듣고 노나라의 양호(陽虎)가 다시 침략해온 것으로 착각하였다. 그도 그럴 것이 양호는 노나라의 반역자로 반란을 일으켰다가 실패한 뒤 제나라로 도망쳤던 역적이었

다. 제나라는 뒤에 노나라의 요구로 양호를 체포하여 가뒀으나 그
는 다시 송나라로 달아났다. 송나라로 도망쳐온 양호는 부하들을
몰고 와서 광 땅을 점령하고 횡폭한 짓을 일삼다가 인심을 잃고 다
시 진나라로 쫓겨난 뒤부터 광 땅의 주민들은 양호에 대해 치를 떨
고 있었던 것이다. 그렇지 않아도 건장한 공자의 생김새가 양호의
모습과 비슷해서 반신반의하고 있던 주민들은 안각의 말을 듣자 이
들을 또다시 침략해온 양호의 무리들로 착각한 것이었다.

주민들은 공자 일행을 구금하여 닷새 동안이나 가둬두었다. 공
자는 별다른 걱정 없이 금을 타며 노래만을 부르고 있을 뿐이었다.
그러나 태연스럽게 노래만 부르던 공자의 마음도 편한 것만은 아
니었다. 닷새 후, 뒤따라온 제자 안회가 도착하자 공자가 외치며
말하였다.

"무사했구나. 난 네가 벌써 죽은 줄로만 알고 있었다."

안회는 공자가 가장 사랑하던 수제자로 30세나 어렸으나 유독 안
회에 대해서만은 여러 가지로 칭찬한 공자의 말이 『논어』에 나오고
있는 것을 보면 안회를 수제자로 삼으려는 공자의 각별한 애정을
엿볼 수 있다.

"어질도다, 안회여. 한 그릇 밥과 한 쪽박 물을 마시며 누추한 거
처에 살고 있다면 남들은 괴로움도 감당치 못할 것이거늘, 안회는
그 즐거움을 변치 않으니 참으로 어질도다, 안회여."

이처럼 안회는 너무나 가난하게 살았던 탓일까. 이미 29세의 나
이에 온 머리가 하얗게 세었으며, 스승 공자에 앞서 30대 초반의 젊
은 나이에 죽고 만다. 이때 공자는 "하늘이 나를 망치는구나. 하늘

이 나를 망치는구나" 하며 통곡을 금치 않았다. 그러한 안회가 닷새 동안이나 보이지 않자 죽은 줄로만 알았다고 탄식한 공자의 태도만 보더라도 공자가 얼마나 광 땅의 주민들에게 구금되어 시달림을 받았는가를 미루어 짐작할 수 있는 것이다. 이에 안회는 대답하였다.

"선생님이 계신데 제가 어찌 감히 죽겠습니까."

그러나 주민들의 위협은 더욱더 거세졌다.

간자(簡子)가 군사를 이끌고 공자 일행을 더욱 사납게 포위하자 제자들은 모두 두려워하였다. 그러나 공자는 여전히 금을 뜯으며 노래를 부르고 있을 뿐이었다. 보다 못한 자로가 나서서 말하였다.

"저들이 우리를 죽이려 합니다. 죽을 바에는 차라리 나가서 싸우는 편이 낫습니다. 그런데도 어찌하여 선생님은 태연히 금을 타며 노래를 부르고 계십니까?"

이에 공자가 대답하였다.

"주의 문왕은 이미 돌아가셨으나 그가 제정한 문화는 바로 나에게 전해 내려오지 아니하는가. 하늘이 만약 그 문화를 없애버리고자 하셨다면 후세에 태어난 나에게 그러한 문화를 전하지 못했을 것이다. 그러나 내 몸에 이렇게 문왕의 문화가 전해져 있는 것을 보면 하늘의 뜻은 주의 문화를 없애지 않으려는 것이 분명하다. 그러니 제까짓 광읍 사람들이 나를 어찌할 수 있겠는가."

공자의 이 말은 비록 생명이 위협받는 곤경에 처해 있지만 자신은 주나라 문왕으로부터 문화를 계승받은 적자(嫡子)라는 자부심을 느끼게 한다.

공자는 자신의 말처럼 무사히 포위상태에서 풀려나지만 한 가지 타협안을 내놓는다. 그것은 자신의 종자를 위나라의 대부인 영무자(甯武子)의 집 가신으로 삼게 한 후에야 그의 노력으로 가까스로 광 땅을 떠날 수가 있었던 것이다. 말이 가신이지 실은 인질이었다. 자신의 종을 인질로 주고서야 구금상태에서 풀려난 공자는 진으로 가려던 당초의 계획을 포기하고 포(蒲) 땅에서 한달 동안 머물러 있다가 다시 위나라로 돌아온다.

공자가 위나라로 되돌아오자 영공은 교외까지 나아가 손수 공자를 마중했는데, 두 번째로 위나라에 입국한 공자는 이번에는 거백옥의 집에 머무른다.

거백옥은 공자가 '진실한 군자'로 칭찬한 위나라의 명신. 그러나 이러한 환대도 우유부단한 영공의 마음을 결단케 하지는 못하였다.

이듬해 공자로서는 이해할 수 없는 수치스러운 일에 휘말리게 되는데, 그것은 영공의 부인 남자(南子)가 '어디서 온 군자이든 우리 나라 임금과 친하고자 하는 사람은 반드시 저를 먼저 만나야만 합니다. 한번 만나주시기 바랍니다' 하고 사람을 보내어 회견을 요청한 데서 비롯되었다.

영공의 부인 남자는 한마디로 음탕한 여인이었다.

남자는 송나라 제후의 딸로 정략결혼에 의해서 나이든 영공에게 시집을 왔다. 그녀는 결혼 전부터 이복형제인 송조(宋朝)와 정을 통하고 있었다. 송조는 소문에 의하면 뛰어난 미남으로, 위나라로 시집온 남자는 혼인 후에도 송조를 잊지 못하여 남몰래 위나라로 불러들여 조라는 곳에서 만나 은밀하게 정을 나누곤 했다. 온 나라에 추문이 번져나가자 태자 괴외(蒯聵)가 그것을 창피하게 여기고 사람을 시켜 아버지의 부인인 남자를 찔러 죽이려 하였다. 마침 괴외에게는 희양속(戱陽速)이란 부하가 있었다. 자객 희양속은 남자를 죽이려 수레를 급습하였으나 빈 수레를 공격하였을 뿐 오히려 남자의 계략에 빠져 실패하고 송나라로 도망쳐버렸던 것이다.

그런 음탕하기로 소문난 남자로부터 만나자고 전갈이 온 것은 일종의 유혹이었다. 남자는 군자로 소문난 공자의 모습을 자신이 직접 눈으로 보고 싶은 호기심이 발동하였던 것이다.

『사기』에는 남자의 요청을 받은 공자가 '차마 거절하기가 어려워서 할 수 없이 찾아갔다'고 기록되어 있으나 위대한 인격자이자 대사상가인 공자가 음탕한 남자를 제 발로 찾아가 만났다는 것은 어쨌든 이해할 수 없는 일이었다.

그만큼 위나라에서 등용되기를 간절히 바랐던 때문일까. 일찍이 왕손가로부터 '아랫목에 아첨하기보다는 차라리 부뚜막에 아첨하라'는 속담을 통한 실권자의 제의를 일언지하에 거절했던 공자가 어째서 아랫목이 아닌 치마폭을 스스로 찾아갔던 것일까. 남자의 치마폭이 왕손가의 부뚜막보다 더 천하고 더러운 것임을 몰랐던 것일까.

어쨌든 공자는 자존심을 버리고 남자를 찾아간다. 남자는 갈포로 만든 장막인 치유(締帷) 안에 앉아서 공자를 맞아들였다.

공자가 방으로 들어가 장막 안의 북쪽으로 고개를 숙여 문안인사를 하여 예를 갖추자 장막 안에서도 답례를 하는지 허리에 찬 옥구슬이 쟁갈쟁갈 소리를 내었다.

밀실 안에서 단둘이 있던 공자와 남자가 나눈 대화의 내용은 오늘날 그 어디에도 전해오지 않는다. 남자는 다만 성적 유혹을 하고픈 공자에 대한 호기심으로 만나자고 청하였으니, 젊고 미남자도 아닌 57세의 공자에 대해 첫눈에 실망하였음이 분명한 사실일 것이다.

회견을 끝내고 돌아온 공자는 다음과 같이 변명하였다고 『사기』는 기록하고 있다.

"나는 처음부터 그녀를 만날 생각은 없었으나 그것이 예의이니 어쩌겠나. 그리고 서로 만날 때에는 서로가 예로써 응대했다."

공자가 비록 '예로써 서로 응대했다'고 변명하고 있지만 어쨌든 이는 오늘날의 성적 희롱과 같은 수치스러운 일이었다. 이 사실을 안 자로가 가만히 있을 리 없었다. 자로는 공자의 제자 중 가장 특별한 존재에 속한다.

나이는 공자보다 9세 아래였으나 성격이 거칠고 과감하였다. 성격이 군인다웠을 뿐 아니라 군사에 뛰어난 재능을 지니고 있었다.

자로는 어렸을 때부터 백리가 넘는 곳에서 쌀을 사와 부모를 봉양할 정도로 가난한 집 출신이었으나 공자의 문하에 들어온 후 거친 성품을 억누르고 꾸준히 공자를 좇아 수양을 닦았다.

공자의 생애를 보면 유일하게 스승의 부당함을 따지고 직언을 하는 제자로는 자로뿐이다. 이는 마치 예수를 따르던 제자 중 성격이 급한 베드로를 연상케 한다. 예수를 체포하러 군사들이 쳐들어오자 베드로는 칼을 들어 군사의 귀를 잘랐듯이 공자의 제자 중에서 자로만은 군사다운 용맹으로 공자를 호위하던 용감한 보디가드였으며, 때로는 스승의 잘잘못을 따지는 유일한 비판자였다. 이러한 자로의 태도를 공자는 신임하여 『논어』에서 공자는 이렇게 말하고 있다.

"도가 행해지지 않아 뗏목을 타고 바다 속으로 들어가게 될 때 나를 따를 사람은 중유(仲由. 자로의 이름)뿐이다."

공자로부터 이런 평가를 받을 정도로 솔직하고 곧은 성품을 지녔던 자로였으므로 스승이 음탕한 여인 남자와 단둘이 만난 사실을 알게 되자 성을 낸 것은 당연한 일이었을 것이다.

"도대체 어떻게 되신 겁니까. 선생님이 남자를 만날 수 있으시다니요."

이 말을 들은 공자는 맹세하듯 소리쳤다.

"내 행동이 옳지 못하다면 하늘이 나를 버리실 것이다. 하늘이 나를 버리실 것이다.(予所否者 天厭之 天厭之)"

공자의 이런 태도는 공자의 인간미를 엿보게 한다. 인류가 낳은 세 명의 성인 중에서 예수와 석가모니 두 사람의 생애를 보면 단 한 번의 인간적인 실수나 약점이 보이지 않으나 유독 공자의 경우에는 끊임없이 오류가 발생하고 있다.

따라서 불완전한 인간에게 있어 예수와 부처는 감히 범접할 수 없는 신처럼 느껴지나 공자는 신이 아니라 인간처럼 느껴지고 있는 것이다. 공자가 우리들 인간처럼 끊임없이 실수를 하고 또 자신을 반성하여 수양을 통해 고쳐나가는 태도는 우리에게 희망을 주는 선인(先人)의 모범을 보여주고 있다.

자신이 만약 잘못했다면 '하늘이 나를 버릴 것이다'라고 두 번이나 탄식하는 공자의 변명을 통해 끊임없이 자신을 채찍질하는 공자의 인간적인 모습은 오히려 우리들에게 위안을 주고 있는 것이다.

그러나 위나라에 대한 환멸은 음탕한 부인 남자에게만 국한된 것은 아니었다. 오히려 위나라의 임금인 영공에 이르러 한층 극대화되었다.

『사기』에 의하면 공자가 위나라에 다시 온 지 달포 만에 영공으로부터 다시 초청받았다고 기록되어 있다.

공자는 영공과 함께 시가를 통과하기로 예정되어 있었는데, 영공은 부인과 함께 수레를 탔을 뿐 아니라 환관 옹거(雍渠)를 같은 수레에 배승하도록 하였던 것이다.

공자의 좌석은 뒷수레에 배당되어 있었으며, 이때의 공자 모습을 『사기』는 이렇게 표현하고 있다.

"공자는 수레를 타고 시가를 통과해 나가면서 씁쓰레한 표정을 짓고 있었다."

공자로서는 영공의 태도를 도저히 참을 수가 없었다.

영공의 아들인 태자 괴외는 남자를 죽이려 했다가 실패한 후 송나라로 망명하였다. 영공은 이러한 아들의 충정은 모르고 젊은 미남자와 간통을 계속하고 있는 아내에게 빠져 함께 수레를 타고 있었던 것이다. 그보다 공자를 더 분노케 하였던 것은 환관 옹거를 한 수레에 태운 것이었다.

환관 옹거는 태자 괴외가 고용한 자객 희양속으로부터 남자를 보호하였던 내시였다. 이후부터 남자는 옹거를 총애하여 애지중지하였다. 원래 환관은 시중을 드는 근시일 뿐 함께 수레를 탈 수 있는 존재가 못 되는 미천한 신분이었다. 그러나 영공은 옹거를 태운 수레를 타고 시가를 행진하고 있었던 것이다.

이런 모습을 본 공자는 탄식한다.

"나는 아직 색을 좋아하는 것만큼 덕을 좋아하는 군주를 본 적이 없다.(吾未見好德如好色者也)"

영공에게 환멸을 느낀 공자는 다시 위나라를 떠날 것을 결심한다.

이번에도 목적지는 진나라였으나 우선 봄에 위나라를 떠나 조나라를 거쳐 여름에 송(宋)나라를 지나게 되는데, 여기서도 공자는 생명의 위협을 받는 큰 수난을 겪게 된다.

공자는 조나라를 지나서 송나라로 들어간 후 제자들과 함께 큰 나무 밑에서 예에 대한 강습을 하고 있었다.

이때 송나라의 사마인 환퇴(桓魋)가 공자를 죽이기 위해서 칼을 빼어 들었다. 환퇴가 공자를 죽이려 했던 이유에 대해서는 분명치 않으나 『사기』는 '일찍이 환퇴가 공자로부터 창피를 당해 그 분풀이를 하기 위해서 감행하였다'라고 기록하고 있을 뿐이다.

그러나 환퇴는 직접 공자의 몸을 베지는 못하였다. 그렇게 되면 사람들로부터 군자를 죽인 살인자라는 누명을 쓰게 되었으므로 환퇴가 선택한 방법은 우연을 가장한 사고사였다. 그래서 환퇴는 단칼에 공자가 강습을 하고 있던 큰 나무의 밑둥을 베어버린 것이었다. 공자가 쓰러진 나무에 깔려 죽으면 살인자라는 불명예는 벗어나면서도 소기의 목적은 이룰 수 있었기 때문이었다.

공자는 가까스로 쓰러지는 나무로부터 벗어났다.

놀란 제자들이 달려와서 말하였다.

"선생님, 큰일 날 뻔하였습니다."

그러나 쓰러졌던 공자는 일어서서 몸에 묻은 먼지를 떨면서 대수

롭지 않게 대답한다.

"하늘이 내게 덕을 부여해주셨거늘 환퇴, 제까짓 게 나를 어찌할 수 있겠는가.(天生德於予 桓魋其如予何)"

그러나 이렇듯 생명의 위협은 끊임없이 계속되고 있었다. 공자를 죽이려다 실패한 환퇴는 군사들을 몰고 계속 공자를 추격하고 있었다. 궁여지책으로 공자는 제자들과 일단 헤어지기로 한다. 함께 일행을 이루면 자연 적들의 표적이 될 수 있었으므로 뿔뿔이 흩어져 개인 행동으로 방향을 바꾸어 정나라로 갈 것을 결의하고 단신으로 정나라로 향한다. 간신히 정나라로 들어간 공자 일행은 서로의 안부에 대해서 전혀 알지 못하였다.

제자의 한 사람인 자공이 무사히 정나라로 입국하여 가장 먼저 스승을 찾아 헤맸다.

자공은 위나라 사람으로 이름은 단목사(端木賜)였다. 공자보다 31세나 아래였으나 특히 외교면에 있어서 월등한 재능을 갖고 있었다.

실제로 공자가 죽었을 때 공자는 곡부 북쪽에 있는 사수(泗水)가에 묻혔다. 모든 제자들이 3년 동안 복상(服喪)을 하고 헤어졌지만 유독 자공만은 무덤 곁에 움막을 짓고 6년 동안이나 계속 무덤을 보살폈다고 『공자세가』에 기록되어 있을 정도로 자공은 스승에 대한 존경심이 특별했던 것이다. 이러한 자공이었던지라 생사를 모르는 스승의 안부가 몹시 걱정되었을 것이다.

공자는 다행히도 무사히 정나라에 도착하여 동문의 성곽 밑에 우두커니 혼자 서 있었고, 자공은 헐레벌떡거리며 스승을 찾으러 다녔다. 이때 길을 가던 정나라 사람, 행인 하나가 자공에게 말하였다.

"글쎄요, 그 분이 당신이 찾는 그 스승인지는 모르지만 동문 근처에 서 있는 괴상한 사내를 만나기는 하였습지요."

자공은 놀라 큰소리로 물었다.

"어떻게 생긴 분이셨습니까."

그러자 행인은 대답하였는데, 이 대답은 그 무렵의 공자 모습을 한마디로 상징하는 명언이었다.

"동문 밖에 한 사람이 서 있는데, 그의 키는 9척 6촌 가량이고, 눈두덩은 평평하고, 눈꼬리가 길며, 광대뼈가 튀어나왔고, 그 머리는 요임금을 닮았고, 목덜미는 순임금 때의 현인이었던 고요(皐陶)를 닮았으며, 그의 어깨는 정나라의 명재상 정자산(鄭子産)을 닮았더군요. 그러나 그 키는 우임금보다 세 치 가량 모자랍니다."

틀림없이 스승의 모습이라고 판단한 자공이 다시 물었다.

"그밖에 또 모습은 어떠하였습니까."

자공이 묻자 행인은 대답하였다.

"글쎄요. 그나저나 그 처량하고 축 처진 모습은 상갓집의 개와 같은 몰골이었습니다."

상갓집의 개(喪家之狗).

처량하고 축 처진 공자의 모습을 풍자한 말. 이러한 은유를 통해 이 무렵 공자의 신세가 얼마나 절박하였던가를 미루어 짐작할 수 있는 것이다.

물론 성인 공자를 '상갓집의 개'라고 표현한 것은 불경스러운 용어지만 이는 일부러 폄하하려는 뜻은 아니었다. 실제로 공자 자신도 이 표현에 대해 웃어넘겼던 것이다.

마침내 행인의 표현에서 스승임을 직감한 자공은 동문으로 나아가 성문 밖에 서 있는 공자와 상봉한다. 자공이 무릎을 꿇어 예를 올리고 나서 스승에게 그 행인이 표현한 내용을 그대로 아뢰자 공자는 크게 웃으며 이렇게 말했다고 『사기』는 기록하고 있다.

"그가 형용한 용모와 자태에 대한 표현이야 잘 들어맞지는 않지만 나를 상갓집의 개라고 표현한 내용은 참으로 절묘하구나."

바로 그해 공자의 고향 노나라에서는 정공이 죽고 그 뒤를 이어 애공(哀公)이 왕위에 즉위한다. 이처럼 고향을 떠난 지 불과 2년 만에 상갓집의 개와 같은 처량한 신세로 전락하고 만 공자의 수난은 그러나 아직 시작 단계에 불과한 것이었다.

2

이듬해인 기원전 495년 57세의 공자는 정나라에서도 오래 머물지 못하고 그토록 가려 했던 진나라에 도착한다.

공자는 사성(司城)인 정자(貞子)의 집에 의탁하였다. 공자의 기대와는 다르게 진나라는 마침 큰 혼란에 빠져 있었다.

이 무렵의 전국시대는 뚜렷한 패자가 없이 진(晉)나라와 초(楚)나라, 오(吳)나라 이렇게 세 나라가 서로 패권을 다투고 있었다. 공자가 입국한 진(陳)나라는 초나라 편에 가담하고 있었으므로 자연 오나라와 진(晉)나라가 자주 진(陳)나라를 정벌하고, 나라 전체가 혼란스러웠던 것이다. 천하의 정세는 극도의 불확실성에 한 치의 앞도 알아볼 수 없는 암흑의 계절이었다.

극도의 혼란은 끊임없는 약육강식의 전쟁을 불러일으켜 천하통일을 꾀하는 패왕들을 탄생시켰다. 공자가 진나라에 입국하였을 때의 강자는 오나라의 오왕이었던 부차(夫差)였다. 공자가 진나라에서 한 해쯤 머물러 있을 때 부차는 직접 군사를 몰고 와서 세 읍을 점령하고 돌아갔다.

부차는 또한 오늘날의 절강성(浙江省)의 소흥현(紹興縣)인 회계(會稽)에서 월왕 구천(句踐)을 격파하는 등 파죽지세로 전국시대의 최고 강자로 부상하게 된다. 여기에서 잠깐 오왕 부차와 월(越)왕 구천 사이에 얽힌 인연에 대해 짚고 넘어가기로 한다.

춘추전국시대 때 가장 드라마틱한 일화 중의 하나인 부차와 구천 간의 복수극은 원래 오나라와 월나라 간의 오래된 원수지간에서부터 비롯되었다.

몹시 사이가 나쁜 사이를 일컬어 '오월지간(吳越之間)'이라고 하거니와 원수끼리 같은 운명이 되어버린 것을 '오월동주(吳越同舟)'라고 하는 것처럼, 복수를 하고 또 되갚음을 하는 숙명의 라이벌이 바로 오나라와 월나라의 사이를 가리키는 대명사가 되어버린 것이었다.

이 두 나라 간의 그 유명한 복수극은 먼저 오왕 합려가 월왕 구천을 공격하였던 데서 시작되었다. 당시 월왕이었던 윤상(允常)이 죽고 그 뒤를 이어 구천이 즉위하자 그 혼란기를 노려 대대로 원수국이었던 월국을 정복하기 위해서 합려가 친정에 나섰던 것이다.

그러나 결과는 의외였다.

구천의 군사는 합려의 군사를 무찔렀을 뿐 아니라 독화살을 맞은 합려는 그 손가락의 상처가 악화되는 바람에 목숨까지 잃게 되었다. 마침내 임종 때 합려는 태자인 부차에게 반드시 구천을 쳐서 원수를 갚아달라고 유언을 했고 부차는 이 유조를 지킬 것을 맹세하였다.

마침내 왕이 된 부차는 부왕의 유명을 한시도 잊지 않으려고 '섶 위에서 잠을 자고(臥薪)' 자기 방을 드나드는 신하들에게 방문 앞에서 부왕의 유명을 외치도록 명령하였다.

"부차야, 결코 월을 잊어서는 안 된다. 부차야, 결코 복수를 잊어서는 안 된다."

그때마다 부차는 복수를 다짐했다. 이처럼 이를 갈며 준비하기를 3년, 드디어 때가 왔다. 부차의 복수심을 경계한 월왕 구천이 참모 범려의 만류를 뿌리치고 선제공격에 나섰다가 도리어 오나라의 군사에 대패하여 회계산으로 도망쳐 들어가게 되었던 것이다.

진퇴양난에 빠진 구천은 자결을 하려 하였으나 '참으십시오. 오나라의 재상 백비는 탐욕스러운 인물입니다. 이익을 미끼로 그를 유혹하면 반드시 방법이 있을 듯합니다. 수치는 잠깐이지만 참으면 반드시 명예를 되찾을 수 있는 것입니다' 라는 범려의 말을 듣고 굴욕적인 군신간의 예를 맺음으로써 간신히 목숨을 구하게 된다.

이때 오나라의 중신 오자서(伍子胥)가 이 기회에 구천을 죽이고 월을 멸망시켜 뒤탈이 없도록 할 것을 진언하였으나 부차는 월나라로부터 뇌물을 받은 재상 백비의 말을 좇아 구천의 투항을 받아들여 살려주었던 것이다.

기사회생(起死回生).

'죽은 사람을 되살려준다'는 의미의 고사성어는 바로 부차가 원수인 구천을 용서한 일에서 탄생된 말.

간신히 목숨을 건진 월왕 구천은 이후 항상 곁에 곰의 쓸개를 놓아두고 앉든지 눕든지 바라보면서 먹거나 마실 때에는 반드시 쓸개를 핥아 '그 쓴맛을 맛보았다(嘗膽)'고 『사기』는 기록하고 있다. 그리고 자신을 질타하였다.

"너는 회계산의 치욕을 잊었는가."

그뿐 아니라 구천은 몸소 밭을 갈고, 부인도 직접 옷감을 짰으며, 식탁에서는 육류를 없애고, 의복에는 색깔을 삼가는 한편 자신의 의지를 굽히고 현인에게는 자신을 낮추었으며, 빈민을 구제하기에 힘쓰고 죽은 사람을 조상하였다고 『사기』는 기록하고 있다.

이러한 구천의 복수심을 알고 있는 사람은 단 한 사람 오자서뿐이었다. 오자서는 반드시 구천이 복수해올 것을 예견하고 오직 중원으로만 진출하여 천하의 패자가 될 것을 꿈꾸고 있는 부차에게 구천을 경계하도록 간언하였으나 부차는 이를 무시하고 들은 체도 하지 않았던 것이다.

마침내 기원전 484년. 제나라를 정복하기 위해서 출병하던 부차는 이를 반대하는 오자서에게 촉루지검(屬鏤之劍)을 내려 자결하도록 한다.

이에 칼을 받아든 오자서는 웃으며 이렇게 말하였다고 『사기』는 전한다.

"나는 일찍이 너의 부친(합려)을 천하의 패자로 만들었고, 너를 왕위에 오르도록 도와주었다. 더구나 전날 네가 오나라의 절반을 나누어주고자 했을 때에도 이를 받지 않았다. 이제 와서 너는 도리어 간신의 참언을 듣고 나를 주살하니 네가 죽을 날도 머지않은 것 같다. 두고 보아라. 내가 죽으면 너는 혼자 남는다. 네 혼자의 힘으론 어떤 일도 할 수 없을 것이다."

그리고 오자서는 자살 직전 사신에게 말한다.

"내가 죽거든 내 눈을 도려내어 반드시 오나라의 동문에 내걸어 놓아라. 월군이 쳐들어와서 나라를 짓밟는 것을 구경하겠다."

오나라에 치욕적인 항복을 한 지 12년이 지난 후 기원전 482년 봄. 부차가 천하의 패자가 되기 위해 기(杞) 땅에서 제후들과 회맹을 하고 있는 동안 구천은 군사들을 이끌고 오나라로 쳐들어가 격렬한 전쟁 끝에 마침내 부차를 굴복시키고 회계의 치욕을 씻었던 것이다. 이때 구천은 부차에게 변방에서 여생을 보내라는 호의를 베풀었으나 부차는 '오자서를 대할 명목이 없다'는 말을 남기고 깨끗하게 자결하였던 것이다.

이 드라마틱한 복수극에서 탄생된 고사성어가 바로 그 유명한 '섶 위에서 잠을 자고 쓸개를 핥는다'라는 뜻을 지닌 '와신상담(臥薪嘗膽)'. 공자가 진나라에 들어가 머물고 있을 무렵에는 부차가 아버지의 유언으로 섶 위에서 잠을 자면서 복수를 다짐한 끝에 회계산에서 월나라의 구천을 대파하여 승승장구하던 시절이었다.

천하의 패자를 꿈꾸던 부차가 강력한 라이벌인 초나라를 공격하고 그 초나라와 동맹국이었던 진나라를 초토화시켰음은 지극히 당연한 일이었다. 이 혼란기에 공자는 자신의 능력을 발휘할 만한 기회를 잡지 못하고 있었다.

공자는 3년 동안 진나라에 머물고 있었으나 진나라의 임금 민공(湣公)을 한 번도 만나지 못하였다. 따라서 진나라에서 보인 공자의 정치적 활동은 전무하다. 다만 『사기』에는 공자가 이 무렵 자신의 박학다식함을 드러내는 장면 하나만을 기록하고 있다.

어느 날 진나라의 궁전에 화살이 꽂힌 새매 한 마리가 날아와 땅바닥에 떨어져 죽은 일이 있었다. 그런데 그 매의 몸에 꽂힌 화살이 특수한 것이었다. 호(楛)나무로 만든 화살대에 돌촉이 달린 것이었는데, 길이가 1자 8촌이나 되었다. 이런 화살을 사람들은 본 일이 없었기 때문에 모두들 이상하게 생각했으며, 그 화살에 대해서 아는 사람도 없었다. 진나라의 민공은 크게 놀라 사람을 보내어 공자에게 그 화살의 유래에 대해서 물었다.

"이 새매는 먼 곳에서부터 날아왔습니다. 이것은 숙신(肅愼, 동북쪽 백두산 근처에 있던 옛 나라의 이름)의 화살입니다. 옛날 주의 무왕이 상나라를 쳐부수고 사방의 오랑캐들과 내왕길을 튼 다음 모두 자기에게 토산품을 공물로 바치게 함으로써 자기네의 할 일을 잊지 않도록 하였습니다. 이때 숙신은 호나무로 만든 화살을 바쳤는데, 돌촉이 달렸고, 길이가 1자 8촌이 되었습니다. 무왕은 그의 훌륭한 덕을 밝히고자 하여 이 숙신의 화살을 맏딸 태희에게 주어 우호공(虞胡公, 진나라의 첫 번째 임금)에게 출가시키고 그를 진나라의 제후로 봉하였습니다……."

공자의 설명은 계속된다.

"이처럼 같은 성의 제후들을 봉할 적에는 귀중한 옥기(玉器)를 줌으로써 친족들을 중시한다는 표시를 했으며, 다른 성의 제후들을 봉할 때에는 먼 곳에서 바친 공물들을 나누어줌으로써 천자에게 복종하는 일을 잊지 않게 하였던 것입니다. 그래서 진나라에서는 이와 같이 숙신의 화살을 나눠 갖게 되었던 것입니다."

이 말을 듣고 민공은 긴가민가하여 낡은 창고를 조사케 하였다. 과연 그 속에서 매의 몸에 꽂힌 것과 똑같은 숙신의 화살을 찾았다고 『사기』는 기록하고 있는 것이다.

이 장면이 3년 동안 진나라에 머물러 있던 공자가 보인 유일한 행동일 뿐 공자는 철저히 소외당했으며, 허송세월을 할 뿐이었다.

그동안 초나라와 진(晉)나라는 그 강대함을 서로 다투어 전투가 끊일 새가 없었고, 오나라와 초나라가 서로 다투어가며 진(陳)으로 쳐들어왔기 때문에 하루도 편할 날이 없었다.

마침내 공자는 자신의 처량한 신세를 한탄한다. 웅대한 뜻을 품고 주유천하의 행각에 나섰으나 벌써 5년 동안이나 허송세월을 하고 있게 되자 공자는 이렇게 탄식하는 것이다.

"아아, 돌아갈거나. 노나라로 돌아갈거나. 내 고향 노나라에는 웅대한 뜻을 품은 젊은이들이 진취의 기상을 아직도 잃지 않고 기다리고 있을 터인데, 나는 여기서 도대체 무엇을 하고 있단 말인가. 그렇다면 다시 돌아가 내 고향 노나라의 젊은이들에게 중정(中正)의 도를 가르쳐주어야 할 것이 아니겠는가."

공자의 고향을 그리며 탄식하는 귀거래사(歸去來辭)는 13년에 걸친 외유기간 동안 여러 번 되풀이되고 있다. 그럼에도 불구하고 공자는 어째서 선뜻 고향으로 되돌아가지 못하고 있는 것일까.

어쨌든 진나라에 머무른 지 3년이 되어도 별 소득이 없자 공자는 다시 위나라로 돌아가려고 길을 떠난다.

공자의 나이 59세 때였다.

공자는 전번에도 수난을 겪었던 광땅과 가까운 포(蒲)땅을 다시 지나게 된다. 이곳에서도 먼젓번과 마찬가지로 생명의 위협을 받게 된다. 때마침 공숙(公叔)씨가 위나라에 반기를 들고 있는 중으로 공자의 일행이 지나려 하자 체포하여 포로취급을 하였다.

이때 공자의 제자 중에 공량유(公良孺)란 대장부가 있었다. 그는 수레 다섯 대에 부하들을 싣고서 공자의 뒤를 따르던 제자로, 큰 키에 똑똑하고 담력도 있었다. 공량유가 공자 앞으로 나서서 말하였다.

"전번에 저는 선생님을 따라 광 땅에 갔을 적에도 이 같은 고난을 겪었습니다. 지금 다시 이런 곤욕을 겪고 있으니 이것은 천명인 듯합니다. 저는 선생님과 함께 고난을 겪기보다는 용감하게 싸우다 죽고자 합니다."

공량유는 부하를 거느리고 결연히 공숙씨의 군사들과 맞서 싸웠다. 이 기세에 놀란 공숙이 말하였다.

"그대들이 한 가지 약속을 한다면 풀어드리겠소."

"그것이 무엇입니까?"

공자가 묻자 공숙은 대답하였다.

"위나라로 가지 않겠다는 약속만 지켜준다면 풀어드리겠소."

공숙의 요구는 당연한 것이었다. 애초부터 공숙은 공자 일행에게 적대감이 없었다. 다만 위나라에 반기를 들려는 중대한 시점에서 그곳을 통과한 공자는 자연 적정(敵情)에 밝은 첩자 노릇을 할 우려가 있었기 때문이었다.

이에 공자는 대답하였다.

"반드시 그렇게 하겠소."

위대한 인격자인 공자의 약속인지라 공숙은 이를 굳게 믿고 풀어주었다. 그러나 공자는 동문을 빠져나와 위나라로 곧장 들어감으로써 놀랍게도 약속을 파기해버린다.

타인과의 약속을 신과의 맹세처럼 생각했던 공자가 공숙씨와의 약속을 이처럼 헌신짝처럼 버린 일은 놀라운 일이다. 단 한 번도 약속을 어긴 일이 없었던 공자의 파격적인 행동은 이것이 단 한 번의 예외인 것이다.

공자가 포 땅을 벗어나 단숨에 위나라로 발길을 돌리자 원칙주의자인 자공이 스승에게 물었다.

"선생님은 방금 공숙씨들과 절대 위나라로는 들어가지 않겠다고 약속하지 않았습니까. 그 약속을 어겨서야 되겠습니까?"

자공의 질문에 공자는 태연하게 대답한다.

"강요에 의한 맹세는 신도 듣지 않는다."

생명을 위협하는 감금상태 중 일반적인 강요에 의해서 맺어진 협약은 지키지 않아도 된다는 공자의 대답은 그 어떤 고통 속에서도 불의와 타협하지 않던 예수의 태도와 상극을 이룬다.

예수는 자신을 죽이려는 유대인들에게 굳은 침묵을 지키며 아무런 변명도 하지 않을 뿐 아니라 자신을 죽일 수도 있고, 살릴 수도 있는 로마인 총독 빌라도가 '나에게도 말을 하지 않을 작정인가. 나에게는 너를 놓아줄 수도 있고, 십자형에 처할 수도 있는 권한이 있는 줄 모르느냐'라고 마지막 회유를 하였을 때에도 아무런 대답을 하지 않는다. 이에 비하면 공자는 위기를 벗어나기 위해서 거짓말까지 마다하지 않는다. 이를 봐도 알 수 있듯이 공자는 현실의, 현실을 위한, 현실에 의한 현실주의적 사상가였던 것이다.

공자는 마침내 위나라로 다시 들어간다. 이것이 세 번째의 입국이었다. 『사기』에는 이때도 영공이 '공자가 왔다는 기별을 받고 교외까지 반갑게 마중 나왔다'고 기록하고 있지만 차츰차츰 공자에 대한 대우는 소홀해지고 있었다.

첫 번째로 공자가 입국했을 때에는 6만 두의 곡식을 녹봉으로 주었고 두 번째로 입국하였을 때는 영공 자신이 교외에까지 마중하고 부인인 남자도 공자를 회견했었다. 그러나 세 번째로 위나라로 들어왔을 때에는 교외까지 마중은 나갔으나 영공의 말과 행동은 일치하지 않고 은근히 공자를 무시하고 있었던 것처럼 보인다.

이런 행동은 공자가 포 땅에서 반기를 들었던 공숙 일당에게 곤혹을 치렀다는 말을 전해 듣고 공자에게 한 행동을 보면 잘 알 수 있는 것이다.

"그런데 나는 그대가 포 땅에서 공숙 일당으로부터 큰 수난을 받았다는 소문을 들었소. 어차피 공숙 일당은 반역자라 이들을 토벌하고 싶은데 그대의 생각은 어떻소."

영공의 말에 공자는 대답하였다.

"지당하신 말씀이십니다."

공자는 개인의 원한 때문이 아니라 국가에 반기를 든 모반자들은 반드시 처벌하여 국기를 바로잡아야 한다는 정치적 신념을 갖고 있었으므로 그렇게 동조하였던 것이다. 그러나 이에 영공은 다시 말을 잇는다.

"그런데 우리 대부들은 이를 불가하다고 말하고 있소. 포는 위나라의 서쪽에 있어 동쪽으로 쳐들어오는 진나라와 초나라를 막는 요충지로 생각하고 있소. 나는 포를 치고 싶은데 말이오."

망설이는 영공을 향해 공자는 단호하게 대답한다.

"제가 본 바에 의하면 포나라 사람들은 공숙의 편이 아닙니다. 그곳 남자들은 그곳을 다스리는 공숙씨의 지배를 벗어나고 싶어하고 있고, 그곳 여자들은 그곳을 평화로이 유지하고 싶어하고 있습니다. 만일 전하께서 군사를 내어 정벌하신다면 금방 반역자들을 잡아들일 수 있을 것입니다. 왜냐하면 공숙씨를 따르는 무리들은 불과 4, 5명에 지나지 않기 때문입니다."

공자 자신이 직접 공숙씨의 군세를 본의 아니게 염탐까지 하였으므로 신빙성이 있었다. 이에 영공은 크게 반기며 말하였다.

"좋소. 당장 군사를 동원하여 포를 치겠소."

그러나 영공은 공자와의 약속을 지키지 않았다. 이러한 영공의 우유부단함을 『사기』는 기록하고 있다.

"영공이 대답은 그렇게 했지만 결국 실행에 옮기지는 못했다. 왜냐하면 영공이 노쇠한 데다가 신하들의 반대가 극심했기 때문이었다. 그리고 공자를 등용하지도 않았다."

영공은 이미 노쇠하였고, 공자를 무용지물로 생각하고 있었으므로 공자는 한숨을 쉬며 탄식한다. 그리고 유명한 말을 남기고 위나라를 다시 떠나기로 결심한다.

진실로 나를 써주는 사람이 있다면 일년이면 그 나라를 바로
잡을 수가 있고, 3년이면 완전한 정치의 성과를 올릴 수가 있으
련만.(苟有用我者 朞月而已可也 三年有成)

『논어』의 「자로편」에 실린 이 유명한 말은 수많은 정치가들의 금
과옥조가 되었다. 공자의 유가사상이 한대 이후 2천여 년의 역사를
통하여 정치와 사회의 윤리바탕을 이루어온 것은 바로 '일년이면
나라를 바로잡을 수 있고, 3년이면 완성된 정치를 이룰 수 있다'는
공자의 정치이념을 현실정치에 접목시켜보려는 후세인들의 소망
때문이었다.

이는 이웃나라 조선에서도 마찬가지로 2천 년의 세월이 흐른
1515년 8월, 중종이 직접 성균관에 거둥하여 다음과 같은 알성시의
문과시험을 출제하였던 것을 통해서도 잘 알 수 있다.

"왕께서는 다음과 같은 문제를 내셨다. '공자께서 만약 내가 등용
이 된다면 일년이면 나라를 바로잡을 수가 있고, 적어도 3년이면 완
전한 정치적 성과를 이룰 수 있다'고 말씀하셨다. 성인이 어찌 헛된
말을 하셨으리요. 그 뜻의 규모와 정치를 베푸는 방안에 대하여 공
자께서는 시행하기 전에 먼저 작정한 바가 반드시 있을 것이니 이
를 낱낱이 헤아려 말할 수 있겠는가."

자신의 의지가 아닌 궁정쿠데타에 의해 연산군의 뒤를 이어 왕위
에 옹립된 중종은 통치한 지 10년의 세월이 흘렀으나 나라의 기강

과 법도는 땅에 떨어지고 자신은 다만 허수아비 왕으로 재위하고 있음을 한탄하여 직접 그런 문제를 출제하였던 것이다.

세 번이나 위나라를 찾았던 공자. 만일 영공이 공자를 등용해서 3년 동안 나라의 정사를 맡겼더라면 그 결과는 어떠하였을까. 마찬가지로 만약 예수가 십자가에 못 박혀 죽지 아니하고 자신을 죽이려는 원수들과 타협하여 살아남았더라면 기독교는 어떻게 되었을까. 예수가 꿈꾸던 하늘나라는 이 지상에서 이루어졌을까. 인류의 구원은 실현되었을까. 공자가 3년 동안 위나라에서 정사를 맡았더라면 위나라는 주나라처럼 이상 국가가 되었을까. 어지러운 전국시대는 종식되고 태평성대가 오게 되었을까.

역사에 있어 가정법은 존재하지 않지만 이러한 공자의 탄식에도 불구하고 공자가 3년 동안 위나라의 재상이 되었더라면 위대한 통치술은 폈을지는 모르지만 아마도 인류의 대사상가로 거듭나지는 못하였을 것이다.

그러나 공자가 그토록 염원하였던 대로 3년 동안 정치를 맡은 후의 위나라를 보고 싶은 것이 중종의 간절한 바람. 아마도 중종은 자신을 우유부단한 영공에 비유하여 공자와 같은 성인의 대두를 진심으로 바라고 있어 그런 출제를 했을지도 모른다.

어쨌든 공자는 영공에게 크게 실망하고 다시 위나라를 떠나기로 결심한다. 이 무렵 공자가 얼마만큼 자신의 처지에 초조해 있었던가를 보여주는 일화가 전해져 내려오고 있다.

이때 위나라의 이웃인 진나라는 한참 내란 중이어서 대부 조간자(趙簡子)가 같은 대부인 범씨와 중항씨를 공격하였으며, 이 틈을 노려 조간자가 다스리는 중모(中牟)라는 마을의 수장인 불힐(佛肸)이 반란을 일으켰다. 조간자는 자신의 영토 내에서 분쟁이 일어나자 분노하여 중모를 토벌하고 대관(代官)의 위치에 있으면서도 배반하는 불힐을 죽이려 하였는데, 다급해진 불힐은 사람을 보내어 공자를 초빙하였던 것이다. 이때 공자는 위나라를 떠나 오늘날의 하남성 개봉도(開封道)에 있는 중모현으로 가려고 했다. 이를 지켜본 성미 급한 자로가 가만히 있을 리 없었다. 자로는 따져 물었다.

"전에 제가 선생님에게 들은 말인데, '스스로 자기 자신이 옳지 못한 짓을 하는 사람 틈에 군자는 들어가지 않는다'고 하셨습니다. 지금 불힐은 중모에서 반란을 일으켜 배신했는데 선생님께서는 그에게 가려 하시니 도대체 어찌된 일입니까."

자로의 말은 실로 준엄하였다.

평소에 말과 생각과 행동의 일치함을 군자가 마땅히 지켜야 할 법도라고 가르치고 있던 스승 공자가 반역자의 초청에 응하려 한다는 것은 도저히 이해할 수 없는 처사였기 때문이었다. 그러나 이에 공자는 대답한다.

"그렇다. 그렇게 말한 적이 있었지. 그러나 지극히 단단한 물건은 아무리 갈아도 닳아 엷어지지 않고 지극히 흰 물질은 아무리 검게 물들여도 검어지지 않는다. 그렇지만 내가 썩어서 먹을 수 없는 박이 될 때까지 한군데에 대롱대롱 매달려 있을 수만은 없지 않은가. 어떻게 매달려 있는 채 밥도 먹지 않을 수 있겠는가. 나를 쓰고자 하는 자가 있으면 어디든 가서 도를 행하고 싶다."

썩어서 먹을 수 없는 박. 쓸모없이 대롱대롱 매달려 있는 박.

이 무렵 공자가 얼마나 자조하고 있었던가는 자신을 그렇게 묘사한 대목에서 드러나고 있다. 그뿐 아니라 '밥도 먹지 않을 수가 있겠는가'라고 탄식한 것을 보면 궁핍한 생활까지 영위하였던 것처럼 보인다. 이때 공자의 심경을 알려주는 일화가 『사기』에 실려 있다.

위나라에서 어느 날 공자가 경(磬, 돌로 만든 악기)을 연주하고 있었다. 어떤 사람이 삼태기를 지고 공자의 문 앞을 지나다가 말하였다.

"마음속에 딴생각이 있구나. 저 경을 치는 품이."

그리고 또 말하였다.

"천하다. 각박한 소리를 내다니. 자기를 알아주지 않으면 그것으로 그만인 것을. 『시경』에 말했듯이 물이 깊으면 옷 벗어 들고, 옅으면 옷 걷고 건너야만 하는 것을."

공자가 경을 연주하는 음악 소리를 듣고 공자를 천하다고 비판한 익명의 사람은 공자의 일생을 통해 끊임없이 나타나고 있는 현인 중의 한 사람일 것이다. 이 현인들은 주로 노자의 사상을 따르는 은둔자들인데, 그들의 눈으로 보면 물이 깊으면 옷 벗어 들고, 옅으면 옷을 걷고 건너면 되는 한세상을 물이 깊거나 말거나 옷을 입고 의관을 정제한 채 예를 갖추어 물을 건너려는 공자의 허례를 비웃고 있는 것이다.

이를 통해 알 수 있듯이 공자는 하릴없이 위나라에서 마음에도 없는 음악을 연주하면서 허송세월을 한 것처럼 보인다. 평소에 음악을 좋아하여 '음악이란 천지의 조화'라고까지 극찬한 공자였으나 자신을 알아주는 사람 없이 철저히 소외당한 채 음악을 연주하는 공자의 신세는 그야말로 '상갓집의 개'와 같은 처량한 것이었다.

마침내 공자는 비상수단을 쓰기로 한다. 진의 대부 조간자가 자신들의 정적들을 모두 제거하고 실권자가 되었다는 소문을 전해 듣자 차라리 진나라로 가서 조간자에게 몸을 의탁할 것을 결심하는 것이다.

조간자는 전국시대의 칠웅(七雄) 중의 하나로 진나라를 평정하고 나중에는 조(趙)왕국을 세운 풍운아였다. 그는 특히 인재를 꿰뚫어 보고 민심을 얻는 데 탁월했던 간웅이었다.

노나라를 반역했다 제나라로 망명했던 양호는 다시 진나라로 도망쳤는데, 그런 양호에게 조간자가 물었다.

"그대는 인재를 육성하는 데 남다른 재주가 있다고 들었습니다. 그런데 어쩌다가 우리나라에까지 몸을 피하게 되었습니까?"

이에 양호는 대답하였다.

"노나라에 있을 때 저는 세 사람의 인재를 키웠습니다. 이 세 사람은 모두 장관이 되었습니다. 그러나 내가 노나라에서 반역죄인으로 낙인찍히게 되자 세 사람 모두 나를 잡으려고 뒤쫓았습니다. 제나라에 있을 때도 저는 세 사람을 추천하였습니다. 그중 한 사람은 왕의 측근이 되었고, 또 한 사람은 현령, 그리고 나머지 한 사람은 빈객을 접대하는 관리가 되었습니다. 그러나 내가 다시 죄인으로 모함을 받자 왕의 측근이 된 자는 나를 만나려 하지 않았고, 현령이 된 자는 나를 체포하려 하였고, 빈객을 접대하는 관리는 나를 뒤쫓아 왔습니다. 그러니 내가 인재를 육성하는 재주가 있다는 말은 합당치 못합니다."

양호의 말을 들은 조간자가 웃으며 말했다.

"밀감나무와 유자나무를 심으면 그 열매는 맛있고 향기도 좋습니다. 그러나 탱자나무와 가시나무를 심으면 결국 자라서 찌르게 될 것입니다. 안목이 있는 사람은 반드시 육성할 인재를 잘 가려야 합니다."

이처럼 뛰어난 용병술을 보인 조간자는 천하를 차지하려면 무엇보다 백성의 마음인 민심을 얻어야 한다는 것을 잘 알고 있었다. 조간자에게는 애지중지하는 백마 두 필이 있었다. 어느 날 말단 관리 하나가 밤에 찾아와 말하였다.

"저는 주군의 신하이온데 병이 들었습니다. 의사의 말에 의하면 백마의 간을 구하여 먹으면 나을 수 있지만 그렇지 않으면 꼼짝없이 죽을 것이라고 했습니다. 하오니 청컨대 백마의 간을 주십시오."

문지기가 보고하자 조간자의 측근 무사가 화가 나서 말하였다.

"아니 저런 놈이 있나. 우리 주군께서 아끼시는 백마의 간을 달라니. 제가 가서 그 자를 찾아 즉각 목을 베겠습니다. 허락을 내려주십시오."

그러나 이 말을 들은 조간자는 머리를 흔들며 물어 말하였다.

"사람을 죽여 가축의 목숨을 살리는 것이 지도자의 도리이겠느냐, 아니면 가축을 죽여 사람의 목숨을 구하는 것이 지도자의 도리이겠느냐."

무사는 아무런 대답도 할 수 없었다. 조간자는 즉시 요리사를 불러 백마를 죽여 그 간을 꺼내 말단 신하에게 전해주도록 하였다. 이 소문을 들은 백성들은 모두 조간자를 지지하게 되었으며, 마침내 민심을 얻은 조간자는 내전에서 큰 승리를 거두게 되었던 것이다.

그러나 조간자가 백마의 간을 말단 관리에게 준 것은 민심을 얻기 위한 거짓 위계일 뿐 진심은 아니었다.

공자가 차라리 조간자에게 가서 몸을 의탁하기로 결심한 것은 조간자가 어쨌든 자신에게 필요한 사람은 등용할 줄 알았으며, 비록 난세에 어울리는 간웅이라 하더라도 향기로운 밀감나무나 유자나무를 알아볼 수 있는 분별력을 갖고 있을 것이라고 기대하였기 때문이었을 것이다.

그래서 길을 떠나 진나라로 들어가는 황하에 이르렀을 때 공자는 조간자가 두명독과 순화라는 두 사람을 죽였다는 소문을 들었다. 두명독과 순화는 진나라의 어진 현인이었으므로 강을 건너려던 공자는 탄식하며 말하였다.

"아아, 황하의 물은 예나 지금이나 넓고 아름다운데 내가 이 물을 건너지 못하는 것도 운명이런가."

이 말을 들은 자공이 물어 말하였다.

"선생님, 지금 하신 말씀이 무슨 뜻입니까?"

공자는 황혼빛으로 붉게 물든 황하의 강물을 바라보면서 대답하였다.

"두명독과 순화는 진나라의 어질고 현명한 대부들이다. 조간자는 이들 두 사람의 힘을 빌려 범씨와 중항씨를 쳐서 자신의 뜻을 이룰 수 있었다. 그런데도 조간자는 권력을 잡은 후 이들 둘을 죽여버렸다."

잠시 말을 끊고 한숨을 쉰 공자는 오랜 침묵 끝에 다시 말을 이었다.

"옛말에 이르기를 '태아를 가르고 유아를 죽이면 교외로 기린은 오지 않으며, 소택의 물을 말려 어류를 다 잡아버리면 교룡(蛟龍)은 운무를 일으켜 음양의 조화를 부리지 않아 비가 내리지 않는다고 하였다. 또 새집을 뒤엎어 새알을 깨트려버리면 봉황(鳳凰)도 날아다니지 않는다'고 하였다."

이 말을 들은 자공이 다시 물었다.

"선생님, 저는 아직 선생님의 말씀이 무슨 뜻인지 모르겠습니다."

자공의 질문에 공자는 이렇게 말을 맺는다.

"이것은 군자는 자기의 동류가 해를 입는 것을 꺼린다는 뜻이다. 이처럼 하늘의 새나 짐승들도 불의를 피할 줄 아는데 하물며 내가 어찌 강을 건너 불의를 저지른 조간자를 찾아갈 수가 있겠는가."

이로써 공자는 황하를 건너지 못하고 다시 돌아올 수밖에 없었다. 이때의 처량한 모습을 『사기』는 간단하게 기록하고 있다.

"그래서 그냥 돌아오는 길에 추향(陬鄕)에서 휴식하면서 「추향의 노래」란 거문고 곡을 작곡하며 슬퍼하였다."

이때 공자를 찾아온 사람이 있었다. 거백옥이 보낸 사자였다. 거백옥은 위나라의 대부로 유일한 공자의 후원자였다. 공자도 거백옥에 대해서 '참 군자'란 평가를 내린 일이 있을 만큼 두 사람은 서로를 신뢰하고 있었다. 공자의 딱한 신세를 전해들은 거백옥은 전에도 자신의 집에서 묵었던 공자를 다시 초청하기 위해서 사자를 보냈던 것이다. 거백옥의 사자에게 공자가 물었다.

"대부께서는 요즘 어떻게 지내시고 계시나요?"

그러자 사자가 대답하였다.

"어른께서는 허물을 적게 하려고 애를 쓰십니다만 아직 허물을 적게 하는 일이 잘 안 되고 있습니다.(夫子欲寡其過而未能也)"

사자가 돌아가자 공자는 그를 칭찬해 마지않았다. 거백옥의 근황을 가감 없이 정확하게 전해주었기 때문이었다. 그보다도 공자가 감탄한 것은 허물을 고치려고 부단하게 애를 쓰는 거백옥의 태도였다. 이는 공자가 평소에 말하였던 내용과 일치하고 있기 때문이었다.

"군자는 중후하지 않으면 위엄이 없으니 학문을 해도 견고하지 못하다. 우러나는 마음과 믿음 있는 말을 주로 하며, 나보다 못한 사람과 벗하지 말며, 잘못을 깨달았을 때에는 고치기를 꺼리지 않는다."

공자의 이 가르침에서 '잘못이 있으면 즉시 고치기를 꺼리지 말라'는 '과즉물탄개(過則勿憚改)'란 고사성어와 '잘못을 고친다'는 '개과(改過)'가 나온 것. 공자는 『논어』의 「위령공편」에서 잘못을 고치는 행위의 중요성을 말하고 있다.

> 잘못을 하고서도 고치지 않는 것, 이것을 잘못이라고 말한다.(過而不改 是謂過矣)

과실에 대한 자신의 반성은 선으로 옮겨가는 천선(遷善)과 덕으로 나아가는 진덕(進德)의 가장 중요한 수양의 수단인 것이다. 자기의 잘못을 잘 알고 이를 인정하는 일도 어렵지만 그것을 깨닫고 고쳐나가는 과단성과 솔직성이야말로 공자가 강조한 덕목이었다. 자기반성의 중요성을 공자는 「공야장(公冶長)편」에서 이렇게 강조하고 있다.

"어쩔 수 없구나. 나는 아직 자신의 허물을 보고서 내심으로 자책하는 사람을 보지 못하였구나."

거백옥의 초청을 받은 공자는 다시 위나라로 돌아와서 거백옥의 집에서 묵는다.

공자로부터 '자기 잘못을 반성하고 이를 고치는 데 부지런한 참군자'란 평가를 받은 거백옥. 『장자』에는 거백옥의 '세상을 사는 지혜', 즉 처세술에 관한 유명한 이야기가 나오고 있는데, 그 내용은 다음과 같다.

어느 날 안합(顏闔)이 거백옥을 찾아간다. 안합은 원래 태자 괴외의 스승이었다. 그러나 괴외는 음탕한 왕비였던 남자를 죽이려다 실패하고 진나라로 망명하여서 그의 아들인 첩(輒)이 대신 태자를 이어받고 있었다. 그러므로 안합은 태자의 스승으로서 난처한 입장에 빠져 있었던 것이다. 고민 끝에 안합은 거백옥을 찾아가 다음과 같이 물어 말하였다.

"여기 한 사람이 있습니다. 그의 덕은 천성적으로 경박하기 짝이 없습니다. 그러나 그와 더불어 무도한 짓을 하면 곧 나라가 위태로워집니다. 그의 지혜는 남의 잘못을 알기에 알맞을 정도이고, 자기의 잘못을 깨닫지도 못합니다. 이러한 사람에 대하여 저는 어떻게 행동했으면 좋겠습니까?"

안합이 말하였던 '경박하고 무도한 자'가 누구를 가리키는 것인지는 명확치 않다. 위나라의 주군이었던 우유부단한 영공을 가리키는 것인지, 아니면 영공을 둘러싼 간신배들을 가리키는 것인지는 모르지만 이에 대답한 거백옥의 충고는 난세를 사는 오늘의 우리에게도 좋은 교훈이 될 수 있을 것이다.

안합의 질문에 대한 거백옥의 대답은 다음과 같다.

"잘 물으셨습니다. 경계하고 조심하십시요. 그리고 당신의 몸을 올바로 가지십시요. 태도는 온순한 것이 좋으며, 마음은 온화한 것이 좋습니다. 그렇지만 이 두 가지에도 조심이 필요합니다. 온순함은 남에게 끌려 들어가지 않아야 하며, 온화함은 남에게 드러내지 않아야 합니다. 태도의 온순함이 남에게 끌려 들어가다보면 멸망을 당하고 낭패를 보게 됩니다. 마음의 온화함을 남에게 드러내다 보면 나쁜 평판이 생기고 재난을 당하게 됩니다. 그러므로 상대방이 아이와 같다면 당신도 그와 같이 아이가 되십시오. 상대방이 분수 없는 사람이라면 더불어 분수 없이 행동하십시오. 상대방이 종잡을 수 없는 사람이라면 그와 더불어 종잡을 수 없이 행동하십시오."

일단 말을 마친 거백옥이 안합에게 다시 물었다.

"그대는 사마귀를 아십니까. 사마귀가 버티고 서서 수레바퀴를 가로막는다는 뜻을 아십니까?"

"알다마다요."

안합은 대답하였다.

"제나라의 장공이 사냥길에서 만난 사마귀의 이야기가 아닙니까?"

"그렇소이다."

거백옥은 대답하였다.

"아시다시피 장공이 수레를 타고 사냥을 가다가 벌레 한 마리가 덩치에 비해 유난히 큰 앞발을 휘두르며 수레를 향해 덤벼드는 것을 보았습니다. 장공은 참으로 맹랑하여 신하에게 그 벌레가 무엇인가 하고 물었습니다. 이에 신하가 대답하였지요. '사마귀입니다. 저 놈은 앞으로 나아갈 줄만 알았지 물러설 줄을 모르며, 제 힘은 생각지 않고 모든 적을 가볍게 아는 저돌적인 벌레입니다.' 장공은 이 말을 듣고 고개를 끄덕이고는 '저 벌레가 만약 사람이라면 반드시 천하제일의 용사가 되었을 것이다' 라고 칭찬하고는 수레를 돌려 사마귀를 피해가도록 하였다고 합니다."

거백옥의 말은 사실이었다. 장공의 이 유명한 일화에서 '사마귀가 버티고 서서 수레바퀴를 막는다' 는 뜻의 '당랑거철(螳螂拒轍)' 이란 고사성어가 나온 것. 이 말은 자신의 힘을 헤아리지 못하고 강적에게 덤벼드는 무모한 행동을 비유하거나 허세를 떠는 모습을 풍자하는 말이었다.

"그러면 그대에게 묻겠는데, 만약 장공이 그대로 수레를 몰고 나가면 사마귀는 어떻게 되었을까요?"

거백옥의 질문에 안합이 대답하였다.

"바퀴에 깔려 죽었을 것입니다."

"그렇습니다."

거백옥은 고개를 끄덕이면서 말을 이었다.

"사마귀처럼 자기 재질의 훌륭함만을 믿고 크게 뽐내면서 상대방의 권위를 범하면 위태로워집니다. 경계하고 조심해야 합니다."

그러고 나서 거백옥은 다음과 같이 말을 맺는다.

"그대는 호랑이를 기른 사람들의 얘기를 알지 못합니까. 호랑이에게는 감히 산 것을 먹이로 주지 않습니다. 이는 호랑이가 산 먹이를 죽이는 사이에 사나운 야성이 되살아날 것을 우려한 까닭입니다. 또한 호랑이에게는 먹이를 통째로 주지 않는데, 그것은 먹이를 찢는 사이에 또한 사나운 야성이 되살아날 것이기 때문입니다. 이처럼 호랑이의 배고픔과 배부름을 살펴서 그 사나움을 다스려야 할 것입니다. 물론 호랑이와 사람은 서로 종류가 다른 동물이지만 호랑이가 자기를 길러주는 사람에게 잘 보이려 하는 것은 호랑이의 성질을 따라 맞춰주기 때문입니다. 그러나 호랑이가 자기를 길러주는 사람을 죽이거나 해치는 것은 호랑이의 성질을 거슬렀기 때문입니다. 마찬가지로 말을 사랑하는 사람은 바구니에 똥을 받고 큰 조개껍질에 말의 오줌을 받습니다. 그러나 모기나 등에가 말에 앉아 있어, 그것을 잡으려고 갑자기 손바닥으로 말의 등을 치면 말은 놀라 재갈을 부수고 말굽으로 사람의 머리를 깨거나 가슴을 떠받지 않겠습니까."

그러고 나서 거백옥은 결론을 내린다.

"이처럼 말을 아무리 사랑한다 하더라도 하찮은 것으로 노여움이 생기면 사랑이 잊혀지는 것입니다. 그러니 어찌 조심하지 않을 수 있겠습니까. 이렇듯 사마귀처럼 무모하게 권력자와 맞서서도 안 되고 호랑이를 기르듯 그의 성질을 따라 잘 길들여야 하며, 말을 다루듯 조심하여 권력자를 놀라게 해서는 안 됩니다. 이런 것만 조심하면 천성이 경박하고 무도한 권력자와도 어울려 지낼 수가 있습니다. 다시 말하면 벼슬을 함에 있어서 자연스러운 행동, 상대의 본성을 따르는 처세가 가장 적절한 몸가짐이라 할 것입니다."

거백옥의 초청으로 다시 위나라에 간 공자는 그러나 전보다 더 초라한 식객으로 전락한다. 영공과의 관계도 소원해져서 완전히 소외되는데 이 장면을 『사기』는 기록하고 있다.

어느 날 영공은 공자를 불러 군진법(軍陣法)에 대해서 물은 적이 있었다. 군진이란 군대가 전투에 임해서 펼치는 진영(陣營)을 말하는 것으로 영공이 공자에게 군진에 대해서 물었던 것은 공자가 전투경력은 전혀 없는 백면서생임을 비웃는 일종의 말장난이었던 것이다. 이러한 영공의 속마음을 꿰뚫은 공자는 다만 이렇게 대답할 따름이었다.

"제사지내는 일에서는 일찍이 들은 바가 있사오나 군사에 관한 일은 배워본 적이 없습니다."

그뿐이 아니다. 영공이 얼마나 공자를 무시하였던가는 『사기』에 나와 있는 다음과 같은 영공의 태도로 봐서도 명확히 알 수 있다.

공자는 다음에도 영공과 대담한 적이 몇 번 더 있었다. 그러나 대화 도중 영공은 날아가는 기러기나 쳐다보면서 공자의 말에는 전혀 귀를 기울이지 않았다.

철저하게 무시당한 공자는 다시 위나라를 떠나 진나라로 간다. 이때가 기원전 492년 공자의 나이 60세 때였다.

그러나 공자가 진나라에 들어간 이후에도 전국시대의 정세는 극도로 혼란하였다. 그것은 그해 여름 위나라의 영공이 죽고 그 뒤를 이어 손자인 첩이 왕위에 올라 출공(出公)이 되었기 때문이었다. 원래 태자는 괴외였으나 망명 중이었으므로 혼란기를 틈타 괴외의 아들인 첩을 왕위에 옹립하였던 것이다.

이 기회를 간웅 조간자가 놓칠 리가 없었다. 마침 괴외가 자신의 영토에 도망쳐 와 있었으므로 괴외를 위나라의 왕위에 오르게 할 수만 있다면 손쉽게 위나라를 손아귀에 쥘 수 있고, 만약 그렇게 되지 못한다 하더라도 괴외와 그의 아들인 첩 사이에 권력쟁탈전을 벌이게 하기만 해도 위나라는 국력이 분열되어 쉽게 병합할 수 있었기 때문이었다.

조간자는 오래 전부터 자신의 영토에 망명해 있었던 반역자이자 야심가인 양호야말로 이런 일에 적합한 인물이라고 점찍어두고 있었다. 따라서 조간자는 양호로 하여금 태자 괴외를 호송하여 위나라에 들어가도록 계략을 꾸몄다.

양호는 괴외를 상주로 꾸미고 8명의 장정들에게도 모두 상복을 입힌 다음 마치 위나라에서 사람을 보내어 모셔가는 듯이 가장하고 위나라에 도착하였다. 이들은 모두 머리를 풀고 통곡하면서 영공의 죽음을 슬퍼하였으나 실은 국민들을 속여 자기들 편에 끌어들이려는 계략에 지나지 않았다.

출공은 군사를 파견하여 아버지 괴외의 입국을 막았지만 죽일 수는 없었다. 괴외와 양호는 위나라 땅 척으로 들어가 그대로 눌러앉아 살기 시작하였는데, 차마 아버지를 공격할 수 없었던 출공은 제나라에 부탁하여 척을 포위하여 달라고 간청한다. 제나라는 양호에 대한 반감이 있었으므로 즉시 척을 포위하고 공격하기 시작함으로써 공자는 또다시 뜻하지 않은 대혼란의 소용돌이 속에 휩쓸리게 되는 것이다.

세상이 이처럼 혼돈의 소용돌이였으므로 진나라에서도 공자는 상갓집의 개였다. 진나라에서 2년 이상 머물러 있었으나 공자가 했던 일은 원견지명(遠見之明)을 과시한 일화뿐이었다.

고향 노나라의 종묘에서 불이 났다는 얘기를 듣자 공자는 말하였다.

"화재는 반드시 환공과 이공의 묘에서 일어났을 것이다."

환공(桓公)은 노나라의 임금인 애공의 8대조였으며, 이공(釐公)은 6대조였다. 옛 법에 의하면 조상의 묘는 4대조까지만 보존키로 되어 있는데, 환공은 계씨를 비롯한 삼환씨의 직계조상이고, 이공은 그들에게 처음으로 채읍을 봉해준 임금이어서 이들의 묘를 최고의 세도가였던 삼환씨들은 멋대로 보존하고 있었던 것이다.

원래 불은 이들의 묘 옆에 있던 사탁(司鐸)에서부터 일어났다. 공자는 사탁이 이들의 묘와 맞붙어 있는 것을 알았기 때문에 환공과 이공의 묘도 불탔을 거라는 것을 알아맞혔던 것이다.『공자가어(孔子家語)』는 계씨의 예에 벗어난 행위에 대한 하늘의 재앙으로 불이 났으며, 하늘의 이치를 알고 있던 공자가 이를 알아맞혔다고 과장하고 있다.

어쨌든 그해 가을 노나라의 계환자는 병으로 죽는다. 계환자는 제나라의 선물인 예기들과 말을 받아들임으로써 공자를 출국케 한 장본인. 그는 병에 걸린 상태로 연거(輦車)를 타고 노나라의 도성을 둘러본다. 그 화려했던 도성은 황폐하고 인파들로 넘치던 거리는 쇠락해 있었다.

이에 계환자는 탄식하며 말하였다.

"옛날 이 도성은 융성하였다. 그런데 내가 제나라의 기생과 말을 받아들인 결과로 이 지경이 되었구나."

그러고 나서 계환자는 자신의 무릎을 치며 후회하여 말하였다.

"이는 모두 공자의 권고를 받아들이지 않았기 때문인 것이다."

그런 후 계환자는 자신의 후계자인 계강자(季康子)를 불러 유언을 내린다.

"나는 반드시 며칠 후면 죽게 될 것이다. 그러니 내 말을 명심토록 하여라. 내가 죽은 후에는 네가 노나라의 정치를 맡게 될 것이다. 만일 네가 노나라의 정치를 맡게 되거든 반드시 공자를 초빙하여 그의 말을 듣도록 하여라."

말을 마치고 계환자는 숨을 거둔다. 계강자는 장례를 치른 다음 유조를 받들 것을 결심하고 진나라로 사람을 보내어 공자를 초청하려 하였다. 이때 공지어(公之魚)가 나서서 말렸다.

"전날 우리의 선군이신 정공(定公)께서는 공자를 등용했으나 끝까지 쓰지 못하여 마침내 제후들의 웃음거리가 되었습니다. 지금 또 공자를 등용하려 하시나 끝까지 쓰지 못하신다면 이 또한 제후들의 웃음거리가 될 것입니다. 그러니 잘 판단하시길 바랍니다."

계강자가 되물었다.

"그러면 어떻게 하면 좋겠소?"

공지어가 대답하였다.

"공자 대신 다른 사람을 초빙하시면 되실 것입니다."

"그가 누군데?"

"염구라는 공자의 제자를 불러들이는 것이 좋을 것입니다."

염구(冉求).

자는 자유(子有)여서 보통 염유(冉有)라고 불렸으며, 공자의 제자 중 자로와 자공과 더불어 정치적 재능이 뛰어난 인물이었다. 자로가 군사, 자공은 외교에 뛰어났던 데 비하여 염유는 행정과 군사 두 방면 모두에 탁월한 재능을 보였던 인물이다. 공자보다 29세나 아래였으나 염구의 뛰어난 정치적 재능은 공자도 일찍이 인정하고 있었던 것으로 보인다.

『논어』에 보면 계강자가 "염구는 정치에 종사케 할 만한 인물입니까"고 묻자 공자가 다음과 같이 대답한 것으로 나와 있다.

"염구는 재간이 많으니 정치에 종사하는 데 무슨 문제가 있겠습니까?"

이처럼 공자로부터 일찍이 정치적 재능을 인정받았던 염구는 계강자의 초청을 받자 곧 노나라로 떠나게 되는데 이때 공자는 염구를 불러 당부하며 말하였다.

"노나라 사람들이 너를 불러 갈 적에는 너를 작게 쓰려는 것이 아니라 크게 쓰려는 것이니 최선을 다할 것을 명심하여라."

공자의 예언은 적중한다.

염구는 실제로 노나라에서 기대 이상으로 정치적 성공을 거두어 크게 쓰이게 되는 것이다.

염구는 계강자의 가재(家宰)가 되었다. 특히 제나라와의 전쟁에서 큰 공을 세웠다. 제나라는 원래 노나라보다 월등한 군사적 강국으로 노나라를 정벌하려고 군사를 동원하지만, 노나라의 집정자인 계강자는 감히 대항할 엄두도 내지 못하고 있었다. 그러나 염구는 과감히 제나라와 싸울 것을 주장하였던 것이다. 이때 노나라의 군대는 좌로와 우로의 2군으로 나눠서 군진을 펼쳤다. 좌로는 염구가 이끄는 계손씨의 군대였고, 우로는 맹손씨가 이끄는 군대로 주축을 이루고 있었다.

제나라와의 전쟁에서 우로의 군대는 곧 패하여 후퇴하였으나 염구가 이끄는 좌로의 군사는 제나라를 크게 쳐부수어 마침내 제나라의 군사를 모두 도망가게 했던 것이다. 이때 염구는 창을 이용한 공격으로 크게 승리를 거두었다. 이처럼 염구는 전술과 무기의 사용에도 대단히 유능한 사람이었던 것이다.

이 승리는 염구 개인의 영광이었을 뿐 아니라 공문(孔門) 전체에 끼치는 영광이 되었으니 결국 이것이 여러 해를 두고 떠돌아다니고 있는 공자를 고향으로 맞아들이는 계기가 될 수 있었던 것이다.

염구가 이처럼 전공을 세워 공자가 고향으로 환국케 할 수 있었던 것은 염구와 자공 간의 묵계 때문에 가능한 일이었는데 여기에는 일화가 숨어 있다.

염구가 계강자의 초청을 받고 노나라로 들어가게 되자 공자는 다시 탄식한다.

"아아 돌아가야지. 돌아가야지. 우리 고향의 젊은이들은 뜻이 크면서도 일에 거칠고 멋지게 겉치레할 줄 알았지 일을 제대로 요리하는 법을 알지 못하고 있으니, 돌아가야지. 돌아가야지."

이미 수년 전 진나라에서도 노나라로 돌아갈 것을 꿈꾸면서 특히 고향의 젊은이들에게 '중정의 도'를 가르쳐주겠다고 다짐하고 있던 공자의 탄식인지라 이런 모습을 본 눈치 빠른 자공은 스승이 한시라도 빨리 고향으로 돌아가고 싶어하고 있음을 알게 되었던 것이다. 그래서 귀국하는 염구를 전송하면서 이렇게 귀띔하였던 것이다.

"자네가 노나라에서 등용되어 큰 공을 세우면 선생님을 잊지 말고 반드시 불러 모시도록 하게나."

자공과 염구의 묵계는 이루어진다. 결과적이지만 염구의 뛰어난 정치적 성공은 스승을 노나라로 돌아오는 데 결정적인 역할을 하게 되는 것이다.

제 5 장

네 번째 출국 — 양금택목 良禽擇木

사람에 이르는 길

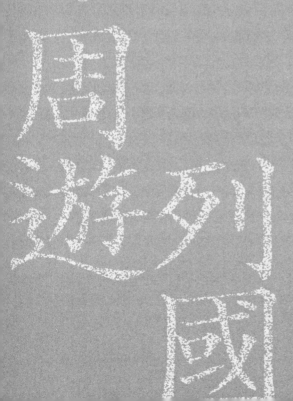

周遊列國

1

기원전 490년 노나라 애공 5년. 나이 62세 때 공자는 섭나라를 찾아간다.

공자가 위나라를 찾아감으로써 시작된 주유열국은 이미 7년째에 접어들고 있었다. 결국 그로부터 7년 뒤 공자의 나이 68세 때에 고향으로 되돌아온 것을 감안하면 이때 공자의 순회는 정확히 전반기를 끝내고 막 후반기로 넘어가는 분기점이었다.

그러나 전반기 7년보다도 후반기 7년은 더욱 초라하고 고달픈 가시밭길의 여정이었다. 찾아간 나라들도 채(蔡), 섭(葉)과 같은 소국이었다. 이들은 결코 독립된 나라라고 불릴 수 없는 강대국들의 속국이었다. 그럼에도 불구하고 공자는 이 작은 나라에서도 유세를 제대로 펼쳐보지 못하였을 뿐 아니라 궁핍한 생활에 쪼들려 그저 연줄이 닿는 대로 인연을 좇아 이리저리 순회하면서 간난신고(艱難

辛苦)의 혹독한 생활을 하게 된다.

설상가상으로 지금까지는 묵묵히 스승을 따라 일말의 희망을 품고 수행하던 제자들도 서서히 스승의 권위와 가르침에 반기를 들기 시작하여 일종의 내분사태에까지 이르게 된 혼돈의 계절이었다.

처음 공자가 3년 동안 머물러 있던 진나라를 떠나 찾아간 나라는 채나라였다. 진나라는 자주 외국의 침입을 받는 약하고 불안정한 나라였지만 채나라는 작고 정국이 더 어지러운 나라였다.

공자가 채나라의 제후인 소후(昭侯)의 초청을 받고 진나라를 떠나 채나라로 갔을 무렵 공교롭게도 소후는 신하들에게 암살을 당하는 정변이 일어났다. 그것은 소후가 여러 신하들을 속이고 오나라의 후원 아래 도읍을 지금의 안휘성(安徽省) 수현(壽縣)인 주래(州來)로 옮겼던 데서 시작되었다. 소후가 오나라의 초청을 받고 상국인 오나라를 방문하려 하자 다시 소후가 자신들을 속이고 천도할 것을 두려워 한 신하들이 소후를 활로 쏴 죽여버렸던 것이다.

얼핏 보면 군신간의 하극상처럼 보이지만 실은 채나라를 배후에서 조종하던 강대국 초나라와 오나라 사이에서 벌어진 권력쟁탈의 희생양으로 초나라의 사주를 받은 신하들이 소후를 거세하여버린 것이다.

오직 소후만을 믿고 채나라로 갔던 공자는 할 수 없이 섭이라고 불리우는 작은 나라로 피신할 수밖에 없었다. 섭나라는 본시 채나라의 땅이었다. 초나라가 빼앗아 대부인 섭공(葉公)에게 다스리게 하고 있던 고장이었다. 섭공은 성이 심(沈)이고, 이름을 제량(諸梁)이라 하였는데, 그는 이 무렵 초나라의 후원을 입고 채나라 전체까지도 지배를 하고 있었던 새로운 권력자였으므로 공자는 할 수 없이 이번에는 섭공의 정치능력을 크게 평가하고 그에게 몸을 의탁하기 위해서 채나라에서 더 작은 나라인 섭으로 찾아갈 수밖에 없었던 것이다.

섭공은 야심가로 마음속으로 은근히 패권을 꿈꾸고 있었다. 그래서 섭공은 권력의 상징인 용을 매우 좋아하고 있었다. 전해오는 바에 의하면 섭공은 집안 곳곳에 용의 그림을 붙여두고 침구나 이불, 심지어 속옷에까지 용을 수놓고 있었다고 한다. 그렇게 천자의 상징인 용을 가까이하고 좋아하면 자연 더 큰 권력이 자신에게 찾아올 것이라고 기대하고 있었기 때문이었다.

이처럼 섭공이 용을 좋아하고 있다는 사실이 세상에 널리 알려지자 마침내 하늘에 있던 진짜 용이 이 소식을 듣게 되었다. 진짜 용은 섭공이 얼마나 자신을 좋아하는지 확인하기 위해서 직접 그의 집을 방문한다. 주인공인 섭공은 용그림에다 용무늬의 벽지 등을 장식하고 있다가 진짜 용 한 마리가 창문으로 머리를 들이밀며 들이닥치자 혼비백산하여 도망치고 말았는데 여기서부터 '겉으로는 좋아하는 것 같지만 사실은 결코 좋아하지 않음'을 비유하는 '섭공호룡(葉公好龍)'이란 고사성어가 탄생되었던 것이다.

'섭공호룡'의 고사는 오늘의 정치현실에도 적합한 비유일 것이다.

겉으로는 용을 좋아한다, 사랑한다 하면서 진짜 용이 나타나자 혼비백산하여 도망친 섭공처럼 겉으로는 백성을 좋아한다, 백성을 위한다 하면서 실제로는 자신의 사리사욕을 취하는 권력의 속성은 진짜 백성의 고통과 백성의 실체가 드러나면 도망쳐버리는 정치가들의 허명(虛名)과 일맥상통하는 것이다.

이 고사에서 알 수 있듯이 섭공 역시 진실된 사람이 아니라 허례를 좇는 지도자일 뿐이었다.

섭공은 공자 일행이 자신의 영토에 들어왔다는 말을 듣고 먼저 공자의 제자인 자로를 불러들였다. 소문으로만 듣던 공자를 실제로 만나기 전에 제자를 통해 공자에 대한 정보를 사전에 입수하기 위함이었다.

"그대는 공자의 제자인가?"

섭공의 질문에 자로는 대답하였다.

"그렇습니다."

"그럼 묻겠으니 그대의 스승 공자는 어떤 사람인가?"

이에 '자로는 어떤 대답도 하지 않았다'고 『사기』는 기록하고 있다. 공자의 제자 중에서 가장 용감하고 바른 말을 잘하던 애제자 자로가 섭공의 질문에 아무런 대답도 하지 않았다는 것은 매우 이례적인 일이다. 그 이유는 대충 두 가지로 추정되는데, 그 무렵 자로는 7년에 걸친 가시밭의 나그네 길에서 절망하고 지쳐서 어쩌면 스승 공자에 대한 불만이 내심 싹텄을지도 모른다는 이유가 첫 번째이고, 실제로 스승의 능력에 대한 회의를 느껴 반신반의하고 있었는지도 모른다는 것이 두 번째의 이유인 것이다.

인류의 스승인 공자와 제자들 간의 갈등은 똑같이 예수와 제자들 간에도 되풀이 된다. 예수가 자신을 '하늘에서 내려온 빵이며, 이 빵을 먹는 사람은 누구든지 영원히 살 것이다'라고 선언하자 제자들은 '이렇게 말씀이 어려워서야 누가 알아들을 수 있겠는가' 하고 수근거리며 불만을 표시하는 것이다.

요한은 이때의 장면을 다음과 같이 기록하고 있다.

"이때부터 많은 제자들이 예수를 버리고 물러갔으며 더 이상 따라다니지 않았다."

인류의 스승인 공자뿐 아니라 예수의 종교와 사상도 이렇듯 제자들 간의 갈등 속에서 더욱 완성되고 심화될 수 있었으니 그런 의미에서 '가까운 집안 식구가 바로 원수'라는 예수의 말은 진리인 것이다.

자로가 섭공의 질문에 아무런 대답도 하지 않았다는 말을 전해 들은 공자는 몹시 섭섭했을 것이다.

지금까지는 권력자들과 혼란한 정세와 같은 외부적 상황에만 박해를 받았다. 마침내 우려했던 대로 같은 집안 식구인 제자들간의 불화가 시작된 것을 깨달았을 때 공자의 심정은 참담하였을 것이다. 그러나 공자는 이를 내색하지 않고 자로를 불러 타이른다.

"너는 왜 섭공에게 이렇게 말하지 않았는가. 스승의 사람됨은 도를 배우기에 게으르지 않고, 사람 가르치기를 싫어하지 않고, 도를 즐기기를 밥 먹는 것을 잊을 정도이며, 또한 가난을 근심하지 않아 어느새 늙어 노년에 이른 것조차 모르고 있는 사람이라고 말하지 않았느냐."

그러나 제자와의 불화는 이것이 시작에 불과하였다. 특히 직선적인 자로는 후반기에 접어든 공자의 주유열국시대 때 사사건건 스승과 부딪치는 것이다. 마치 베드로가 스승 예수를 세 번이나 모른다고 배신하였듯 이 무렵 자로 역시 스승과 서너 차례에 걸쳐 노골적인 반목을 빚게 되는 것이다.

『논어』에 보면 섭공과 공자가 두 번을 만나 서로 얘기를 나눈 것으로 되어 있다. 처음 만났을 때 섭공이 공자에게 '좋은 정치란 무엇입니까' 하고 묻자 공자는 이렇게 대답하였다고 『논어』는 기록하고 있다.

"정치란 간단한 것입니다. 정치란 먼 곳의 사람들은 흠모하여 찾아오도록 해야 하는 것이며, 가까운 곳의 사람은 기뻐하며 따라오도록 하는 것입니다."

물론 공자의 대답은 다목적용이었다. 섭공에게 정치란 '먼 곳의 사람들이 찾아오도록 해야 합니다.(遠者來)'라고 대답했던 것은 먼 곳에서 찾아온 자신의 입장을 빗대어서 암시한 내용이라고 할 수 있을 것이다.

그러나 섭공은 애당초 공자를 포용할 만한 그릇이 못 되었다. 두 번째 만났을 때 섭공은 공자에게 말하였다.

"우리 마을에 직궁(直躬)이란 행실이 강직한 사람이 있는데, 그는 자기의 아버지가 양을 훔쳤을 때 자식으로서 그 사실을 증언하여 체포되도록 하였는데 이를 어떻게 생각하십니까?"

그러자 공자가 대답하였다.

"우리 마을의 강직한 사람은 그와 다릅니다. 아버지는 자식을 위해 숨기고 자식은 아버지를 위해 숨기는데 진실로 강직함이란 그런 가운데에 있는 것입니다."

이 이야기와는 달리 『여씨춘추』에는 보다 더 자세한 이야기가 실려 있다.

초나라의 직궁은 자기 아버지가 양을 훔친 것을 고발하여 관리들이 아버지를 잡아다 죽이려하자 이번에는 아버지 대신 처형을 받겠다고 요구한다. 관리가 그를 처형하려하자 직궁은 이렇게 아뢴다.

"아버지가 양을 훔친 것을 고발하였으니 신의가 있는 것이 아닙니까. 또 아버지를 대신하여 처형을 받으려 하니 효성이 있는 것이 아닙니까. 이처럼 신의가 있고 효성이 있는 사람을 처형한다면 나라 안에 그 누가 또 처형당하지 않겠습니까."

초나라의 임금은 그 말을 듣고 옳다고 생각하여 직궁을 용서해주는데, 그러나 이 말을 들은 공자는 탄식하였다.

"이상하구나. 직궁의 신의라는 것은. 한 아버지를 두고 두 번이나 명성을 취하려 하다니."

공자는 이처럼 천륜의 예를 중시하였으며 직궁과 같은 신의는 없는 것보다 못하며 직궁과 같은 효성도 없는 것보다 못하다고 본 것이었다.

어쨌든 공자는 두 번이나 섭공을 면담하는 데는 성공하였지만 아무런 성과도 얻지 못하였다. 직궁에 관한 얘기가 암시하듯 섭공의 가치관과 공자의 가치관에는 일치할 수 없는 괴리가 있었던 것으로 보인다.

결국 다시 소외된 공자는 어쩔 수 없이 섭나라를 떠나 채나라로 돌아갈 수밖에 없었는데, 돌아오는 도중 공자는 두 가지의 의미심장한 경험을 하게 된다.

잘 알려진 것처럼 채나라와 섭나라는 중국 장강을 중심으로 하는 남방의 강국 초나라의 지배를 받던 속국. 초나라는 바로 공자의 유가사상과 정반대의 도가사상을 낳은 노자의 고향이 아닐 것인가. 자연 노자의 도가사상을 좇아 자연을 벗삼아 신선을 꿈꾸며 은둔생활을 하는 도인들이 많은 곳이었다.

그러므로 이 무렵의 공자는 위로는 정치가들로부터 멸시를 받고 안으로는 제자들로부터 의심을 받고 밖으로는 전혀 사상이 다른 이교도들로부터 비웃음을 받고 있어 사방이 모두 적으로 둘러싸인 형국이었다.

이러한 사면초가의 처지를 암시하는 내용이 섭나라를 떠나 채나라로 돌아오는 공자에게 연거푸 일어나는데 그 내용들은 이미 앞에서 열거하였던 밭갈이하던 장저와 걸닉, 대바구니를 들고가는 노인과 같은 은둔자 등에게서 받은 모욕이었다.

이 유명한 일화들은 노자의 고향이었던 초의 속국 채나라에서 공자가 당한 일련의 에피소드들이다. 그러나 자세히 살펴보면 이 장면에서도 공자와 자로 간의 미묘한 신경전이 엿보인다. 물론 노자의 도가사상을 따르는 장저와 걸닉에게는 나루터도 모르고 사람을 도망쳐 다니는 공자가 어리석은 사람이었을 것이다. 그러나 설혹 그들로부터 그런 말을 들었다고 하더라도 자로가 돌아와서 공자에게 자초지종을 낱낱이 고할 필요는 없었을 것이다. 이는 섭공이 '스승 공자가 어떤 사람이냐'고 물었을 때 자로가 아무런 대답도 하지 않아 공자의 심기를 건드린 것처럼 장저와 걸닉의 빈정거리는 말을 그대로 공자에게 전함으로써 자신의 불만까지 간접적으로 전하려

하였던 불손한 행동이었던 것이다.

『논어』에 나오는 '공자가 언짢은 표정으로 말씀하셨다'는 구절에서 볼 수 있듯이 언짢게 생각하였던 대상은 자신을 노골적으로 비웃은 장저와 걸닉이 아니라 오히려 그것을 낱낱이 고함으로써 불만을 드러내 보인 자로였을 것이다.

공자의 가장 용감하고 충실한 애제자 자로가 공자에게 이러한 간접적인 방법으로 계속해서 자신의 불만을 나타내보인 것은 이 무렵 공자와 제자들 간에 불화가 있었음을 뜻하는 것이다.

공자에게는 제자들과의 불화가 그 어떤 정치적 박해보다, 소외감보다, 궁핍보다, 이교도들의 비웃음보다 가장 견디기 어려운 고통이었을 것이다.

또한 자로가 대바구니를 걸머지고 걸어가던 노인으로부터 받은 공자에 대한 힐난도 결국 노자의 도가사상을 따르는 숨어 사는 사람들로부터 '사지를 움직여 일도 하지 않고, 오곡의 씨도 뿌리지 않는 게으른 지식인으로' 멸시를 당하였다는 내용인 것이다.

이는 마치 공자가 같은 은자인 장저와 걸닉으로부터 '천하를 주유하면서 나루터도 모르는', '자기 마음에 드는 군주를 찾아 천하를 정처 없이 떠돌아다니는' 어리석은 사람이라고 멸시를 당한 내용과 맥락을 같이하고 있다. 그러나 자세히 살펴보면 이 장면에서도 스승에게 자신이 겪었던 경험을 낱낱이 고하면서 불만을 간접적으로 드러내는 자로의 교활한 속셈이 엿보이는 것이다.

노인이 공자를 '사지를 움직여 일도 하지 않고 오곡도 구별하지 못하는 백면서생'으로 비웃는 것은 당연한 일이었을 것이다. 그러나 자로가 그 노인이 자신을 데려가 하룻밤을 편안하게 재워주었을 뿐 아니라 두 아들까지 만나게 해주었다는 가족적인 인간애를 발휘하였음을 굳이 고백할 필요는 없었을 것이다.

공자가 주유열국을 시작한 지 벌써 7년, 그동안 제자들은 자기가족을 만나지 못하고 정에 굶주려 있었을 것이다. 그것은 공자도 마찬가지였다.

풍찬노숙(風餐露宿)의 객지생활 동안 공자는 동가식 서가숙 하면서 아내 올관(兀官)과 아들 공리(孔鯉)를 그리워하였을 것이다. 공자의 생애 중 그의 가족에 대한 기록은 아주 짤막하게 남아 있을 뿐이지만 아내 올관씨는 일찍 죽고, 공자는 외아들 공리에게 각별한 애정을 보였던 것은 사실이었다. 그러므로 노인의 집에서 하룻밤을 편하게 묵고 노인의 두 아들까지 만나고 왔다는 자로의 말은 가족을 그리워하는 공자의 마음을 갈갈이 찢었을 것이다.

그뿐인가.

자로가 공자에게 노인으로부터 '닭을 잡고 기장밥을 지어 대접을 받았다'는 이야기까지 굳이 고백하고 있는 것은 갈갈이 찢긴 공자의 마음에 불까지 지르는 잔인한 행위였을 것이다.

그 무렵 공자와 그의 제자들은 궁핍한 생활에 지쳐 있었다. 불안한 정세에 이 나라 저 나라로 생명을 보존하기 위해서 도망쳐 다니기에 바쁠 뿐 먹고사는 것은 생각지도 못하였던 것이다. 이런 제자들의 걸인과 같은 모습을 보는 공자의 마음은 어떠하였을까.

전혀 모르는 생면부지에 숨어사는 노인이 자신에게 '닭을 잡고 기장밥을 지어 대접'하였는데 평생을 믿고 따르는 스승 그대는 우리에게 도대체 무엇을 먹여주고 어떻게 재워주고 있는가를 따져 묻는 준엄한 질책이 바로 자로의 고백이었다.

이러한 제자들의 불만은 그것이 끝이 아니었다. 이제부터가 시작이었던 것이다.

공자와 제자 간의 갈등은 주유열국의 후반기 내내 계속된다. 공자에게는 그 어떤 정치적 박해보다도 제자들로부터의 불만과 불신이 가장 큰 고통인 것처럼 보이고 있는데, 공자가 채나라에 온 후에도 이 갈등은 계속 확산되어 마침내 최고조에 이르게 된다.

이때 공자는 13년에 걸친 고달픈 순회 기간 중에 가장 중요한 전기를 맞게 된다. 공자가 섭나라에서 채나라로 떠나와 3년쯤 되던 해 지금까지와는 전혀 다른 최고의 임금으로부터 초빙을 받게 되는 것이다.

이 최고의 임금은 바로 초나라의 소왕. 물론 소왕도 공자에 대한 소문은 익히 듣고 있어 만나기를 원하였지만 워낙 멀리 떨어져 있어 뜻을 이루지 못하다가 뜻하지 않게 공자가 머물고 있는 채나라와 가까운 진나라로 군사를 이끌고 친정에 나섰다가 그 기회에 공자를 초빙하였던 것이다.

공자 역시 소왕이 어진 임금이라고 칭찬한 적이 있을 만큼 소왕의 인격과 능력을 높이 평가하고 있었다. 공자가 소왕을 칭찬한 데에는 다음과 같은 유래가 있다.

"어느 날 무리를 이룬 붉은 새 같은 구름이 해를 끼고 사흘간이나 하늘에 떠 있었다. 이를 본 소왕은 제후들 밑에서 주왕실에서 내린 전적을 맡아보고 천문을 관장하는 태사(太史)에게 그 이유를 물어

보도록 하였다. 그러자 태사는 대답하였다.

"그것은 왕에게 재앙이 있을 징조입니다. 만약 제사를 지낸다면 그 재난을 신하들인 영윤(令尹)과 사마(司馬)에게로 옮길 수가 있을 것입니다."

그러나 이 말을 들은 소왕은 고개를 흔들며 대답하였다.

"그것은 몸 속의 병을 떼어다가 팔다리에 옮겨놓는 것과 같은 짓인데 무슨 도움이 되겠느냐. 내게 큰 잘못이 없는데도 하늘이 나를 일찍 죽게 하는 벌을 내리게 하겠는가. 또한 죄를 졌다면 마땅히 내가 벌을 받아야지 그 벌을 누구에게 옮겨놓는단 말이냐."

소공의 이 말은 죄가 있으면 마땅히 하늘로부터 벌을 받아야 하며 벌을 받으면 마땅히 자신이 받아야지 어떻게 팔다리와 같은 신하에게 대신 받게 할 수 있겠느냐는 의미를 내포하고 있었던 것이다. 소공이 말하였던 '팔다리와 같은 신하'는 바로 '고굉지신(股肱之臣)'을 가리키는 말.

이 말은 어진 황제로 잘 알려진 순임금이 어느 날 신하들에게 말하였던 데서 비롯된다.

"나에게 만약 어긋남이 있을 때에는 그대들이 나를 보살피며 규정(規正)해 달라. 내 앞에서 순종하는 척하다가 물러간 뒤에 이러쿵저러쿵 뒷말을 할 것이 아니라 직접 그 자리에서 충고해달라. 또한 좌우의 동료들과 서로 협력하여 예의에 어긋남이 없도록 하라."

그리고 나서 순임금은 다음과 같이 강조하여 말하였다.

"그대들과 같은 신하는 짐의 팔과 다리요, 눈과 귀로 내가 백성들을 위해 돕고자 하니 그대들이 대신해 달라.(臣作朕股肱耳目 予欲

左右民汝翼)"

순임금의 이 말에서 '팔다리처럼 가장 믿고 중히 여기는 신하'라는 뜻의 '고굉지신'이란 성어가 나온 것이었다.

그러므로 하늘로부터 벌을 받으면 마땅히 자신이 받아야지 팔다리와 같은 고굉지신들에게 대신하여 받게 하는 것은 정도가 아니라며 소왕은 끝내 제사를 지내지 않았던 것이다.

소왕의 일화는 여기서 그치지 않는다.

또 한번은 소왕이 병이 나서 점을 치게 하니 '황하의 신이 노하셨다'는 점괘가 나왔다. 그러나 소왕은 황하에 제사를 지내지 않았다. 신하들이 강가로 나아가 제사지내기를 청하니 소왕은 말하였다.

"옛날부터 제사는 눈에 보이지 않은 산천에는 지낸 적이 없었다. 우리나라는 강수(江水), 한수(漢水), 저수(雎水), 장수(漳水)의 한계 안에 있으니 무릇 재앙과 복은 이 강들을 벗어나지 않는다. 그러므로 내가 비록 부덕하다 할지라도 보이지 않는 황하에까지 죄를 지을 수는 없지 않겠는가."

그리고는 끝내 제사를 지내지 않았는데 공자는 이 말을 전해 듣고 소왕을 칭찬하여 말하였다.

"초나라의 소왕은 위대한 도가 무엇이지를 잘 알고 있다. 그러므로 그가 나라를 잃지 않은 것은 마땅한 일이다."

소왕이 이처럼 어진 군주가 된 것은 공자의 칭찬대로 자칫하면 나라를 빼앗길 뻔했던 위기를 극복하고 정치를 개혁하고 현명한 인재를 등용하였기 때문이었다.

소왕의 위기는 그의 아버지 평왕 때문이었다. 평왕이 며느리를 가로채 아들을 낳고 태자를 죽이려 하자 충신 오사(伍奢)가 이를 간하다가 큰아들과 함께 죽음을 당한다. 이에 오자서는 오나라로 도망쳐 반드시 초나라를 멸망시켜 부형의 원수를 갚는 것을 맹세하는데 이때 절친한 친구인 신포서(申包胥)는 '개인적인 원한으로 나라를 배반하지 말라'고 권고하였으나 복수의 화신이 된 오자서는 듣지 않고 오나라로 망명한다. 그러자 신포서는 다짐한다.

"만약 자네가 초나라를 멸망시킨다면 나는 꼭 초나라를 부흥시키겠네."

훗날 실제로 오자서는 오나라의 공자를 도와 정권을 탈취하고 그로 하여금 군사를 일으켜 초나라를 치게 함으로써 복수를 실현하는데 이미 자신의 아버지와 형을 죽인 평왕이 죽었으므로 평왕의 시체를 파내어 채찍으로 3백 대를 때리고 눈알을 뽑아내고 귀를 뜯어내었던 것이다.

이런 잔인무도한 짓을 본 신포서는 절친한 친구였던 오자서에게 편지를 보내어 '자네가 하는 짓은 너무 참혹하지 않은가' 하고 꾸짖는다. 이에 오자서는 편지를 받아보고 침통해한 후 다음과 같이 말한다.

"우선 초 평왕의 일에 대해서는 사죄를 하는 바이네. 허지만 자네역시 내 억울한 마음을 알아주어야 할 것이네. 해는 저물고 갈 길은멀기 때문에 상식에 어긋나는 일을 했을 뿐이네."

오자서의 답변에서 '해는 저물고 갈 길은 멀다. 즉 앞으로 해야할 일은 많이 남아 있지만 세월은 짧고 나를 기다려주지 않는다'는뜻의 '일모도원(日暮途遠)'이란 말이 태어난 것.

그러나 오자서의 말을 전해 들은 신포서는 격분하여 도망쳐 있는 소왕을 찾아가 초나라를 부흥시킬 계획을 상의한다. 이미 초나라는 국세가 기울어 멸망하기 직전이었다. 초나라가 회복하는 방법은 단한 가지, 진나라로부터 도움을 받는 일뿐이었다. 다행히 진나라의 왕 애공은 평왕의 부인이었던 왕비의 아버지였고 따라서 소공은 애공의 외조카가 되었기 때문에 진나라도 그냥 모른 체하고만 있을 수는 없었던 것이다. 그러나 애공은 선뜻 싸우기를 원하지 않았기 때문에 특사로 간 신포서에게 듣기 좋은 말만 했을 뿐.

이에 신포서는 조당의 벽에 붙어 서서 소리 내어 통곡하기 시작하였는데 곡성이 밤낮을 그치지 않았다고 한다. 한 모금의 물도 마시지 않고 계속 통곡하다가 7일 만에 땅에 쓰러져 인사불성이 되고만다.

이 모습을 본 애공은 감동하여서 친히 신포서의 머리를 받들어 급히 물을 먹이고 약을 써서 정신이 돌아오도록 한 후 시를 읊는다.

> 내가 모극(矛戟)을 구비함은
> 그대와 함께 한 원수를 치기 위함이고
> 내가 갑병(甲兵)을 훈련함은
> 그대와 함께 거사하기 위함이네.

함께 무기를 들고 공동의 적인 오나라와 싸우겠다는 애공의 뜻이 담긴 이 시를 들은 후 신포서는 아홉 번 절하여 최대의 사의를 표한다. 그 후 진나라에서는 4만 명의 병력인 전차 5백 승을 파견하여 단번에 오나라의 군사를 격파한다. 이로써 오나라에 빼앗길 뻔한 초나라는 부흥하고 다시 강국이 될 수 있었던 것이다.

진나라의 궁중 뜨락에서 7일 낮밤을 통곡하면서 나라의 위기를 구한 신포서의 충심에서 '곡진정(哭秦庭)', 즉 '위기에 처한 나라를 구하려고 진나라의 궁궐 뜰에서 울면서 도움을 청하다' 라는 성어가 나온 것. 이처럼 소왕은 신하를 아끼고 하늘의 도를 알았던 그 무렵 최고의 군주였던 것이다.

공자가 채나라에 머물고 있을 무렵 오나라가 진나라를 공격하니, 오나라와 철천지원수인 초나라는 진나라를 도우려고 군사를 출동시켰던 것이다.

소왕은 직접 군사를 이끌고 친정에 나서 오늘날 안휘성의 호현(亳縣)인 성보(城父)라는 진나라 땅에 머무르고 있었다. 진나라의 성보와 채나라는 지척지간의 거리. 그러지 않아도 파다한 소문으로 공자를 한번 친견하고 싶었던 소왕은 이 기회에 사람을 보내어 공자를 초빙한다.

공자는 크게 기뻐하였다. 평소에 소왕을 '하늘의 도를 알았던 위대한 군주' 라고 칭찬하였던 공자였으므로 이를 마다할 이유가 없었던 것이다. 따라서 공자는 즉시 채나라를 떠나 진나라로 들어가려 한다. 그러나 이 소문을 전해들은 진나라와 채나라의 대부들은 아연 긴장하였다.

왜냐하면 공자는 진나라와 채나라 사이에 오랫동안 머물고 있었기 때문에 제후들의 약점과 대부들의 비행을 낱낱이 알고 있었던 것이었다. 만약 공자를 초강대국인 초나라의 소공이 초빙하여 등용한다면 진나라와 채나라의 대부들은 모두 위태로운 처지에 놓일지도 모른다는 위기감에 사로잡혀 이들은 서로 연락하여 군사들을 풀어 공자의 일행을 들판에서 포위한다. 이로써 공자 일행은 또 다시 포로가 되어버린 것이다.

이때의 곤경을 『논어』는 기록하고 있다.

진나라에 있을 때 양식까지 떨어진데다가 (『공자가어』에는 '공자가 채나라와 진나라 사이에서 7일간이나 양식이 떨어졌다' 고 기록하고 있다.) 종자들 간에는 병이 나서 드러눕는 사람이 많았다. 그러나 이때도 공자는 강송(講誦)도 하고 악기를 타며 노래하는 일을 그치지 아니하였다. 그러자 자로는 성이 나서 공자를 뵙고 말하였다.

"군자도 곤경에 빠질 때가 있습니까?"

이에 공자는 대답한다.

"군자도 곤경에 빠지기 마련이다. 다만 소인이 곤경에 빠지면 함부로 굴게 되는 것과 다를 뿐이다."

지금까지 자로는 스승 공자에게 대놓고 '성을 낸(慍)' 적은 없었다. 처음에는 침묵으로, 두 번째와 세 번째에는 도가를 따르는 은둔자들의 얘기를 전하는 간접표현으로 공자에게 불만을 표출하였으나 마침내 자로는 스승의 면전에서 대놓고 직설적으로 '군자도 곤경에 빠질 때가 있습니까.(君子亦有窮乎)' 하고 노골적인 비난을 단행하는 것이다.

그러나 공자의 면전에서 노골적으로 불만을 털어놓은 제자는 자로뿐이 아니었다. 『논어』와는 달리 『사기』는 「공자세가」에서 자로뿐 아니라 자공까지 이 비난에 합세하였다고 기록하고 있다.

공자가 '군자도 곤경에 빠지기 마련인데 다만 소인과 다른 것은 곤경에 빠져도 함부로 굴지 않는 것이 다를 뿐'이라고 대답하자 옆에서 이를 지켜보던 자공도 공자를 힐난한다. 그 내용이 『사기』에 나와 있다.

……이 말을 들은 옆에 있던 자공이 분개하여 투덜거렸다. 이를 본 공자가 말하였다.

"사(賜, 자공의 이름)야, 너는 내가 무엇이든지 다 알고 있는 인간이라고 생각하고 있느냐?"

"그렇습니다. 그럼 그렇지 않다는 말씀이십니까?"

"물론 그렇지 않지. 나는 하나의 성(誠)을 가지고 꾸준하게 가고 있을 뿐이다."

어느 쪽이 더 정확한 기록인지는 알 수 없지만 어쨌든 공자의 면전에서 자로가 화를 내고, 자공이 분개하여 투덜거릴 만큼 이 무렵 공자는 가장 믿었던 제자들로부터 집중적인 성토를 받는 것이다.

제자들의 동요가 심해지자 마침내 공자는 세 사람의 제자를 불러들인다. 자로와 자공 그리고 안회였다. 이들은 모두 공자의 제자 중에서 으뜸인 수제자들이었다.

공자는 이 세 명의 제자에게 똑같은 질문을 던짐으로써 마치 소크라테스와 그의 제자 플라톤이 행하였던 철학적 대화를 나누게 된다. 질문을 던지고 그에 대답하는 제자들의 답변을 통해 공자는 13년의 주유생활 중 가장 핵심적인 유가사상의 화두를 던지는 것이다. 공자의 생애 중 가장 곤경에 빠졌던 극한상황에서 제자들에게 던진 이 질문은 부활한 예수가 마지막으로 발현하여 수제자 베드로에게 세 번씩이나 '너는 나를 사랑하느냐'는 준엄한 질문을 던지는 장면과 매우 흡사하다. 이는 선불교에서 가장 중요한 화두 중의 하나인 '이것이 무엇인가.(是甚麼)'라는 질문과 같은 의미이며, 예수가 십자가에 못 박히기 전 제자들에게 '너는 나를 누구라고 생각하느냐'고 묻는 존재론적 질문과 같은 의미를 지니는 것이다.

공자는 제자들에게 불만이 있다는 것을 알아차리고 먼저 자로를 불러놓고 묻는다.

"『시경』에 보면 '외뿔소(兕)도 아니고 호랑이도 아니거늘 어째서 광야를 헤매고 있는가'하고 읊고 있다. 그렇다면 나의 도가 그릇된 것일까. 우리가 어찌하여 그런 지경에 빠졌을까."

공자의 질문은 매우 의미심장한 뜻을 내포하고 있다.

『시경』은 황하유역의 여러 나라에서 부르던 시가 3백5수를 집대성한 중국 최초의 시가집으로 중국문학 발전에 큰 영향을 끼쳤고 유가의 경전으로도 중요한 책 중의 하나였다. 특히 공자는 말년에 제자들에게 『시경』을 첫머리에 두고 가르쳤다. 시는 인간의 가장 순수한 감성의 발로로 정서를 순화시키고 다양한 사물을 인식하는 전범(典範)으로 여겼기 때문이었다.

평소 '시를 배우지 않으면 남과 더불어 말할 수가 없다.(不學詩無以言)'고 가르쳤던 공자는 『시경』의 중요함을 이렇게 강조하고 있을 정도인 것이다.

"그대들은 왜 『시경』을 공부하지 않는가. 시는 감흥을 일으켜주고 사물을 올바로 보게 하며 사람과 잘 어울릴 수 있게 하며 은근히 불평을 할 수 있게 한다. 가깝게 어버이를 섬기고, 멀리는 임금을 섬길 줄 알게 하며, 새나 짐승, 풀, 나무들의 이름도 많이 알게 한다."

그러므로 공자가 『시경』의 「하초불황(何草不黃)편」에 나오는 '외뿔소도 아니고 호랑이도 아니거늘 어째서 광야를 헤매고 있는가' 라는 구절을 인용함으로 스승과 제자 간의 선문답을 시작한 것은 매우 적절한 비유였던 것이다.

외뿔소.

모든 소는 두 개의 뿔을 가지고 있는데, 유독 외뿔소만은 문자 그대로 뿔을 하나만 갖고 있는 변종이며, 호랑이는 잘 알려진 것처럼 모든 짐승 중에 가장 거칠고 사나운 동물인 것이다. 따라서 공자는 자신이 이처럼 거친 들판인 광야를 헤매고 있는 것은 외뿔소처럼 균형 감각이 없는 독선적인 고집을 가졌기 때문인가, 아니면 호랑이처럼 분수에 넘치는 욕망을 갖고 세상을 지배하려는 무서운 권력욕에 사로잡혔기 때문인가를 묻는 질문이었던 것이다.

자로가 자신에게 질문을 던지는 스승의 속마음을 깨닫지 못하였을 리가 없다. 이에 자로는 대답한다.

"우리가 사람들의 신뢰를 받지 못하는 것을 보니 아직도 우리가 어질지 못하기 때문이 아닐까요. 우리들의 도가 행해지지 않는 것을 보니 우리가 아직도 아는 것이 없기 때문이 아닐까요."

자로의 이 말을 들은 공자는 크게 실망한다. 예수를 따르던 제자들도 예수가 살아 있을 때는 그의 존재를 꿰뚫어보지 못하였다. 이 것이 눈먼 인간의 비극인 것이다. 마치 심봉사가 공양미 삼백 석이 있어야만 눈을 떠 심청이를 볼 수 있다고 착각하였던 것처럼 인간 은 누구나 가까이에 있는 사람이 바로 심청이며, 부처임을 깨닫지 못하고 있는 것이다.

자로는 그처럼 공자를 따라다녔으나 스승의 실체를 보지 못하고 자신의 편견 속에서 스스로 만든 우상, 즉 공자상(像)만 본 것이었다. 공자가 주장하던 어짐(仁)과 천도(天道)가 아직 행하여지지 못하였다 고 대답함으로써 스승 공자를 미완성의 선생으로만 본 것이었다.

이에 공자는 대답한다.

"그럴까. 유(由, 자로의 이름)야, 만약 어진 사람이 반드시 남의 신 임을 받는다면 어찌 백이(伯夷)와 숙제(叔齊)가 고난을 당했겠느냐. 만일 지혜 있는 사람이 반드시 도를 행할 수가 있는 것이라면 어찌 왕자 비간(比干)이 죽음을 당하였겠느냐."

백이와 숙제.

이 두 사람은 고대 중국의 전설적인 성인형제. 『사기』에 의하면 이들은 원래 고죽국의 두 형제였는데 주나라의 무왕이 상나라를 정 벌하여 천하를 통일하자 두 왕조를 섬길 수 없다고 수양산에 들어 가서 주나라의 곡식 먹기를 거부하고 고사리만 뜯어먹고만 살다가 굶어죽은 절의의 인물이었다.

또한 비간은 상나라의 마지막 임금이었던 폭군 주(紂)의 삼촌으 로 주왕이 잔인무도한 폭정을 일삼자 '임금의 허물을 보고도 간하 지 않으면 불충이요, 죽음이 두려워 말하지 않는다는 것은 용기가 아닌 것이다. 간하여 따르지 않으면 차라리 죽어서 충성을 다하리라' 하며 계속 극간하였던 충신이었다. 이에 주왕은 화가 나서 '내가 듣건대 충신의 심장에는 구멍이 아홉 개가 있다 하였는데, 진짜 충신인지 확인해보겠다'고 비아냥거리며 실제로 가슴을 째고 심장을 꺼내보았던 의인이었던 것이다.

이러한 공자의 대답을 자로가 이해하였음일까. 아마도 아니었을 것이다. 자로는 여전히 공자 상에 매달려 스승의 실상을 보지 못하고 허상만 확인한 후 마음속으로 투덜거리며 물러갔을 것이다.

자로 다음으로 불린 제자는 자공. 자공이 들어오자 공자는 토씨 하나 틀리지 않은 똑같은 질문을 던진다.

　　　"『시경』에 보면 '외뿔소도 아니고 호랑이도 아니거늘 어째서 광야를 헤매고 있는가' 하고 읊고 있다. 그렇다면 나의 도가 그릇된 것일까. 우리가 어찌하여 그런 지경에 빠졌을까."

공자의 질문에 자공이 대답하였다.

　　　"선생님의 도는 잘못된 것이 아니라 너무 큽니다. 그래서 천하가 선생님의 도를 받아들이지 못하는 것입니다. 선생님께서는 어찌하여 도를 약간 정도 낮추어 절충하지 않으십니까."

자공의 이 말을 들은 공자는 역시 실망하여 말을 이었다.

　　　"사(賜)야, 훌륭한 농부는 씨를 잘 뿌릴 줄은 아나 반드시 수확을 잘 거둔다는 보장은 없다. 또 훌륭한 공인은 물건을 기묘하게 만들 줄은 아나 반드시 사람들 맘에 드는 것만을 만든다고는 할 수가 없다. 군자는 그 도를 닦고 기강을 세우고 이것을 통제하고 정리할 수는 있어도 반드시 세상 사람들 모두에게 용납된다는 보장은 없는 것이다. 지금 그대는 자기의 도는 닦지도 않고 받아들여지기만을 바라고 있지 않은가. 사야, 너의 뜻이 원대하지 못하구나."

똑같은 스승의 질문에 대해 자로와 자공의 대답은 근본적으로 차이를 보인다. 무인기질이 뛰어나고 용감한 자로의 대답은 외뿔소도 호랑이도 아니면서 거친 광야를 헤매는 것은 아예 우리 자신이 어질지 못하고 아는 것이 없기 때문이 아닐까 하는 철저한 자기부정의 발로였고, 외교술에 뛰어난 자공은 일단 스승의 도가 위대함은 인정을 하면서도 어찌하여 약간 낮춰서 절충하고 타협하지 않는가 하고 불만을 토로하고 있는 것이다.

자기부정은 자기반성과 전혀 다르다. 자신을 부정할 때 인간의 존엄성은 상실되고 존엄성이 상실됨으로써 자신의 존재가치를 인정하지 않게 된다. 그럼으로 쓸데없이 자신을 학대하는 자학이 시작되며, 자신의 파괴가 시작됨으로써 걷잡을 수 없는 허무가 가치관을 앗아버리게 되는 것이다. 자기반성은 인간성을 회복시키나 철저한 자기부정은 인간성을 파괴하는 것이다.

그러므로 자로의 자기부정은 얼핏 보면 겸손해 보이지만 결국 '전부 아니면 무'라는 위험에 빠질 우려가 있는 니힐리즘이었던 것이다. 그에 비해 자공의 타협안은 일부 부정이다. 도의 위대함은 인정하면서도 어찌하여 그것을 약간 낮추어 현실과 타협하지 않느냐의 외교적인 논리였던 것이다.

씨 뿌리는 사람.

공자는 자신을 씨 뿌리는 사람으로 표현함으로써 그 씨앗이 어떻게 수확되는가까지는 생각할 필요가 없음을 분명하게 못박고 있다. 예수도 자신을 똑같이 '씨 뿌리는 사람'으로 비유하고 있음이 성경 곳곳에 나오고 있는데, 이 씨앗이 좋은 땅에 떨어져 큰 수확을 맺고 못 맺음은 받아들이는 땅에 있지 씨를 뿌리는 사람에게 있지 않음을 다음과 같이 비유하고 있다.

"씨 뿌리는 사람이 씨를 뿌리러 나갔다. 씨를 뿌리는데 어떤 것은 길바닥에 떨어져 새들이 와서 쪼아먹었다. 어떤 것은 흙이 많지 않은 돌밭에 떨어졌다. 싹은 곧 나왔지만 흙이 깊지 않아서 해가 뜨자 다 타버려 뿌리도 내리지 못한 채 말랐다. 또 어떤 것은 가시덤불에 떨어졌다. 가시나무들이 자라자 숨이 막혔다. 그러나 어떤 것은 좋은 땅에 떨어져 맺은 열매가 백 배가 된 것도 있었다."

그리고 나서 예수는 다음과 같이 강조하고 있다.

"들을 귀가 있는 사람은 알아들어라."

예수가 '들을 귀가 있는 사람은 알아들어라'고 강조했던 것은 사람들이 자신의 말을 알아들을 귀가 없음을 잘 알고 있었기 때문이었다. 공자 역시 자공에게 '사야, 너의 뜻이 원대하지 못하구나' 하고 탄식하였던 것은 그토록 함께 있으면서도 공자의 말을 알아들을 귀가 없는 자공에게 실망하였기 때문이었을 것이다.

자로의 현실적 타협안은 얼핏 보면 현명한 것 같지만 실은 교묘한 속임수에 지나지 않는다.

모든 부정과 타락과 부패는 이런 타협에서 비롯되는 것이다. 정치가는 자신의 통치술이 오직 국민을 위한 정도(正道)에 충실하면 그만인 것이다. 여론은 인기에 불과한 하나의 유행인 것. 이는 예술가도 마찬가지다. 예술가는 그가 창조하는 작품이, 그림이, 음악이 좋은 씨앗의 역할만 하면 그만인 것이다. 그것이 좋은 열매를 맺고 못 맺음은 작가의 몫이 아닌 것이다. 씨앗을 뿌리는 사람이 씨앗의 수확까지 책임지려 한다면 그것이야말로 탐욕이며 여론을 조작하는 독재인 것이다. 그것이 누구이든 정치가든 기업가이든 예술가이든 그들이 목표로 해야 할 일은 가라지가 아닌 좋은 씨앗을 뿌리는 일인 것이다.

궁극적으로 말해 좋은 씨앗을 뿌리면 반드시 좋은 열매를 맺게 되어 있으며, 마찬가지로 좋은 도를 행하면 반드시 그 결과는 좋게 되어 있는 것이다. 만약 공자가 자공의 말처럼 도를 낮추어 현실과 타협하였더라면 공자는 천하를 제패하는 재상은 되었을지는 모르나 2천5백 년 동안 내려오는 동양사상의 정수인 유가사상을 탄생시키지는 못 하였을 것이다.

따라서 예수가 말하였던 '하늘나라는 어떤 사람이 밭에 좋은 씨를 뿌리는 것에 비할 수 있다' 라는 비유와 공자가 자로에게 말하였던 '훌륭한 농부는 씨를 잘 뿌릴 줄은 아나 반드시 수확을 잘 거둔다는 보장은 없다' 라는 비유는 결국 같은 하나의 진리인 것이다.

두 제자에게 실망한 공자는 마지막으로 안회를 불러들인다. 그리고 두 제자에게 했던 질문을 여전히 토씨 하나 틀리지 않게 던진다.

"『시경』에 보면 '외뿔소도 아니고 호랑이도 아니거늘 어째서 광야를 헤매고 있는가' 하고 읊고 있다. 그렇다면 나의 도가 그릇된 것일까. 우리가 어찌하여 그런 지경에 빠졌는가."

이에 안회는 대답한다.

"선생님의 도가 지극히 위대하기 때문에 세상에서는 받아들이지 못하고 있는 것입니다. 그렇다고 하더라도 선생님은 그 도를 계속 밀고 나가셔야 합니다. 받아들이지 못하는 것을 걱정하실 필요는 없습니다. 받아들이지 않는 다음에야 참된 군자가 드러나게 되는 것입니다. 도가 닦여지지 않았다는 것은 우리의 결함이요, 도가 이미 크게 닦여졌는데도 받아들여지지 않는다는 것은 나라를 다스리는 군주들의 치욕일 뿐입니다. 그러니 차라리 받아들여지지 않은 것을 자랑으로 여기십시오. 받아들여지지 않은 다음에야 참된 군자가 드러나게 되는 것입니다."

안회의 대답을 들은 공자의 모습은 어떠하였을까. 『사기』는 그 모습을 다음과 같이 표현하고 있다.

"처음으로 공자의 입가에 미소가 떠올랐다."

그렇다면 공자는 어째서 처음으로 얼굴에 미소를 떠올렸을까. 안회의 대답이 자신의 비위를 맞춘 위로의 말이었기 때문이었을까. 그것이 아니라 안회의 대답이 옳았기 때문이었을 것이다. 그렇다면 안회의 말이 단지 옳았기 때문에 미소를 떠올린 것일까. 아마도 아니었을 것이다. 공자는 그토록 곤경에 처해 있으면서도 올바른 분별력과 올바른 지혜를 갖춘 안회가 평소의 가르침과 일치하고 있음을 자랑스럽게 여겼기 때문에 미소를 띠어 올렸을 것이다.

안회가 공자의 으뜸제자가 될 수 있었던 것은 이처럼 안회가 스승을 '있는 모습 그대로의 공자'로 보았기 때문이었다.

마치 석가가 자신의 수제자로 초라하고 어리석은 가섭(迦葉)을 지정하였듯이.

일찍이 석가가 영산(靈山)에서 제자들과 함께 있을 때였다. 그때 허공에서 연꽃이 떨어져 내리자 석가는 말없이 연꽃 한 송이를 집어 들어 제자들에게 이를 보였다. 제자들이 모두 그 뜻을 몰라 침묵하고 있었다. 오직 가섭만이 얼굴을 환하게 펴서 미소를 지었던 것이다. 염화미소(拈華微笑)란 말은 여기에서 나온 것. 석가의 마음을 가섭의 마음이 순간 꿰뚫어보았던 것이다.

이심전심(以心傳心). 마음에서 마음으로 뜻이 통한다는 말은 바로 가섭의 미소에서 비롯된 것. 이 미소를 보고 가섭을 자신의 정법제자임을 인증하며 석가는 다음과 같이 말하는 것이다.

"나에게는 정법안장(正法眼藏, 인간이 본래 갖추고 있는 마음의 묘덕)과 열반묘심(涅槃妙心, 번뇌를 벗어나 진리에 도달한 마음)과 실상무상(實相無相, 불변의 진리)과 미묘법문(微妙法門, 오묘한 불법에 들어가는 길)과 불립문자 교외별전(不立文字 教外別傳, 문자나 경전에 의지하지 아니하고 마음에서 마음으로 전하는 오묘한 진리)이 있다. 이것을 가섭에게 전해주마."

석가가 가섭을 이심전심의 수제자로 삼았듯이 공자는 안회야말로 자신의 후계자임을 깨닫게 되는 것이다. 따라서 『사기』는 공자가 미소를 떠올리며 이렇게 말하였다고 기록하고 있다.

"바로 그대의 말 그대로이다. 안회여, 네가 만일 부자라면 나는 너의 가재(家宰) 노릇이라도 할 터인데."

공자는 이처럼 안회를 아끼고 사랑하였다. 『논어』에 보면 제자들 중에서 유독 안회에 대한 칭찬을 아끼지 않고 있다.

"내가 안회와 종일토록 말을 해봐도 전혀 어기는 일이 없어 어리석은 사람만 같다. 그러나 물러나면 그는 사생활을 성찰하며 내 말을 더욱 밝혀내고 있다. 안회는 절대 어리석지 않다."

안회가 이처럼 '어리석은 사람'처럼 보였던 것은 가섭이 '어리석은 사람'처럼 보였다는 점에서 신기하게 일치한다. 이는 동쪽으로 온 달마(達磨)가 '지식을 버리면 버릴수록 자성(自性)이 밝아진다'라고 말하였던 것처럼 안회가 지식을 버리고 '아는 것들로부터의 자유'를 얻음으로써 큰 어리석음(大愚)의 경지를 터득하였기 때문일 것이다.

심지어 공자는 안회의 어리석음을 찬탄하고 있다.

"안회는 나에게 도움을 주는 사람이 못 된다. 그는 내 말이면 무엇이나 기뻐한다."

스승에게 도움을 주려고 충고를 아끼지 않았던 자로나 자공과는 달리 어리석은 바보처럼 공자의 모든 말에 기뻐하였던 안회. 안회야말로 참 스승 공자를 있는 그대로의 모습으로 바라보았던 단 한 사람의 참 제자였던 것이다.

그러므로 안회가 공자에 앞서 30대 초반의 나이로 단명하자 '하늘이 나를 망치는구나, 하늘이 나를 망치는구나.(天喪予 天喪予)' 하며 통곡을 그치지 않았던 것이다.

안회가 죽은 후에도 공자는 그의 죽음을 애석히 여겨 여러 번 안회에 대한 추억을 술회하는데, 훗날 공자가 노나라에 돌아왔을 때 애공이 '제자 중에서 누가 학문을 가장 좋아합니까' 하고 묻자 대답한 공자의 말을 통해서도 이를 알 수 있다.

"안회라는 사람이 학문을 제일 좋아해서 노여움을 남에게 옮기지도 않고 과실을 거듭 범하지도 않았는데 불행히도 단명하여 죽어버렸습니다. 그런데 죽고 이제 없으니 학문을 좋아하는 사람이 누구인지 알지 못하고 있습니다."

자기 사상의 후계자로 지명하고 있던 안회. 그러나 뭐니뭐니해도 안회의 가장 훌륭한 점은 끊임없이 앞으로 나아가려고 노력하였던 학문적 태도였다. 안회는 머물러 있음을 경계하였다. 마치 고인 물은 썩듯이 자신의 세계에 안주하면 성장이 멈추어버릴 것을 안 안회는 자신을 채찍질하면서 끊임없이 진보하려고 노력하였다. 이에 대해 공자는 안회를 이렇게 극찬한다.

"애석하도다. 나는 그가 진보하는 것만 보았지 멈춰 있는 것은 보지를 못하였다.(惜乎 吾見其進也 未見其止也)"

사면초가에 빠진 공자는 위기를 극복하기 위해서 외교술에 능한 자공을 소왕에게 보내어 실정을 알리기로 결심한다. 자공을 통해 연금 상태에 빠진 공자의 입장을 알게 된 소왕은 곧 군사를 보내어 공자의 일행을 구해준다. 이때 소왕은 서사(書社)의 땅 7백 리를 봉토로 떼어주는 조건으로 공자를 초빙하려 했다. 서사는 25가(家)를 1리로 하고 1리마다 25인의 인명을 기록해 간직하는 서고였으므로 7백 리는 2만여 호의 인구들이 사는 제법 큰 영지였다. 이 말을 들은 재상 자서(子西)가 소왕에게 반대하고 나서 말하였다.

"대왕마마께서 공구를 초빙하려 한다는 말씀을 들었는데 그것이 사실이나이까?"

"그렇다."

"공구에게 7백 리의 봉토를 주려 하신다는데 그 또한 사실이나이까?"

"역시 그렇다."

소공이 대답하자 자서가 말을 이었다.

"하오면 묻겠나이다. 대왕마마께오서는 제후들에게 보낼 사신으로 자공만 한 신하가 있습니까?"

"없다."

"대왕마마의 신하 중에 안회만 한 사람이 있습니까?"

"없다."

"대왕마마의 장수 중에 자로만한 사람이 있습니까?"

"없다."

"대왕마마의 신하 중에 재여(宰予)만한 행정가가 있습니까."

집요한 자서의 질문에 곰곰이 생각하던 소왕이 고개를 흔들며 대답하였다.

"역시 없다."

그러자 자서가 말을 이었다.

"지난날 초나라의 조상께서는 주나라로부터 자남(子男) 작위 아래 50리의 땅을 봉해 받았습니다. 그런데 지금 공자는 옛 삼왕의 법도를 계승하고 주공과 소공의 유업을 밝히려 하고 있습니다. 대왕마마께서 만약 그들을 등용하신다면 초나라가 어떻게 대대로 수천 리의 땅을 다스릴 수가 있겠습니까. 옛날 주나라의 문왕이 풍(豊)에 있을 때나 무왕이 호(鎬)에 있을 때는 백리 넓이 땅의 임금에 지나지 않았으나 마침내는 온 천하를 통일하였습니다. 지금 공자가 땅을 차지하게 되면 현명한 제자들이 공자를 보좌할 것이니 이는 초나라의 복이 되지 못할 것입니다. 쉽게 말해 처마 끝을 빌려주었다가 안채를 빼앗기는 꼴이 되고 말겠지요."

재상 자서의 말은 의미심장한 뜻을 갖고 있었다. 즉 초나라도 초기에는 50리의 영토밖에 갖지 못하였고 문왕이나 무왕도 백리 넓이밖에 안 되는 작은 봉토 내에서 천하를 통일할 수 있었다. 소왕이 공자에게 7백 리의 넓은 땅을 봉토로 떼어준다면 공자는 이 땅을 통하여 자신의 세력을 키워 초나라의 위협이 될 수 있음을 강조한 내용이었던 것이다.

더구나 공자에게는 그를 보좌할 현명한 제자들이 있지 않은가.

외교술에 뛰어난 자공, 용감한 장수로서 으뜸이었던 자로, 탁월한 행정가였던 재여, 그리고 이 모든 사람들을 지휘할 수 있는 안회가 공자를 보좌할 수 있다면 공자가 초나라를 능가할 권력을 잡은 것은 손쉬운 일이며, 마침내는 천하를 통일할 수 있는 계기까지 만들어주는 것이니 공자를 절대로 초빙해서는 안 된다고 자서는 간언했던 것이다.

소왕은 이 말을 듣고 오랜 망설임 끝에 공자를 초빙하려는 계획을 취소하게 된다. 그리고 그해 가을(BC 489년) 군막 안에서 갑자기 숨을 거두게 되는 것이다.

이로써 공자의 마지막 희망도 한 순간에 물거품이 되어버린다. 이 때가 공자의 일생 중 가장 고통스럽고 비참했던 형극의 계절이었다.

2

유일한 희망이었던 소왕이 죽자 공자는 완전히 줄 끊긴 연(鳶)이 었다. 바람이 부는 대로 이리저리 날아갈 수밖에 없었고 제자들의 불만은 극도에 달해 폭발 직전이었다.

그래도 공자는 초나라를 버릴 수가 없었다. 초나라에 머물면서 차일피일 허송세월을 하고 있자 미치광이 행세로 떠돌아다니던 접 여(接輿)가 공자의 곁을 지나면서 노래를 하였다고 『논어』는 기록 하고 있다.

　　봉황이여 봉황이여
　　어찌하여 덕은 그토록 쇠하였는가
　　지난 일은 탓해도 소용없지만
　　앞일은 바로잡을 수 있는 것
　　아서라 아서라
　　지금 정치를 한다는 것은 위태로운 짓이니라.

접여는 사람의 이름이 아니라 '수레에 접근하는 사람' 이라는 뜻 의 광인. 이 미친 사람 역시 공자가 만났던 도가의 사상을 따르는 여러 은둔자 중의 한 사람인 것이다. 그러나 지금까지 나타난 은둔자들이 때로는 밭을 가는 농부로, 혹은 대바구니를 매고 가던 노인으로 등장하는 것과는 달리 미치광이로 나타나는 것은 공자의 어리석음을 질타하기 위한 죽비소리처럼 통렬하다.

접여가 노래한 봉황(鳳凰)은 고대 중국에서 귀하게 여기던 상상의 새로 머리는 뱀, 턱은 제비, 등은 거북, 꼬리는 물고기 모양이며, 깃에는 오색의 무늬가 있던 상서로운 새였던 것이다. 여기서 봉황이란 공자를 가리키는 것으로 봉황과 같은 귀한 존재인 그대 공자여, 어찌하여 위태로운 세상에 말려들어 어리석은 짓을 하고 있는가. '아서라 아서라(已而已而)' 두 번이나 강조하여 이를 경책하고 있는 것이다.

이 미치광이 접여의 등장은 셰익스피어의 햄릿을 연상시킨다. 아버지의 원수를 갚기 위해서 일부러 미친 것으로 행동하는 햄릿처럼 접여는 난세에 숨지 아니하고 위태로운 정치에 뛰어들어 위험을 자초하고 있는 공자를 꾸짖고 있는 것이다. 그러므로 이는 공자를 꾸짖는 장면의 클라이맥스인 것이다. 이 클라이맥스의 장면을 장자가 놓칠 리가 있겠는가.

『장자』의 「인간세(人間世)편」에 보면 공자를 꾸짖는 접여를 더 상세하게 묘사하고 있다.

공자가 초에 갔을 때 미친 척 행세하는 은자 접여가 그 대문 앞에 나타나 이런 노래를 불렀다.

봉황새야 봉황새야

너의 덕도 쇠했구나

오는 세상 나 못 보고

가는 세상 나 못 좇네

도 있을 땐 성인 나와

천한 정사 도우시나

도 없을 땐 몸을 숨겨

명철보신(明哲保身) 하시는 것

지금이야 형벌이나

면하는 게 고작이니

새 깃보다 가벼운 복(福)

잡는 사람 아무도 없고

땅보다 무거운 복

피하는 이 전혀 없네

그만 둬라 도덕으로

남에게 대하는 일

위태롭게 예의 가져

남을 꽁꽁 묶는 사람

가시 가시 가시나무

나의 발은 그 못 밟네

돌아 돌아가는 내 발

찔리지를 그 못하네.

접여의 노래 중에 나오는 가시나무는 미양(迷陽)을 가리키는 말로 미양이란 초나라에서 나는 풀로 촘촘하고 줄기가 길며, 그 거죽에는 가시가 많은 나무이다. 이 가시나무와 같은 세상에서 돌아 돌아가지 어찌하여 가시밭길을 그대로 가고 있는가 하고 비웃는 노래인 것이다.

중국사상 최고의 해학과 비유의 천재였던 장자가 미치광이 접여로부터 질타당한 공자의 모습을 그대로 방관했을 리는 없을 것이다. 장자는 접여의 노래를 인용하고 나서 다음과 같이 논평하고 있다.

"산에 나는 나무는 유용한 까닭에 베어지니 이는 자기가 자기를 베는 것이요, 등잔불은 불붙는 성질이 있기 때문에 제가 저를 태운다. 계수(桂樹)나무는 그 뿌리를 먹을 수 있기 때문에 베어지고, 옻은 칠하는 데 쓰이기 때문에 상처를 입는다. 어찌된 셈인지 세상 사람들은 다 유용한 곳의 용도는 알면서도 무용한 곳의 용도에 대해서는 까마득히 모르고 있는가."

불가능한 일임을 알면서 자신의 정치적 이상을 실현하기 위해서 가시밭길을 가는 공자. 세상을 달관하고 정신적 자유를 즐기며 사는 미친 척하는 광인 접여. 공자의 눈으로 보면 접여는 미친 사람이지만 접여의 눈으로 보면 공자야말로 진짜 미친 사람인 것이다.

『사기』에 보면 공자는 이 노래를 듣고 수레에서 내려 접여와 얘기를 나누려고 했다고 한다. 그러나 접여는 피해 달아나버림으로써 대화는 이루어지지 않았는데, 어쨌든 접여의 노래를 통해 그 무렵 공자가 가시밭길의 한가운데 서 있었음을 알 수 있는 것이다.

그러나 공자의 위대함은 이 가시밭 속에서도 자신의 희망을 포기하지 않는 점이었다.

소왕으로부터도 소외받은 절대 고독 속에서도 공자는 좌절하지 않고 기다렸다.

기다림은 인간만이 가진 최고의 미덕. 인간이 인간다울 수 있는 최고의 조건이야말로 바로 기다림인 것이다.

인내와 기다림은 같은 뜻인 것 같지만 실은 다르다. 인내는 참는다는 자의식을 동반함으로써 고통이 따르지만 기다림은 참는다는 자의식 없이 견딤으로써 인격을 완성시킨다.

헐벗은 나무는 겨울을 인내하는 것이 아니라 봄을 기다림으로써 마침내 꽃을 피운다. 꽃은 인내 속에서 피어나는 것이 아니라 기다림 속에서 피어나는 것이다.

접여는 가시나무를 돌아가지 않고 그대로 걸어가는 공자를 어리석다고 비웃었지만 공자가 지닌 위대함. 즉 기다림의 덕은 꿰뚫어 보지 못했던 것이다.

기다리는 사람 공자.

『논어』에는 바로 이 무렵 공자와 제자 자공이 나눈 대화가 실려 있다.

자공이 말하였다.

"여기 아름다운 옥이 있습니다. 스승께서는 이것을 궤 속에 넣어 감추시겠습니까. 아니면 좋은 상인을 찾아 파시겠습니까"

이에 공자는 대답하였다.

"팔아야지. 팔아야지."

그리고 나서 공자는 말을 덧붙였다.

"나는 상인을 기다리는 사람이다.(我待賈者也)"

이 말은 공자의 면모를 엿보게 하는 감동적인 말이다. 자공은 얼마 전 스승에게 '어째서 도를 약간 낮추어 절충하지 않습니까' 하고 절충안을 내놓았던 바로 그 제자.

따라서 자공이 공자에게 아름다운 옥을 궤 속에 넣어두시겠습니까 아니면 파시겠습니까 하고 양자택일의 질문을 던진 것은 '좋은 상인'의 비유를 통해 현실적 타협을 재차 확인하는 의도였던 것이다.

이에 공자는 두 번이나 '팔아야지(沽之哉)'라는 말을 반복하여 강조하면서 자신은 '기다리는 사람'이라고 분명히 못 박고 있는 것이다.

공자는 그 어떤 역경 속에서도 기다림을 잃지 않았던 인격의 완성자였다.

그러나 기다리는 사람, 공자에 대한 오해는 여전히 계속되고 있었다. 초나라의 현인으로 알려진 미생묘란 사람이 이 무렵 공자에 대해서 혹평을 서슴지 않았는데, 그 내용이 『논어』에 나오고 있다.

"공구는 무엇 때문에 악착같이 서성거리며 살고 있는가.(丘何爲 是栖栖者與) 말재주를 피우고 있는 것이 아니냐."

미생묘가 말하였던 서서(栖栖)의 뜻은 몹시 분주하게 정신없이 살고 있는 모습을 표현한 말로 마음이 급하여 허둥지둥하며 어찌할 줄을 모르는 '황황망조(遑遑罔措)'와 같은 의미인 것이다. 따라서 이 말은 공자를 비웃는 표현의 극치였다. 그러나 이 말을 들은 공자는 담담하게 대답한다.

"감히 말재주나 피우려는 것은 아니다. 세상이 고루함을 가슴 아프게 여기고 있을 따름이다."

어쨌든 공자는 더 이상 초나라에 머물 필요를 느끼지 않았다. 또 다시 위나라로 출발하는데 이미 세 번이나 찾아갔던 위나라를 찾아간다는 것은 그 무렵 공자의 생활이 얼마나 여의치 않았던가를 말해주는 단적인 예인 것이다.

공자가 또다시 위나라를 찾아갔을 때에는 노나라의 애공 6년(BC 489년) 공자의 나이 63세 때였다.

56세에 시작된 주유천하가 이미 8년째에 접어든 종반기의 무렵이었다. 공자는 물론 제자들도 모두 지쳐 있었다. 스승에게 큰 기대를 걸고 있던 제자들은 극도의 불만을 표출하기도 했으나 공자가 다시 위나라에 입국했을 무렵부터는 각자 자생하여 자구책을 모색할 때였다.

제자들은 더 이상 스승에게 의지하지 않고 하나씩 하나씩 떨어져나가 독립해서 독자적인 활로를 개척하는 시기였던 것이다.

공자가 위나라에 입국했을 때는 그나마 공자를 우대하였던 영공은 이미 죽고 그의 손자인 출공이 나라를 다스리고 있었다. 원래는 태자 괴외가 계승하여 왕위에 오르는 것이 법도였으나 아버지의 음탕한 부인인 남자를 죽이는 것을 실패하고 외국으로 도망쳤다 돌아오려는 것을 무력으로 막았던 사람이 바로 출공이었던 것이다.

행여 왕위를 빼앗길까 하여 외국으로 망명해 있다 돌아오는 아버지 괴외의 귀국을 무력으로 막았던 출공의 무례를 열국의 제후들은 자주 꾸짖고 있었다.

그러므로 위나라로 돌아가는 스승에 대해 제자들은 마지막 희망을 걸고 있었던 것이다. 왜냐하면 그래도 지금까지 예를 보면 위나라에서만큼은 공자가 제대로 대접을 받았고 출공 역시 제후들의 비난을 벗어나기 위해서 공자를 등용하여 이를 모면하려고 생각했기 때문이다. 이에 대해 『사기』는 기록하고 있다.

"(출공은) 공자의 보좌를 받아 정치를 잘해보려고 하던 참이었다."

그러므로 이번이야말로 공자가 등용될 수 있는 절호의 찬스였다. 그러나 제자들은 기대를 하면서도 또 한편은 불안하였다.

평소에 불의를 좇지 아니하는 스승의 성품을 봐서 출공의 제의를 선뜻 받아들이지는 않을 것이라고 생각하였기 때문이었다. 기대반 불안반의 아슬아슬한 제자들의 심경이 『논어』에 등장하고 있다.

스승 공자가 위나라에서 출공의 제안을 받아들여 벼슬에 나설까 말까 하는 의문에 사로잡힌 제자들 중 먼저 염유가 말을 꺼내었다.

"선생님께서 이번에는 위나라의 임금을 위해 일을 하실까요?"

염유의 말을 듣고 자공이 대답하였다.

"글쎄요. 제가 스승에게 여쭈어보겠습니다."

자공은 그러나 직접적으로 공자에게 물어볼 수는 없어서 간접적인 은유로써 의사를 타진해보려 한다. 직선적인 성격의 자로와는 달리 외교술에 뛰어난 자공이었으므로 우회적인 방법으로 스승의 뜻을 살펴보았던 것이다.

자공은 들어가서 공자에게 여쭈어보았다.

"백이와 숙제는 어떤 사람입니까?"

"옛날의 현인들이시다."

"허지만,"

자공은 말을 이었다.

"현인들이심이 분명하였지만 결국 굶어죽고 말았습니다. 따라서 백이와 숙제는 세상을 원망했을까요?"

"원망하다니."

공자는 단호하게 대답하였다.

"그들은 인을 추구하여 인을 얻었는데 어찌 원망하였겠느냐.(求仁得仁又何怨)"

이 말을 들은 자공이 나와서 제자들에게 이렇게 말하였다고 『논어』는 기록하고 있다.

"선생님께서는 위나라의 임금을 위해 일하지는 않으실 것입니다."

자공은 공자에게 '위나라의 임금을 위해 일을 하시겠습니까' 라는 단도직입적인 질문을 던지지 않고 다만 주나라의 무왕이 천하를 통일하자 두 왕조를 섬길 수 없다고 수양산에 들어가 고사리를 뜯어먹고 살다 죽은 백이와 숙제의 예를 들어 공자의 속마음을 타진해 본 것이었다. 이에 공자는 '인으로써 인을 구했다' 라고 대답함으로써 아버지 괴외를 무력으로 제지한 출공밑에서 벼슬을 하기보다는 차라리 굶어죽은 백이와 숙제처럼 인을 추구하겠다는 뜻을 분명히 나타내 보였던 것이다.

이에 제자들은 크게 실망하였다. 특히 직선적인 성격의 자로는 스승의 이런 태도를 도저히 간과할 수 없었다. 그래서 우회적인 방법으로 스승에게 물었던 자공과는 달리 정공법으로 공자에게 묻는다.

"만일 위나라의 임금이 선생님을 모셔다가 정치를 부탁하신다면 선생님은 무엇부터 먼저 하겠습니까?"

이에 공자께서 대답하셨다.

"나 같으면 반드시 명분 먼저 바로잡겠다."

이 말을 들은 자로가 대답한다.

"아아, 바로 그것 때문입니다."

느닷없는 자로의 탄식에 의아해진 공자가 다시 물었다.

"그것 때문이라니?"

"세상 사람들이 선생님이 세상일에 너무 동떨어진 생각을 하고 계시다고 느끼는 것은 바로 그 점 때문입니다. 그것은 하나의 이상만 생각하신다는 뜻이겠지요. 도대체 이름 같은 것을 바로잡아서 어찌하시겠다는 것입니까?"

자로는 더 이상 참을 수가 없었던 것이다.

이제 더 이상은 물러설 수 없는 절체절명의 순간에도 고리타분하게 만사의 이름부터 바로잡겠다는 스승의 대답을 듣는 순간 단순한 자로는 순간 화가 났던 것이다. 이에 공자는 탄식하여 말한다.

"자로 너까지 이러할 수 있단 말이냐!"

그리고 나서 공자는 다음과 같이 말한다.

"군자는 자기가 모르는 일에는 입을 다물고 있는 법이다. 사물의 이름이 바르지 않으면 언어의 도리가 맞지 않는 법이다. 언어가 도리에 맞지 않으면 하는 바의 일을 성취하기 어렵다. 하는 일을 성취하지 못하면 예와 악이 일어나지 못하고 예와 악이 일어나지 못하면 형벌을 죄과에 알맞게 줄 수가 없게 된다. 형벌이 죄과에 맞지 않으면 백성들은 손발을 안심하고 놓을 곳이 없게 된다. 그래서 군자란 행위가 있으면 반드시 이름이 있어야 하고 말을 하였으면 반드시 실행에 옮겨야 한다. 그래서 군자에게 있어 중요한 것은 명분이다. 명분이 바로 이름인 것이다."

공자가 자로에게 말하였던 '반드시 이름을 바로잡겠다.(必也正名乎)'라는 정치철학에서 비롯된 '정명주의(正名主義)'는 공자의 정치사상에서 가장 핵심적인 철학이다.

이는 자로의 불평처럼 얼핏 보면 우원한 공론(空論)처럼 보인다. 그러나 모든 사물이 자기에게 주어진 명칭이나 명분에 꼭 맞는 올바른 상태에 있다는 것은 질서의 극치를 뜻하는 것이다. 임금은 임금이란 칭호에 딱 들어맞는 행동을 하고, 신하는 신하란 이름에 딱 들어맞는 행동을 하며, 백성은 백성이란 이름답게, 관청이나 학교는 자신의 명분에 딱 들어맞는 상태에 놓여 있다면 그 국가는 원칙에 충실하게 잘 다스려지고 있다는 뜻인 것이다.

이는 일찍이 공자가 제나라의 경공에게 '임금은 임금다워야 하고, 신하는 신하다워야 하고, 아버지는 아버지다워야 하고, 자식은 자식다워야 한다'라는 대답과 일맥상통하는 철학이었던 것이다.

자로는 스승의 대답을 통해 임금답지 못한 출공이 다스리고 있는 위나라에서는 절대로 신하 노릇을 하지 않겠다는 스승의 결단을 엿볼 수 있었던 것이다.

이로써 제자들은 각자 뿔뿔이 자구책을 마련하기 시작하였다. 이미 수년 전 노나라에 초빙되어 스승의 곁을 떠난 염구처럼 제자들은 분가의 길을 걷게 되는 것이다. 우선 외교에 뛰어난 자공은 노나라의 초빙으로 사신으로 등용되며, 자로는 위나라의 작은 마을의 읍재(邑宰)가 된다.

가장 먼저 벼슬길에 나선 사람은 자공으로 공자가 위나라에 입국한 다음 해인 오나라의 임금 부차가 제나라를 정벌한 끝에 노나라와 회맹하면서 제물로 쓸 소 백 마리를 바칠 것을 요구한데서 비롯되었다. 주나라의 예제에 의하면 상공이 아홉 마리, 후백이 일곱 마리만 바치면 그만이었는데 백 마리의 소를 바치라는 것은 억지였으므로 노나라는 이에 부당함을 따졌으나 패왕이었던 부차는 강제적으로 이를 요구하고 관철하였던 것이다.

그런 후 오나라의 권신인 태제비(太帝諤)란 사람이 노나라의 권신 계강자를 불렀다. 이때에 계강자는 그 회합을 두려워하여 자기 대신 보낼 사신을 보냈는데, 뽑힌 사람이 바로 자공이었던 것이다.

이때부터 자공은 눈부신 외교활동을 벌이기 시작하여 그의 활동 범위가 미치지 않는 나라가 없을 정도였다. 자공은 그 후 10여 년 동안 다섯 나라를 주유하면서 당시의 국제정세를 자신의 뜻대로 조종하는 한편 모든 외교 분쟁을 해결하였던 유능한 외교관이었다.

『사기』에는 이처럼 뛰어난 자공의 외교활동을 평가하고 있다.

"자공은 노나라를 보존시키고(存魯), 제나라를 혼란에 빠트리고(亂齊), 오나라를 패망시키고(破吳), 진나라를 강하게 만들고(彊晉), 월나라를 패자가 되게 하였다(覇越)."

그뿐인가 『사기』에는 자공이 조나라와 노나라 사이에서 장사를 하여 돈을 많이 벌어 공자의 제자 중 가장 부자가 되었다고 기록하고 있는 것을 보면 자공은 외교뿐 아니라 치재에도 뛰어난 재능을 갖고 있었던 것으로 보인다.

『논어』에서 공자는 이러한 자공을 다음과 같이 평가하고 있다.

"안회는 도에 가까워져 있지만 쌀통이 자주 비었다. 그러나 자공은 천명대로만 살지 않고 재산을 불렸고 그의 예측은 거의 적중되었다."

이처럼 10년 사이에 뛰어난 외교활동으로 다섯 나라의 정국을 임의로 조종하였을 뿐 아니라 『사기』의 「화식열전(貨殖列傳)」에 나올 만큼 거부가 된 자공은 따라서 당대에는 오히려 스승 공자보다 더 뛰어난 인물로 평가받았던 것은 당연한 일이었을 것이다.

실제로 『논어』에는 권신들이 공자보다 자공이 더 현명하고 빼어난 인물이라고 평가하는 장면이 여러 번 나오고 있다.

숙손무숙(叔孫武叔)이 어느 날 조정에서 한 대부에게 말하였다.

"자공이 공자보다 더 현명하다."

이 말을 들은 자복경백(子服景伯)이 자공에게 전하자 자공이 대답하였다.

"궁궐의 담에 비유하자면 나의 담은 어깨 정도의 높이여서 담 너머로 궁궐 속의 훌륭함은 엿볼 수 있으나 선생님의 담은 여러 길이의 높이라 정식으로 문으로 들어가지 못하면 궁궐과 종묘의 아름다움이나 여러 관저의 화려함은 볼 수 없습니다. 그런데 그 문을 찾아가는 사람은 드뭅니다. 따라서 숙손무숙이 그렇게 말하는 것도 무리는 아닐 것입니다."

『논어』의 「자장(子張)편」에는 또 다른 이야기도 실려 있다.

　　진자금(陳子禽)이 자공에게 말하였다.
　　"당신이 겸손해서 그렇지 공자가 어찌 당신보다 더 현명하겠습니까."
　　이에 자공이 말하였다.
　　"군자는 말 한 마디로 지혜롭다고도 하고, 또 말 한 마디로 무지하다고도 하는지라 말을 삼가지 않으면 안 되지요. 선생님에게 우리가 미칠 수 없는 것은 마치 하늘에 사다리를 놓고 올라갈 수 없음과 같소. 선생님께서 일단 나라를 맡아 다스리기만 한다면 이른바 백성들을 일으켜 곧 그들이 자립케 하고, 백성들을 인도하여 곧 그대로 행하게 되고, 백성들을 편안케 해주어 곧 모두가 따르게 하고, 백성들을 고무시켜 곧 모두가 평화롭게 될 것이오. 선생님께서는 살아계시면 영광을 받으시고, 돌아가신 후에는 애도를 받으실 것이니, 어찌 그런 분에게 내가 감히 미칠 수가 있겠소."

그러나 권신들은 여전히 공자에 대한 비방을 멈추지 않았다. 그들은 공자에 대한 비방을 제자인 자공이 훨씬 현명하다는 반어법으로 교묘하게 구사하곤 했는데, 이는 일종의 이간질이었다.

무릇 평화는 이간에서부터 깨어지는 법.

이는 예수의 경우도 마찬가지여서 성경을 보면 수많은 율법학자들이 예수의 마음을 떠보고 있다. 40일간의 단식 끝에 광야에서 받은 악마의 유혹도 결국은 하느님과 예수와의 이간질에서 시작되고 있는 것이다.

무릇 사람들의 칭찬은 대부분 이간질을 부추기는 악마의 달콤한 유혹과도 같은 것. 이 유혹에 넘어간다면 허영심은 채울 수 있을지는 모르지만 믿음과 사랑은 깨어지는 것이다. 이간질의 최대효과는 비교법으로 비교법은 인간의 우월감을 자극하는 최고의 미끼인 것이다. 따라서 예수가 '모든 사람들에게 칭찬을 받는 사람들아, 너희는 불행하다. 그들의 조상들도 거짓 예언자들을 그렇게 대하였다'라고 선언하였던 것은 위선을 통타하는 만고의 진리인 것이다.

따라서 그 무렵의 권력자들은 공자를 깎아내리기 위해서 자공의 재능을 칭찬하였으며 자신들의 속물근성을 항상 질타하고 있는 불편한 존재인 공자를 죽이기 위해서 달콤한 칭찬을 구사하고 있었던 것이다.

불편한 존재. 인류의 스승인 예수와 공자 그리고 석가들은 예나 지금이나 인간들에게는 불편한 존재이며 '반대받는 표적'일 수밖에 없다. 왜냐하면 그들은 인간이 지닌 권력욕과 명예욕과 육욕의 속성 반대편에 서서 영원의 진리를 밝히고 있기 때문인 것이다.

한 가지 특이할 만한 사실은 공자의 제자 중 자공이 특히 다른 사람을 비교하기 좋아했다는 점이다.

『논어』에 이러한 자공의 특징을 가리키는 장면이 나온다.

어느 날 자공이 공자에게 물었다.
"선생님 자장과 자하 두 사람 중 누가 더 낫습니까?"
이에 공자는 대답한다.
"자장은 지나치고 자하는 미치지 못한다."
이 말을 들은 자공이 다시 물었다.
"그렇다면 자장이 더 낫겠네요."
그러자 공자는 대답했다.
"지나침은 미치지 못함과 같다.(過猶不及)"

공자가 남긴 어록 중에서 가장 유명한 이 문장은 자장이 재주가 높고 뜻이 넓었으나 구차히 어려운 일을 하기 좋아했으므로 항상 중도에서 지나쳤고 자하는 독실히 믿고 도를 지켰으나 규모가 협소했으므로 항상 미치지 못했던 데서 비롯된 것이다.

공자는 이 둘을 비교하면서 누가 더 나을 것이 없이 똑같이 단점을 갖고 있다고 설명한 것이었다. 얼핏 생각하면 자공의 질문대로 뛰어난 사람의 지나침이 어리석은 자의 부족함보다 나을 것 같지만 두 쪽 다 중도를 잃음으로써 중용(中庸)을 벗어났던 것이다.

중용. 유가에 있어 도란 중용을 극치로 삼고 있었다.

실제로 공자는 늘 곁에 두고 보는 유좌지기(宥坐之器)란 그릇을 마음속에 항상 지니고 다니고 있었다. 그것은 공자가 일찍이 평소에 존경하던 주나라 환공의 사당에 갔을 때 사당 안에 있던 의기(儀

器)를 발견했던 데서 비롯되었다.

"이것은 무엇을 하는 그릇입니까?"

공자가 묻자 사당지기가 대답하였다.

"늘 곁에 두고 보는 유좌지기입니다."

이 말을 들은 공자는 고개를 끄덕이며 말을 하였다.

"나도 들은 적이 있습니다. 유좌지기는 속이 비면 기울어지고 가득 채우면 엎질러진다고 했지요. 오직 적당히 차야만 바로 서 있다고 하였습니다."

이로부터 공자의 마음속에는 평형을 유지하는 유좌지기가 존재하고 있었던 것이다. 가득 차면 엎질러지고 비면 기울어짐으로써 항상 중용을 유지해야만 바로 서는 마음의 그릇을 통해 공자는 지나치지도 모자라지도 않은 중용을 도의 극치로 삼아 가르치고 있었던 것이다.

여기서 한 가지 분명한 것은 이처럼 자공이 남과 비교하기를 좋아하는 성품을 갖고 있었다는 점이었다.

이것은 자공이 지닌 인간성의 약점이라고 할 수 있는데, 권신들이었던 숙손무숙과 진자금이 한결같이 '자공이 공자보다 현명하다', '당신이 겸손해서 그렇지 공자가 어찌 당신보다 더 현명하겠습니까'라는 교활한 수법으로 자공의 마음을 떠보았던 것은 자공이 남과 비교하기를 좋아하는 약점을 파고들었기 때문이었던 것이다.

이것이 바로 인간이 지닌 마성인 것이다. 비록 자공은 스승 공자를 자기와는 감히 비교할 수 없는 군자라고 우러러 존경하고 있지만 그런 약점을 갖고 있었기 때문에 권신들은 공자와의 비교를 통해 두 사람의 관계를 파괴하려고 했던 것이다.

이처럼 비교를 좋아하는 사람은 타인과의 비교를 통해 술을 좋아하는 사람은 술로써, 색을 좋아하는 사람은 호색으로써, 열등감을 갖고 있는 사람은 그 열등감을 자극하는 바로 이것이 아킬레스건을 찌르는 치명적인 급소가 되는 것이다.

이러한 자공의 약점을 파고들었던 대부 숙손무숙은 특히 집요해서 자공의 방어에도 불구하고 계속해서 공자를 비방하여 자공의 마음을 떠보고 있는데, 이 장면이 『논어』에 나오고 있다.

숙손무숙이 공자를 다시 비방하였다. 이에 자공이 말하였다.

"그러지 마시오. 선생님은 비방할 수가 없는 분입니다. 다른 현명한 사람은 언덕과 같아서 누구나 넘어갈 수가 있으나 선생님은 해와 달 같은 분이여서 아무나 넘어갈 수가 없습니다. 비록 남들이 스스로 선생님의 가르침을 끊으려 한다 하더라도 해나 달에게 무슨 손상이 있겠습니까. 그러는 사람들의 분수를 모름을 더욱 드러내게 될 따름입니다."

자공은 스승에 대한 비난을 '엿볼 수 없는 궁궐', '하늘에 이르는 사다리', '해나 달 같은 영원한 존재'라는 식으로 변호하고 있는데, 이를 통해 자공은 외교술과 치재에도 뛰어났을 뿐 아니라 자기 스승에 대해서도 절대적인 신념을 갖고 있었던 인격자이었음을 느끼게 하는 것이다.

실제로 자공은 공자가 죽자 다른 제자들은 3년 동안 복상을 하고 헤어졌는데, 자공만은 무덤 곁에 움막을 짓고 6년간이나 무덤을 보살폈던 제자 중의 제자였다.

철학자 스피노자는 말하였다.

"지금 이 순간을 현재의 눈으로 보지 말고 먼 영원의 눈에서 현재를 보라."

자공은 스피노자의 말처럼 스승 공자가 해와 달 같은 영원한 존재임을 꿰뚫어본 제자였으니 공자가 2천5백 년 후인 오늘에도 해처럼 한낮에 빛나고 달처럼 한밤중에도 빛나고 있음은 그러한 제자들을 두었으므로 그의 사상이 계승 발전되었기 때문이었을 것이다.

이는 다른 제자 자로의 경우에도 마찬가지였다. 뛰어난 무사였던 자로가 공자가 위나라에 머무르고 있을 때 분가하여 읍재로 나아가 포 땅을 다스렸다.

『공자가어』는 자로가 포 땅을 다스리던 3년째 되던 해 공자가 그곳에 들렸던 인상기를 기록하고 있다.

공자가 포 땅의 경계로 들어오면서 말하였다.

"훌륭하다. 유는 공경스러움으로써 신의가 있다."

다시 고을 안으로 들어가면서 말하였다.

"훌륭하다. 유는 충성되고 신의가 있으면서도 관대하다."

또 자로의 공소(公所)에 이르러 말하였다.

"훌륭하다. 유는 밝게 살핌으로써 올바른 판단을 한다."

이때 (남과 비교하기를 좋아하는) 자공이 수레의 말고삐를 잡고 있다가 여쭈었다.

"선생님께서는 자로의 치적을 보시지도 않으시고 3번이나 훌륭하다고 칭찬을 하셨으니 훌륭하다고 하신 이유를 말씀해주십시오."

이에 공자가 말하였다.

"나는 그의 정치 업적을 보았다. 이곳 경계 안으로 들어오니 밭갈이가 잘 되어 있고 김이 잘 매어져 있으며 도랑이 깊게 잘 패어져 있었다. 이것은 자로가 공경스러움으로써 신의가 있기 때문에 백성들이 힘을 다하고 있다는 것을 말해주는 것이다. 이곳 고을 안으로 들어와보니 집과 담장이 훌륭히 손질되어 있고 나무가 무성히 자라 있었다. 이것은 자로가 신의가 있으며 관대하기 때문에 백성들이 구차하지 않다는 것을 말해주는 것이다. 또한 자로의 공소에 이르고보니 마당이 매우 맑고 한적하며 밑에 사람들이 맡은 일을 잘 처리하고 있었다. 이것은 자로가 밝게 살피어 올바른 판단을 내리기 때문에 자로의 다스림이 어지러워지지 않고 있음을 말해주는 것이다. 이렇게 볼 때 비록 세 번 훌륭하다고 칭찬했다고 하나 어찌 그 아름다움을 다 표현할 수 있겠느냐."

이는 염유의 경우도 마찬가지였다. 공자의 제자 중 행정능력이 뛰어나 가장 먼저 노나라로 초빙되었던 염유는 일찍이 노나라로 환국할 때 자공으로부터 '중히 등용되면 곧 선생님을 초청하도록 하시오' 하고 간곡한 부탁을 받았던 바로 그 사람이었다.

염유도 제나라가 노나라를 공격해왔을 때 계씨의 선봉장으로 크게 전공을 세웠다. 염유가 행정가로서뿐 아니라 병법에도 탁월함을 본 계강자가 크게 놀라 염유에게 물었다.

"당신의 병법은 배워서 안 것인가요, 아니면 타고난 재능인가요?"

이에 염유가 대답한다.

"스승께 배운 것입니다."

계강자는 당황하였다. 계강자는 일찍이 위나라의 영공이 병법에 대해서 묻자 공자가 '제사지내는 일에는 일찍이 들은 바가 있사오나 병법에 대해서는 배운 일이 전혀 없습니다'라고 대답하였다는 소문을 들었는데 염유가 그렇게 말하였으므로 놀랐던 것이다.

"그럼 공자는 도대체 어떤 분이요?"

이에 염유는 대답한다.

"그분을 등용하시면 명성이 곧 사방에 널리 퍼질 것이며, 그의 가르침을 백성들에게 펴면 귀신을 동원해서 따진다 해도 결함을 찾지 못할 것입니다. 제가 스승께 도를 배웠습니다만 비록 수많은 호(戶)의 땅을 다스리게 된다 하더라도 선생님께서는 무욕하신 분이시기 때문에 그것을 이익이라 생각해서 따지시지는 않으실 것입니다."

계강자의 질문 역시 다른 대부들처럼 직선적이지는 않지만 병법에 서투른 공자보다 염유가 뛰어남을 은근히 치켜세우면서 교묘하게 이간질을 시키고 있음인데 염유 역시 그렇게 스승을 옹호함으로써 스승에 대한 존경심을 저버리지 않았던 것이다.

『사기』에는 이 말을 듣자 계강자는 크게 감명하여 이렇게 말했다고 기록하고 있다.

"내가 공자를 부르고자 하는데 그것이 가능한 일이겠소?"

그러자 염유는 대답하였다.

"방법이라면 딱 한 가지가 있지요. 선생님을 부르시겠다면 선생님을 소인배들과 함께 조정에 세우면 안 됩니다."

"왜 그렇소?"

다시 계강자가 묻자 염유는 대답하였다.

"왜냐하면 소인배들이 틀림없이 선생님을 모함할 테니까요."

제자들의 이런 눈부신 활동과 스승에 대한 변함없는 존경에도 불구하고 이 무렵 공자는 위나라에서 여전히 고독한 생활을 영위하고 있었다.

공자는 위나라에서 6년간이나 머무른다. 결국 그의 주유열국은 위나라를 종착지로 하여 더 이상 계속되지 않았다. 그러나 여전히 공자는 위나라에서도 고립무원의 신세였다.

공자의 제자들은 이처럼 하나씩 둘씩 떨어져나가 자립하였으며, 안회를 비롯한 제자들은 여전히 공자를 따르고 있었으나 궁핍에 시달리고 있었다. 궁핍뿐 아니라 질병에도 시달리고 있었는데,『회남자』에는 이 무렵 제자인 염경(冉耕)이 나병에 걸렸음을 기록하고 있다.

염경은 자는 백우(伯牛)로 노나라 사람이었다. 공자의 제자 중 덕행이 뛰어난 수제자로 그러나 그의 이름이 후세에 전하지 않는 것은 그가 나병에 걸려 활동을 하지 못하였기 때문이었을 것이다.

나병에 걸리면 일반 사람들이 살고 있는 동네로부터 격리된 생활을 해야 한다는 율법에 따라서 염경은 외진 곳에서 살고 있었다. 어느 날 공자는 직접 염경을 찾아가 문병까지 한다. 전염성이 강했으므로 일체의 출입이 금지된 장소를 찾아가는 스승의 마음은 어떠하였을까.

그것은 염경도 마찬가지였다.

스승이 자신을 문병하러 온다는 사실을 듣고 자칫하면 병이 스승에게 옮길 수도 있었으므로 염경은 문을 굳게 닫고 스승을 뵙지 않으려 하였다. 공자가 두드렸으나 염경은 절대로 문을 열어주지 아니하였다. 하는 수 없이 공자는 창문을 통해 제자에게 손을 내밀어보라고 간곡히 부탁한다. 마침내 염경이 내밀자 손을 잡고 탄식하여 말하였다.

"이럴 수가 없는데. 아아, 운명이로구나. 이런 사람에게 이런 병이 나타나다니, 이런 사람이 이런 병에 걸리다니."

흥미로운 것은 공자가 석가, 예수와 더불어 세계 3대 성인이면서도 나병을 깨끗하게 낫게 하는 기적을 보여주었던 예수나 역시 수많은 기적을 행하였던 석가와는 달리 일생을 통하여 단 한 번도 기적을 보여준 일이 없다는 사실이다.

'주님은 하시고자 하시면 저를 깨끗하게 하실 수 있습니다' 라는 나병환자의 간청을 예수는 그의 몸에 손을 대며 '그렇게 해주마. 깨끗하게 되어라' 하고 말하자 대뜸 나병이 나았다고 성경은 기록하고 있는데 공자는 사랑하는 제자의 손을 잡고도 그의 병을 고쳐주지 못한다. 고쳐주지 못할 뿐 아니라 제자의 병을 운명의 탓으로 돌리고 있는 것이다.

이는 공자가 예수나 석가처럼 깨달은 자로서 종교를 창시한 교주가 아니라 철인(哲人)임을 극명하게 드러내 보이는 중요한 장면인 것이다.

이 무렵 공자는 또 다른 불행을 맞게 된다. 하나씩 둘씩 제자들이 독립하여 떨어져 나가는가 하면 또 다른 제자는 나병과 같은 질병에 걸려 죽어가는 한편 뜻밖에도 고향에서 비보가 날아온 것이었다.

그것은 공자의 아내 올관(兀官)씨가 죽었다는 부고였다. 공자의 생애를 통해 그 어느 곳에도 공자의 아내 올관씨에 관한 기록은 나오지 않고 있다.

다만 공자가 19세 때 올관씨와 결혼하여 다음 해에 외아들 공리(孔鯉)를 낳았다는 짤막한 기록만 남아 있는데, 공자와 아내와의 사이는 원만치 않았던 것처럼 보인다. 학문에 정진하고 13년 동안이나 천하를 주유했던 공자로서는 가정을 제대로 돌볼 여유가 없었을 것이다. 그렇지 않아도 부정적인 여성관을 가졌던 공자였으므로 아내를 하나의 인격체로 곁에 두지 않았던 것으로 보인다.

공자가 외아들 공리를 각별이 사랑하였다는 것은 잘 알려져 있지만 이처럼 아내 올관씨에 관한 기록이 나오지 않은 것은 어쩌면 많은 사람들이 주장하는 대로 공자가 올관씨와 일찌감치 이혼하여 헤어진 때문이었을지도 모른다.

외아들 공리도 부인과 이혼을 했었는데 이는 아마도 아버지 공자의 영향을 받은 탓일 것이다.

공자가 이혼했음이 틀림이 없다는 주장은 『예기(禮記)편』과 『단궁(檀弓)편』에 공자의 증손자 자상(子上)이 아버지와 헤어진 어머니가 죽었을 때 상복을 입지 않은 모습을 보고 사람들이 자상의 아버지인 공급(孔伋), 즉 자사(子思)에게 '당신의 아버지는 출모(出母)의 상을 당했을 때 상복을 입었었습니까' 하고 물었던 것에 근거를 두고 있다.

즉 공급에게 '당신의 아버지'인 공자의 아들인 공리가 어머니가 죽자 상복을 입었느냐고 물었던 것은 공자의 아내인 올관씨가 죽었을 무렵에는 이미 공자와 부부로서의 인연이 끊어져 상복을 입을 필요가 없음을 암시하는 내용이기 때문인 것이다.

어쨌든 공자의 아내 올관씨는 공자가 위나라에서 망명생활을 하고 있을 무렵인 공자의 나이 67세 때 별세하고 만다. 이로써 공자는 하루아침에 상처를 한 홀아비의 신세가 되어버리는 것이다.

그러나 공자가 마지막 종착지인 위나라에서 가장 괴로워했던 것은 추악한 정치적 현실이었다. 오죽하면 이때 공자가 이렇게 탄식하였다고 『사기』는 기록하고 있을까.

"노나라와 위나라의 정치가 쇠잔하고 난잡스럽기가 마치 형제와도 같구려."

공자를 고통스럽게 하였던 것은 추악한 정치적 현실의 부도덕이었다.

그 무렵 공자는 대부인 공문자(孔文子)에게 몸을 의탁하고 있었는데, 어느날 공문자는 자신의 사위 태숙질(太叔疾)을 송나라로 쫓아버렸다. 본시 태숙질은 영공의 부인이었던 남자가 처녀시절부터 좋아하여 통정하였던 송조(宋朝)의 딸과 결혼을 했다. 그러나 태숙질은 자기의 부인보다 처제를 더 사랑하고 있었다.

훗날 영공의 뒤를 이어 왕위에 오른 출공은 남자를 왕비에서 폐위시키고 추문의 주인공이었던 송조를 국외로 쫓아버린다. 그러자 공문자는 태숙질로 하여금 송조의 딸을 버리고 자신의 딸에게 장가를 들도록 권유하였다.

318

왜냐하면 태숙질은 장래가 촉망되었을 뿐 아니라 위나라의 명망가였던 대숙의자(大叔懿子) 가문의 후계자였기 때문이었다.

태숙질은 청을 받아들여 또 하나의 명문가인 공문자의 딸과 정략결혼에는 성공하였으나 오래전부터 사랑해오던 전처의 동생, 즉 처제를 잊을 수가 없었다. 그래서 몰래 자신의 집에 데려다가 이중생활을 하고 있었던 것이다.

공문자는 도저히 이를 참을 수가 없었다. 공문자는 태숙질과 자기 딸을 이혼시키는 한편 계속 음란한 짓을 일삼는 태숙질을 공격하려 나선 것이었다. 공문자는 공격하기 전 공자에게 자문을 구하였다.

이때 공자의 대답은 단순하였다.

"제사지내는 일에는 배운 일이 있습니다만 전쟁에 대해서는 전혀 아는 바가 없습니다."

공자의 이 말은 일찍이 위나라의 영공에게 하였던 대답과 토씨 하나 틀리지 않고 똑같다.

이처럼 부도덕은 또 다른 부도덕을 낳고, 악은 또 다른 악을 확산시킨다. 음란한 짓은 또 다른 퇴폐풍조를 만연시키는 것이다. 질병이 전염으로 확산되듯 악행은 쉽게 창궐하는데, 결국 음탕한 여인 남자의 음란한 행동 하나가 얽히고설켜 온 나라를 난마(亂麻)의 소용돌이로 몰아넣는 것이다.

따라서 이러한 지저분한 일에나 상의받는 해결사 노릇을 하는 자신에 대해 공자는 견딜 수 없는 절망감을 느꼈을 것이다. 공자는 사위를 죽이려는 공문자의 태도를 일단 만류하였지만 더 이상은 '어지럽고 난잡한 정치판'에 몸담고 싶지 않은 혐오감을 느꼈던 것이다.

순간 공자는 수레에 말을 채워 위나라를 떠나려 하였다. 그러자 당황해진 공문자는 이렇게 변명하였다.

"저는 사사로운 일을 가지고 여쭤본 것이 아니고 위나라의 어려운 일을 벗어나기 위해서 여쭈어보았던 것이니 너무 노여워하지 마시기 바랍니다."

그러자 공자는 한숨을 쉬면서 한탄하여 말하였다.

"새가 나무를 선택해야지 어찌 나무가 새를 선택할 수 있겠습니까.(良禽擇木 木豈能擇鳥)"

공자의 대답은 자신의 처지를 새로 비유한 것이었다. 신하가 마땅히 훌륭한 군주를 가려서 섬길 줄 알아야 한다는 이 비유를 통해 공자는 이미 자신의 마음이 위나라에서 떠나 있음을 명백하게 드러내 보이고 있는 것이다.

양금택목.

'좋은 새는 나무를 가려서 둥지를 튼다.' 이 말은 곧 현명한 사람은 자기재능을 키워줄 만한 훌륭한 사람을 가려서 섬긴다는 것을 비유한다는 성어인 것이다. 이 무렵 공자의 마음을 여실히 드러내 보인 최적의 비유였지만 이를 통해 공자가 가지고 있는 결벽증까지 느끼게 한다.

공자는 오늘날로 보면 강박의 신경증에 걸린 사람처럼 보인다.

이는 『논어』의 「향당(鄕黨)편」에 나오는 공자의 생활습성을 보면 잘 알 수 있다. 옷을 입는 습성뿐 아니라 지나치게 건강과 위생에 신경 쓰는 까다로운 식성은 예를 숭상하는 공자에게는 당연한 것처럼 보이지만 실은 일종의 노이로제 증상과 닮아 있다.

재계를 하실 때는 식사를 다르게 하셨고, 거소도 반드시 옮기어 앉으셨다.

　밥은 고운 쌀일수록 싫어하지 않으셨고, 회는 가늘게 썬 것을 싫어하지 않으셨다.

　밥은 쉬어서 맛이 변한 것과 생선이 상한 것이나 고기가 썩은 것은 잡숫지 않으셨다. 빛깔이 나빠도 잡숫지 않으셨고, 냄새가 나빠도 드시지 않으셨다. 알맞게 익지 않은 것도 잡숫지 않으셨고, 제철음식이 아닌 것도 잡숫지 않으셨다. 반듯하게 썰지 않은 것도 잡숫지 않으셨고, 간이 맞지 않은 것도 드시지 않으셨다.

　고기는 비록 많이 드셨으나 밥 기운을 누를 정도로 많이 들지는 않으셨다. 술만은 일정한 양 없이 드셨으나 난잡하게 취하는 일은 없으셨다. 받아온 술이나 육포는 드시지 않으셨다. 생강을 물리치시는 일은 없으셨으나 많이 드시지는 않으셨다.

　나라의 제사에 참여하고 받아온 고기는 하루를 묵히지 않으셨다. 집안 제사에 쓰고 남은 음식은 사흘을 넘기지 않으셨고 사흘이 넘으면 잡숫지 않으셨다. 식사를 할 때에는 이야기를 하지 않으셨고, 잠자리에 들어서는 말을 하지 않으셨다. 비록 거친 밥이나 야채국이라 하더라도 반드시 드시기 전에 조금 양을 떼어 '고수레'를 하셨는데, 반드시 엄숙하고 공경스러운 태도로 하셨다.

　공자의 이런 까다로운 식성은 다른 성인들인 석가, 예수와 전혀 다른 모습이다.

　석가는 제자들에게 살아 있는 생명을 죽인 육식을 철저히 금하라는 계명을 내리는 한편 자신은 탁발(托鉢)하여 걸식하였다. 이는 식욕을 성욕과 수면욕과 같은 인간이 지닌 3대 욕망 중의 하나로 보고 철저히 이를 절제함으로써 올바른 구도의 길을 가르쳐주기 위함이었던 것이다.

이는 예수도 마찬가지였다. 예수는 제자들과 밀 이삭을 잘라서 손을 씻지도 않고 먹었을 뿐 아니라 직접 잡은 생선을 불에 구워서 제자들과 나누어 먹고 자신이 먹던 빵을 떼어서 나누어주는 비위생적인(?) 식성을 보여주고 심지어 프란치스코 성인은 식탐의 유혹에서 벗어나기 위해서 먹는 음식에 모래를 집어넣음으로써 맛의 욕망을 초월하는 것이다. 기독교나 불교에 있어 단식은 영성을 풍요하게 하는 수행의 중요한 방법인데, 유독 공자만은 까다로운 편식의 습성까지 보여주고 있는 것이다.

공자의 이러한 까다로운 생활태도는 아내 올관씨와 원만한 가정생활을 영위할 수 없었던 근본 원인이었을 것이다.

역시 「단궁편」에 '백어(伯魚, 공리)의 어머니가 돌아가셨는데, 일년이 넘도록 계속 곡을 하였다. 공자가 그것을 듣고 너무 심하다고 나무라자 백어는 그 말을 듣고 그만 두었다' 라는 기록이 보인다. 옛날부터 부모의 상은 3년이지만 이혼한 어머니는 일년 만 복상하면 되었다.

공자는 아들 백어가 이혼한 어머니상을 일년이 넘도록 계속 지키려 했기 때문에 공자가 '너무 심하다' 고 만류하였던 것이다. 이것이 공자의 이혼을 증명할 수 있는 결정적인 근거인 것이다.

그러나 이와 같은 공자의 결벽증은 비단 옷이나 음식, 생활습관에만 국한된 것이 아니었다. 위나라에 머물러 있을 무렵에는 공자의 강박증이 더욱 예민하게 나타난다. 그 내용을 보면 흥미로울 정도인 것이다.

오늘날 산동성 사수현(沙水縣) 동북쪽에는 도천(盜泉)이라는 우물이 있다.

어느 날 공자는 그곳을 지나다가 목이 말라 고통스러워하였다. 제자들이 마침 우물을 발견하여 표주박에 물을 가득 담아드렸으나 공자는 문득 우물의 이름부터 물었다. 제자들이 도천이라고 대답하자 공자는 서슴지 않고 물을 버려버린다.

"어찌하여 물을 버리십니까."

제자들이 의아한 얼굴로 묻자 공자는 대답하였다.

"도천이란 우물의 이름은 문자 그대로 도둑의 우물이란 뜻이 아닌가. 그러니 아무리 목이 마르다고 하더라도 도둑의 물은 마실 수가 없는 법이다."

그날 밤 공자는 해가 저물어 '승모(勝母)'란 마을에 이르렀다. 간신히 숙박할 집을 마련하여 머물도록 하였으나 공자는 밤이 늦었음에도 수레에 올라 다른 마을로 가자고 말하였다. 제자들이 다시 그 이유를 묻자 공자는 수레 위에서 말하였다.

"승모라는 마을의 이름은 '어머니를 이긴다' 는 뜻인데, 이것은 자식의 도리가 아니며, 그런 이름을 가진 마을에서 묵는다는 것은 예의에 어긋난 일이 아닐 것이냐."

이 두 가지의 흥미로운 에피소드를 보더라도 좋게 말하면 공자는 '오이 밭에서는 신을 고쳐 신지 않고, 오얏나무 밑에서는 모자를 고쳐 쓰지 않던 이하부정관(李下不整冠)'의 철저한 자기관리를 하는 군자였지만 나쁘게 말하면 지나치게 형식에 사로잡힌 율법주의자였던 것이다.

그러한 공자였으므로 '새가 나무를 선택해야지 어찌 나무가 새를 선택할 수 있겠습니까' 하고 공문자에게 말하였던 것은 네 번이나 찾아간 위나라에서도 이미 마음이 떠나 있음을 분명하게 드러낸 절연의 선언과도 같은 것이다.

위나라뿐 아니라 다른 모든 열국들과 정치적 이상을 펼치기 위해서 '상인을 기다리는 옥'처럼 천하를 주유하였던 열정과 13년의 모든 지난 세월에 대해서도 단절을 선언하는 일종의 절교장전(絶交章典)인 것이다.

이로써 공자의 주유열국은 종말을 맞게 된다.

때마침 노나라에서는 계강자가 폐백을 갖추어 공자를 초빙하였다. 이는 염유의 충고를 받아들여 계강자가 소인으로 지목되던 공하, 공빈, 공림들을 벼슬자리에서 쫓아내고 공자를 정식으로 초빙하였던 것이다. 『공자가어』에는 이 장면이 묘사되어 있다.

어느 날 염유가 계강자에게 말하였다.

"나라의 성인이 있는데도 등용하지 않고 잘 다스려지기를 바라는 것은 마치 뒷걸음질치면서 남보다 앞서기를 바라는 일과 같은 것이니 이루어질 수 없는 일입니다. 지금 공자께서 위나라에 계신데 위나라에서는 공자님을 등용하려 하고 있습니다. 자기네가 지닌 재능을 이웃나라에서 쓰도록 한다는 것은 지혜로운 행위라고 말하기 어려운 것입니다. 청컨대 폐백을 정중히 갖추고 그 분을 맞아들이도록 하십시오."

계강자가 이 의견을 받아들여 소인들을 축출하고 이 말을 애공에게 알리니 애공이 이를 승인하는 것으로써 정식으로 초빙이 성립되었던 것이다.

그리하여 마침내 공자는 13년 만에 노나라로 돌아오게 된다.

제자들에게 서둘러 수레를 준비시켜 위나라를 떠나 노나라로 돌아가자고 말하자 제자들이 그 까닭을 물었다. 제자들에게 공자는 말하였다.

좋은 새는 나무를 잘 살펴서 깃들고, 현명한 신하는 군주를 가려서 섬긴다.(良禽擇木而棲 賢臣擇主而事)

이것이 13년 동안이나 둥지를 틀 나무를 찾아 헤맸던 좋은 새, 즉 공자의 마지막 귀거래사(歸去來辭)인 것이다.

(3권에 계속)